2022年
国家统一法律职业资格考试

客观题
商经知法题库

汪华亮◎编著

有深度 有温度
有理论 有实务

汪华亮

中国政法大学出版社

2022·北京

图书在版编目（ＣＩＰ）数据

2022 年国家统一法律职业资格考试客观题商经知法题库/汪华亮编著.—北京：中国政法大学出版社，2022.3

ISBN 978-7-5764-0385-5

Ⅰ.①2… Ⅱ.①汪… Ⅲ.①商法－中国－资格考试－习题集②经济法－中国－资格考试－习题集 Ⅳ.①D923.99-44②D922.29-44

中国版本图书馆 CIP 数据核字(2022)第 042737 号

出 版 者　　中国政法大学出版社

地　　址　　北京市海淀区西土城路 25 号

邮寄地址　　北京 100088 信箱 8034 分箱　邮编 100088

网　　址　　http://www.cuplpress.com（网络实名：中国政法大学出版社）

电　　话　　010-58908285(总编室) 58908433（编辑部） 58908334(邮购部)

承　　印　　固安华明印业有限公司

开　　本　　787mm×1092mm　1/16

印　　张　　15.25

字　　数　　370 千字

版　　次　　2022 年 3 月第 1 版

印　　次　　2022 年 3 月第 1 次印刷

定　　价　　55.00 元

序 言

刷题是法考复习中非常重要的环节，它可以让考生巩固考点、查遗补漏、自我检测。根据多年经验，笔者认为，在商经法客观题复习备考过程中，要至少完成400道以上习题。其中，真题不少于300道，优质模拟题不少于100道。

在所有的习题中，真题无疑是质量最高的，也是所有考生必须认真对待的。真题的意义主要体现在以下三个方面：（1）它能体现命题规律。通过研究真题，我们可以发现考试的重点、难度、题型、分值、风格等诸多规律，还可以发现未来可能的变化趋势，这是真题最大的价值之所在。（2）它是最好的练习资料。通过做真题，考生不仅能够巩固重要知识点，还可以对考试产生直观的认识，提高实战能力。部分基础好的考生，还可以把做真题作为最主要的复习方法，在做真题的基础上，搭建完整的知识体系，最后通过考试。（3）它是最准确的检测手段。很多考生对自己的水平如何，心中没有底。通过各种途径测试，结果大相径庭，有时候信心百倍，有时候伤心绝望。实际上，真题是衡量自己目前水平的最佳标尺。

笔者根据多年教学研究的经验和心得，力求在内容和形式上有所创新。本书的主要特点包括：（1）精心选题。在公布的司考真题中，筛选与法考最新特点和趋势相吻合的那一部分。对于未公布的法考真题，我们以"网友回忆版"为基础，结合老师多年经验，尽可能地还原。（2）首创"考点群"概念并以此展开。我们发现，法考的综合性越来越强，大部分题目都无法准确界定其考查的"考点"是什么。但是，这些综合性试题所涉及的若干考点是有关联的，我们把关联考点的组合称为"考点群"，并且建议考生以考点群为单位复习、推进。（3）尽可能提供全面准确的答案和解析。对于常规题目，本书提供详尽的解析，不仅仅罗列法条，而且指出每个选项对在哪里、错在哪里。对于争议问题，本书力求采用最为权威的观点，如理论上的通说、最高人民法院指导性案例观点、最高人民法院公报案例观点等。（4）力图通过真题解析展现法考的命题规律。如前文所述，真题的价值不仅仅在于练习，更在于它体现了法考的命题规律，蕴含着未来可能的变化趋势。为了展现这种规律，本书在体例上做了调整，按照章节统计重要考点群及其考查频率，按照考点群而非年份排序，解析时会提示未来可能的考查角度等等。

那么，考生该如何使用真题呢？笔者的建议是：（1）与第一轮系统复习同步使用真题。把握好使用真题的时机，是提高效率的前提。根据我们的经验，比较好的做法是以章为单位，在系统复习之后去做真题。（2）充分运用错题纠正的方法，做三遍真题。在第一遍做真题的时候，把那些做错的、蒙对的、模棱两可的、难以理解的以及自己认为比较好的真题打上记号，第二遍只做打过记号的真题，其中仍然有一些要打记号，它们还需要做第三遍。（3）考前通过真题巩固知识体系。在完成全部复习任务后，再根据本书中的知识点框架回顾整个商法、经济法和知识产权法的基本体系，信心满满地上考场。

祝读者朋友们学习进步，考试成功！

目　录

商　法

经济法

劳动与社会保障法

环境与资源法

知识产权法

商　法

第一章　公司法

考点群	考查频率
公司的法人地位	★★
公司的组织机构	★★★
公司的股东	★★★
公司的设立	★★
公司的变更、合并、分立	★
公司的解散和清算	★★
公司财务会计制度	★
有限公司股东的出资	★★★
代持股	★★
有限公司股权转让	★★
一人有限公司	★
股份有限公司	★★

考点群一　公司的法人地位

1. 甲有限公司在上海设立了乙分公司，乙分公司取得了营业执照，从事货物贸易，张三为乙分公司负责人。张三代表乙分公司与李四签订了劳动合同。张三代表乙分公司与丙公司签订了买卖合同。张三还代表乙分公司与丁公司签订了保证合同，以担保戊公司对丁公司的负债。上述三份合同均未经甲有限公司董事会或股东会讨论。下列哪些说法是正确的？

A. 该劳动合同有效
B. 该买卖合同有效
C. 丁公司有权要求乙分公司承担保证责任
D. 丁公司有权要求甲有限公司承担保证责任

【考点】分公司，对外担保

【解析】关于分公司的法律地位，《公司法》第 14 条第 1 款规定："公司可以

扫码听课

设立分公司。设立分公司，应当向公司登记机关申请登记，领取营业执照。分公司不具有法人资格，其民事责任由公司承担。"从理论上讲，分公司领取营业执照之后，拥有民事主体资格，有权以自己的名义订立合同，其负责人有权代表分公司订立合同。本题中，与李四的劳动合同和与丙公司的买卖合同，均属于乙分公司的日常经营活动，张三有权代表乙分公司订立此类合同，无须获得其本公司（即甲有限公司）的另外授权，无须经其本公司董事会或股东会通过，所以A、B选项正确。但是，分公司对外订立担保合同则有所不同。《有关担保制度的解释》第11条第一款规定："公司的分支机构未经公司股东（大）会或者董事会决议以自己的名义对外提供担保，相对人请求公司或者其分支机构承担担保责任的，人民法院不予支持，但是相对人不知道且不应当知道分支机构对外提供担保未经公司决议程序的除外。"本题中，保证合同未经甲有限公司董事会或股东会讨论，就意味着张三代表乙分公司订立保证合同时无法出具此类决议，也意味着丁公司未尽合理审查义务，不是善意相对人，所以，丁公司无权要求乙分公司或甲有限公司承担保证责任，所以C、D选项错误。

【答案】AB

扫码听课

2. 玮平公司是一家从事家具贸易的有限责任公司，注册地在北京，股东为张某、刘某、姜某、方某四人。公司成立两年后，拟设立分公司或子公司以开拓市场。对此，下列哪一表述是正确的？

A. 在北京市设立分公司，不必申领分公司营业执照

B. 在北京市以外设立分公司，须经登记并领取营业执照，且须独立承担民事责任

C. 在北京市以外设立分公司，其负责人只能由张某、刘某、姜某、方某中的一人担任

D. 在北京市以外设立子公司，即使是全资子公司，亦须独立承担民事责任

【考点】分公司与子公司

【解析】公司可以设立分公司。设立分公司，应当向公司登记机关申请登记，领取营业执照。分公司不具有法人资格，其民事责任由公司承担。据此，无论是在北京还是在外地设立分公司，都必须进行工商登记，领取营业执照，故A项错误。分公司不具备法人资格，不能独立承担民事责任，故B项错误。关于分公司的负责人，现行法律并无特别规定。公司投资者（股东）与公司经营层可以分开，股东之外的人担任公司经理并非罕见，股东之外的人担任公司分支机构负责人更是常态。所以，无论在北京还是外地设立分公司，其负责人均可以是股东之外的人，故C项错误。

公司可以设立子公司，子公司具有法人资格，依法独立承担民事责任。无论在北京还是外地，子公司均具备独立法人资格，独立承担责任，故D项正确。

【答案】D

3. 零盛公司的两个股东是甲公司和乙公司。甲公司持股70%并派员担任董事长，乙公司持股30%。后甲公司将零盛公司的资产全部用于甲公司的一个大型投资项目，待债权人丙公司要求零盛公司偿还货款时，发现零盛公司的资产不足以清偿。关于本案，下列哪一选项是正确的？

A. 甲公司对丙公司应承担清偿责任

扫码听课

  B. 甲公司和乙公司按出资比例对丙公司承担清偿责任

  C. 甲公司和乙公司对丙公司承担连带清偿责任

  D. 丙公司只能通过零盛公司的破产程序来受偿

【考点】法人人格否认

【解析】公司股东滥用公司法人独立地位和股东有限责任，逃避债务，严重损害公司债权人利益的，应当对公司债务承担连带责任。这是我国法人人格否认制度的直接法律依据。本案中，作为零盛公司控股股东的甲公司滥用股东权利，滥用法人独立地位，严重损害债权人利益，债权人可以要求甲公司对零盛公司债务承担连带责任。此外，零盛公司的另一个股东乙公司并未实施上述行为，仍然只承担有限责任，而不必对零盛公司的债务承担连带责任。由此可知，本题前三项中只有 A 选项是正确的。就债权人实现债权的途径而言，破产程序只是其中的一个选择，而不是唯一选择。而且，通过破产程序只能最大限度地利用公司财产实现债权，并不会直接导致股东对公司债务负责，所以 D 项是错误的。

【答案】A

  4. 李方为平昌公司董事长。债务人姜呈向平昌公司偿还 40 万元时，李方要其将该款打到自己指定的个人账户。随即李方又将该款借给刘黎，借期 1 年，年息 12%。下列哪些表述是正确的？

  A. 该 40 万元的所有权，应归属于平昌公司

  B. 李方因其行为已不再具有担任董事长的资格

  C. 在姜呈为善意时，其履行行为有效

  D. 平昌公司可要求李方返还利息

【考点】公司的法人地位；公司财产与个人财产

【解析】平昌公司作为独立的法人，有独立的银行账户。本题中，债务人姜某将 40 万打入李方的个人账户，而非平昌公司的指定账户，由于货币的特殊属性，谁占有即归谁，因此 40 万的所有权不属于平昌公司，而是直接归属于李方，故 A 项错误。《公司法》第 146 条："有下列情形之一的，不得担任公司的董事、监事、高级管理人员：（一）无民事行为能力或者限制民事行为能力；（二）因贪污、贿赂、侵占财产、挪用财产或者破坏社会主义市场经济秩序，被判处刑罚，执行期满未逾 5 年，或者因犯罪被剥夺政治权利，执行期满未逾 5 年；（三）担任破产清算的公司、企业的董事或者厂长、经理，对该公司、企业的破产负有个人责任的，自该公司、企业破产清算完结之日起未逾 3 年；（四）担任因违法被吊销营业执照、责令关闭的公司、企业的法定代表人，并负有个人责任的，自该公司、企业被吊销营业执照之日起未逾 3 年；（五）个人所负数额较大的债务到期未清偿。公司违反前款规定选举、委派董事、监事或者聘任高级管理人员的，该选举、委派或者聘任无效。董事、监事、高级管理人员在任职期间出现本条第 1 款所列情形的，公司应当解除其职务。"本题中，尽管李方挪用公司资金，但是并不符合上述任一项规定，因此具备担任董事长资格，故 B 项错误。李方是公司的董事长，作为公司的法定代表人，姜某有理由相信李方代表平昌公司，且姜某善意无过错，因此姜某的清偿行为有效，故 C 项正确。李方挪用公司资金，获得的收益归平昌公司所有，故平昌公司有权要求李方返还本金及利息，D 项正确。

【答案】CD

大咖点拨区

扫码听课

考点群二　公司的组织机构

1. 科鼎有限公司设立时，股东们围绕公司章程的制订进行讨论，并按公司的实际需求拟定条款规则。关于该章程条款，下列哪些说法是正确的？

A. 股东会会议召开 7 日前通知全体股东

B. 公司解散需全体股东同意

C. 董事表决权按所代表股东的出资比例行使

D. 全体监事均由不担任董事的股东出任

【考点】公司法的强制性与任意性，公司章程，有限公司的组织机构

【解析】公司法是私法，贯彻公司自治原则，在很多方面允许公司章程作出规定。但是，公司法也包含大量的强制性规范，这些规范不允许公司章程加以变更或者排除适用。从考试角度讲，这个知识点具有极强的吸附性，可以和公司法的任何问题结合起来考查。

A 选项结合了有限公司股东会的通知程序。《公司法》第 41 条第 1 款规定："召开股东会会议，应当于会议召开十五日前通知全体股东；但是，公司章程另有规定或者全体股东另有约定的除外。"因此，章程规定股东会会议召开 7 日前通知全体股东并无不可，A 选项正确。

B 选项结合了公司解散的决议程序。《公司法》第 43 条规定："股东会的议事方式和表决程序，除本法有规定的外，由公司章程规定。股东会会议作出修改公司章程、增加或者减少注册资本的决议，以及公司合并、分立、解散或者变更公司形式的决议，必须经代表三分之二以上表决权的股东通过。"也就是说，经代表 2/3 以上表决权的股东通过，是作出特别决议的最低要求，如果章程规定了更高的比例，亦无不可，所以 B 选项正确。

C 选项结合了董事表决规则。《公司法》第 48 条第 3 款规定："董事会决议的表决，实行一人一票。"该规则为强制性规则，不允许章程变更或者排除适用，因此 C 选项错误。

D 选项结合了监事会组成规则。《公司法》第 51 条第 2 款规定："监事会应当包括股东代表和适当比例的公司职工代表，其中职工代表的比例不得低于三分之一，具体比例由公司章程规定。监事会中的职工代表由公司职工通过职工代表大会、职工大会或者其他形式民主选举产生。"由此可见，监事会中职工代表不低于 1/3 是强制性规定，所以 D 选项错误。

【答案】AB

2. 奇骏公司主要从事棉纺生产，与其他 11 个自然人股东投资创办乐尔雅有限责任公司主要从事机器加工贸易，成立后的乐尔雅公司董事会由 5 名董事组成，其中包括奇骏公司指派的琼露、骄阳二人。乐尔雅公司成立三年以来，骄阳经常指责琼露在董事会会议中的意见过于保守，而琼露却向奇骏公司报告骄阳在董事会会议中的表决意见并未维护奇骏公司的利益。于是奇骏公司对骄阳及乐尔雅公司董事均表示不满，未经乐尔雅公司同意私自直接召回骄阳，并任命程风为乐尔雅的董事。对此，下列说法正确的是哪一项？

A. 琼露、骄阳应当对奇骏公司尽到忠实、勤勉义务

B. 对于奇骏公司未经乐尔雅公司同意任命程风为乐尔雅公司董事，乐尔雅公司无权拒绝

C. 琼露与骄阳对乐尔雅公司负有忠实与勤勉义务

D. 因奇骏公司的召回，骄阳的董事资格立即丧失

【考点】董事的任免及其忠实、勤勉义务。

【解析】关于董事任免问题，根据《公司法》第 37 条的规定，应由公司股东会决议。在本题中，虽然琼露、骄阳由股东奇骏公司委派，但是，任命或罢免琼露、骄阳在乐尔雅公司的董事职务，仍然应由乐尔雅公司股东会作出决议，而非奇骏公司单方决定，所以 B、D 选项错误。

关于董事忠实、勤勉义务，《公司法》第 147 条规定，董事、监事、高级管理人员应当遵守法律、行政法规和公司章程，对公司负有忠实义务和勤勉义务。在本题中，琼露、骄阳应对其任职的乐尔雅公司负忠实、勤勉义务，而非对委派他们的奇骏公司负忠实、勤勉义务，所以 A 选项错误，C 选项正确。

【答案】C

3. 烽源有限公司的章程规定，金额超过 10 万元的合同由董事会批准。蔡某是烽源公司的总经理。因公司业务需要车辆，蔡某便将自己的轿车租给烽源公司，并约定年租金 15 万元。后蔡某要求公司支付租金，股东们获知此事，一致认为租金太高，不同意支付。关于本案，下列哪一选项是正确的？

A. 该租赁合同无效　　　　　　　B. 股东会可以解聘蔡某

C. 该章程规定对蔡某没有约束力　D. 烽源公司有权拒绝支付租金

【考点】董事、高级管理人员的忠实义务

【解析】根据《公司法》第 148 条，董事、高级管理人员不得违反公司章程的规定或者未经股东会、股东大会同意，与本公司订立合同或者进行交易。对于该规定的理解，理论上存在较大争议。但通说认为，此规定不属于效力性强制性规定，违反该规定，不会导致合同无效，所以 A 项错误。根据《公司法》第 46 条，聘任、解聘公司经理是董事会的职权，股东会无权解聘经理，所以 B 选项错误。根据《公司法》第 11 条，公司章程对公司、股东、董事、监事、高级管理人员具有约束力，因此 C 选项错误。虽然该租赁合同有效，但是由此所获得的收入归公司所有，因此烽源公司有权拒绝支付租金，正确答案为 D。

【答案】D

4. 钱某为益扬有限公司的董事，赵某为公司的职工代表监事。公司为钱某、赵某支出的下列哪些费用须经公司股东会批准？

A. 钱某的年薪　　　　　　　　　B. 钱某的董事责任保险费

C. 赵某的差旅费　　　　　　　　D. 赵某的社会保险费

【考点】股东会职权、董事的薪酬、监事履职的费用

【解析】有关董事的报酬事项由股东会批准，钱某的年薪属于董事报酬事项，当然由股东会批准，A 选项正确。公司为钱某支付的董事责任保险费也属于有关董事的报酬事项，也须经股东会批准，B 选项正确。监事行使监事职权所发生的费用，根据法律规定应当由公司负担，无需经股东会批准，C 选项错误。赵某作为公司的劳动者，公司应当依法为其支付社会保险费，按照法律规定和合同约定

办理即可，不需要经股东会批准，D 选项错误。

【答案】AB

5. 彭兵是一家（非上市）股份有限公司的董事长，依公司章程规定，其任期于 2017 年 3 月届满。由于股东间的矛盾，公司未能按期改选出新一届董事会。此后对于公司内部管理，董事间彼此推诿，彭兵也无心公司事务，使得公司随后的一项投资失败，损失 100 万元。对此，下列哪一选项是正确的？

A. 因已届期，彭兵已不再是公司的董事长

B. 虽已届期，董事会成员仍须履行董事职务

C. 就公司 100 万元损失，彭兵应承担全部赔偿责任

D. 对彭兵的行为，公司股东有权提起股东代表诉讼

【考点】董事义务和责任，股东代表诉讼

【解析】《公司法》第 45 条第 2 款规定："董事任期届满未及时改选，或者董事在任期内辞职导致董事会成员低于法定人数的，在改选出的董事就任前，原董事仍应当依照法律、行政法规和公司章程的规定，履行董事职务。"所以 A 项错误，B 项正确。《公司法》第 149 条规定："董事、监事、高级管理人员执行公司职务时违反法律、行政法规或者公司章程的规定，给公司造成损失的，应当承担赔偿责任。"本题中，彭兵违反勤勉义务，应当承担相应的法律责任。但是，公司遭受的 100 万元损失，系全体董事造成，不应由彭兵一人承担全部赔偿责任，所以 C 项错误。对彭兵的行为，确实可以通过股东代表诉讼解决，但是，根据《公司法》第 151 条规定，股份有限公司连续一百八十日以上单独或者合计持有公司百分之一以上股份的股东才有权提起股东代表诉讼，并且要履行书面请求公司监事会起诉的前置程序，所以 D 项说法错误。

【答案】B

6. 新余有限公司共有股东 4 人，股东刘某为公司执行董事。在公司章程无特别规定的情形下，刘某可以行使下列哪一职权？

A. 决定公司的投资计划

B. 否决其他股东对外转让股权行为的效力

C. 决定聘任公司经理

D. 决定公司的利润分配方案

【考点】执行董事的职权

【解析】《公司法》第 50 条第 2 款："执行董事的职权由公司章程规定。"《公司法》第 37 条第 1 款："股东会行使下列职权：（一）决定公司的经营方针和投资计划……（六）审议批准公司的利润分配方案和弥补亏损方案……"由此可知，对外投资、利润分配方案的决定权是由股东会行使的，本题中，公司章程并没有特别规定执行董事的职权，刘某无权决定投资计划与利润分配方案，故 A、D 项错误。依据《公司法》第 71 条第 2 款："股东向股东以外的人转让股权，应当经其他股东过半数同意。股东应就其股权转让事项书面通知其他股东征求同意，其他股东自接到书面通知之日起满三十日未答复的，视为同意转让。其他股东半数以上不同意转让的，不同意的股东应当购买该转让的股权；不购买的，视为同意转让。"可见，公司股权的转让是否有效，源于法律的规定，不是执行董事决定，故 B 项错误。《公司法》第 49 条第 1 款："有限责任公司可以设经理，由董事会

决定聘任或者解聘。"因此，执行董事对经理的聘用与解聘具有决定权，刘某可以聘任公司经理，故 C 项正确。

【答案】C

7. 紫云有限公司设有股东会、董事会和监事会。近期公司的几次投标均失败，董事会对此的解释是市场竞争激烈，对手强大。但监事会认为是因为董事狄某将紫云公司的标底暗中透露给其好友的公司。对此，监事会有权采取下列哪些处理措施？

A. 提议召开董事会　　　　　　B. 提议召开股东会

C. 提议罢免狄某　　　　　　　D. 聘请律师协助调查

【考点】监事会职权

【解析】《公司法》第 53 条规定："监事会、不设监事会的公司的监事行使下列职权：（一）检查公司财务；（二）对董事、高级管理人员执行公司职务的行为进行监督，对违反法律、行政法规、公司章程或者股东会决议的董事、高级管理人员提出罢免的建议；（三）当董事、高级管理人员的行为损害公司的利益时，要求董事、高级管理人员予以纠正；（四）提议召开临时股东会会议，在董事会不履行本法规定的召集和主持股东会会议职责时召集和主持股东会会议；（五）向股东会会议提出提案；（六）依照本法第一百五十一条的规定，对董事、高级管理人员提起诉讼；（七）公司章程规定的其他职权。"可知 B、C 选项正确，A 选项错误。

《公司法》第 54 条规定："监事可以列席董事会会议，并对董事会决议事项提出质询或者建议。监事会、不设监事会的公司的监事发现公司经营情况异常，可以进行调查；必要时，可以聘请会计师事务所等协助其工作，费用由公司承担。"可知 D 选项正确。

【答案】BCD

8. 荣吉有限公司是一家商贸公司，刘壮任董事长，马姝任公司总经理。关于马姝所担任的总经理职位，下列哪一选项是正确的？

A. 担任公司总经理须经刘壮的聘任

B. 享有以公司名义对外签订合同的法定代理权

C. 有权制定公司的劳动纪律制度

D. 有权聘任公司的财务经理

【考点】有限公司经理

【解析】聘任或者公司总经理由董事会决定，而非董事长决定，所以 A 选项错误。公司法定代表人是公司的代表机关，依法享有法定代表权。如果公司总经理为法定代表人，则享有以公司名义对外签订合同的法定代表权，但是该法定代表权与法定代理权是两个不同的概念。经理若未担任法定代表人，则只能在董事会的授权范围内对外代理公司处理各类业务。因此，B 选项错误。公司经理有权制定公司的具体规章，包括公司的劳动纪律制度，所以 C 选项正确。公司财务经理由经理提名，由董事会决定聘任，所以 D 选项错误。

【答案】C

9. 茂森股份公司效益一直不错，为提升公司治理现代化，增强市场竞争力并顺利上市，公司决定重金聘请知名职业经理人王某担任总经理。对此，下列哪些选项是正确的?

A. 对王某的聘任以及具体的薪酬,由茂森公司董事会决定

B. 王某受聘总经理后,就其职权范围的事项,有权以茂森公司名义对外签订合同

C. 王某受聘总经理后,有权决定聘请其好友田某担任茂森公司的财务总监

D. 王某受聘总经理后,公司一旦发现其不称职,可通过股东会决议将其解聘

【考点】公司经理

【解析】董事会职权包括决定聘任或者解聘公司经理及其报酬事项,并根据经理的提名决定聘任或者解聘公司副经理、财务负责人及其报酬事项,所以 A 项正确,C、D 项错误。经理属于公司的高级管理人员,其职权范围视为公司对其授权范围,在此范围内经理有权以公司名义对外签订合同,类似于公司的委托代理人,所以 B 项正确。

【答案】AB

10. 源圣公司有甲、乙、丙三位股东。2015 年 10 月,源圣公司考察发现某环保项目发展前景可观,为解决资金不足问题,经人推荐,霓美公司出资 1 亿元现金入股源圣公司,并办理了股权登记。增资后,霓美公司持股 60%,甲持股 25%,乙持股 8%,丙持股 7%,霓美公司总经理陈某兼任源圣公司董事长。2015 年 12 月,霓美公司在陈某授意下将当时出资的 1 亿元现金全部转入霓美旗下的天富公司账户用于投资房地产。后因源圣公司现金不足,最终未能获得该环保项目,前期投入的 500 万元也无法收回。陈某忙于天富公司的房地产投资事宜,对此事并不关心。

请回答第(1)~(3)题。

(1)针对公司现状,甲、乙、丙认为应当召开源圣公司股东会,但陈某拒绝召开,而公司监事会对此事保持沉默。下列说法正确的是:

A. 甲可召集和主持股东会

B. 乙可召集和主持股东会

C. 丙可召集和主持股东会

D. 甲、乙、丙可共同召集和主持股东会

【考点】股东会的召集和主持

扫码听课

【解析】《公司法》第 40 条规定:"有限责任公司设立董事会的,股东会会议由董事会召集,董事长主持;董事长不能履行职务或者不履行职务的,由副董事长主持;副董事长不能履行职务或者不履行职务的,由半数以上董事共同推举一名董事主持。有限责任公司不设董事会的,股东会会议由执行董事召集和主持。董事会或者执行董事不能履行或者不履行召集股东会会议职责的,由监事会或者不设监事会的公司的监事召集和主持;监事会或者监事不召集和主持的,代表十分之一以上表决权的股东可以自行召集和主持。"由此可以得出,有限公司股东会的召集和主持应当遵循"董事会—监事会—代表 1/10 以上表决权的股东"的顺序。本题中,董事会拒绝召集股东会,监事会也不召集,持股 25% 的股东甲可以召集和主持股东会,也可以联合其他股东共同召集和主持股东会,所以 A、D 选项正确。而股东乙、丙均未达到 1/10 表决权,无权召集和主持股东会,所以 B、C 选项错误。

【答案】 AD

（2）若源圣公司的股东会得以召开，该次股东会就霓美公司将资金转入天富公司之事进行决议。关于该次股东会决议的内容，根据有关规定，下列选项正确的是：

A. 陈某连带承担返还 1 亿元的出资义务

B. 霓美公司承担 1 亿元的利息损失

C. 限制霓美公司的利润分配请求权

D. 解除霓美公司的股东资格

【考点】 抽逃出资，股东利润分配比例，解除股东资格

【解析】 霓美公司未经法定程序将其 1 亿元出资抽回，构成抽逃出资。《公司法解释（三）》第 14 条规定："股东抽逃出资，公司或者其他股东请求其向公司返还出资本息、协助抽逃出资的其他股东、董事、高级管理人员或者实际控制人对此承担连带责任的，人民法院应予支持。公司债权人请求抽逃出资的股东在抽逃出资本息范围内对公司债务不能清偿的部分承担补充赔偿责任、协助抽逃出资的其他股东、董事、高级管理人员或者实际控制人对此承担连带责任的，人民法院应予支持；抽逃出资的股东已经承担上述责任，其他债权人提出相同请求的，人民法院不予支持。"据此，霓美公司应当向源圣公司返还 1 亿元及其利息，协助霓美公司抽逃出资的陈某对此承担连带责任，所以 A、B 选项正确。

《公司法》第 34 条规定："股东按照实缴的出资比例分取红利。"《公司法解释（三）》第 16 条规定："股东未履行或者未全面履行出资义务或者抽逃出资，公司根据公司章程或者股东会决议对其利润分配请求权、新股优先认购权、剩余财产分配请求权等股东权利作出相应的合理限制，该股东请求认定该限制无效的，人民法院不予支持。"因此，在霓美公司抽逃全部出资的情况下，股东会可以决议限制其利润分配请求权，C 选项正确。

《公司法解释（三）》第 17 条规定："有限责任公司的股东未履行出资义务或者抽逃全部出资，经公司催告缴纳或者返还，其在合理期间内仍未缴纳或者返还出资，公司以股东会决议解除该股东的股东资格，该股东请求确认该解除行为无效的，人民法院不予支持。"由此可知，解除股东资格的实体条件有两个，一是有限公司股东未履行出资义务或者抽逃全部出资，二是经公司催告在合理期间仍未缴纳或者返还出资。本题中，第一个条件已经具备，第二个条件尚未具备，因此股东会无权解除霓美公司的股东资格，D 选项错误。

【答案】 ABC

（3）就源圣公司前期投入到环保项目 500 万元的损失问题，甲、乙、丙认为应当向霓美公司索赔，多次书面请求监事会无果。下列说法正确的是：

A. 甲可以起诉霓美公司

B. 乙、丙不能起诉霓美公司

C. 若甲起诉并胜诉获赔，则赔偿款归甲

D. 若甲起诉并胜诉获赔，则赔偿款归源圣公司

【考点】 股东代表诉讼

【解析】《公司法》第 151 条规定："董事、高级管理人员有本法第一百四十九条规定的情形的，有限责任公司的股东、股份有限公司连续一百八十日以上单

独或者合计持有公司百分之一以上股份的股东，可以书面请求监事会或者不设监事会的有限责任公司的监事向人民法院提起诉讼；监事有本法第一百四十九条规定的情形的，前述股东可以书面请求董事会或者不设董事会的有限责任公司的执行董事向人民法院提起诉讼。监事会、不设监事会的有限责任公司的监事，或者董事会、执行董事收到前款规定的股东书面请求后拒绝提起诉讼，或者自收到请求之日起三十日内未提起诉讼，或者情况紧急、不立即提起诉讼将会使公司利益受到难以弥补的损害的，前款规定的股东有权为了公司的利益以自己的名义直接向人民法院提起诉讼。他人侵犯公司合法权益，给公司造成损失的，本条第一款规定的股东可以依照前两款的规定向人民法院提起诉讼。"由此可以得知，对有限公司而言，所有股东都有提起股东代表诉讼的资格，而不受其持股比例和期限的限制，也就是说，甲、乙、丙都有权提起股东代表诉讼，所以 A 选项正确，B 选项错误。股东代表诉讼的效果归属于公司，而非起诉的股东，所以 C 选项错误，D 选项正确。

【答案】AD

11. 2018 年 5 月，甲有限责任公司成立，张某持有公司 80% 的股权，并担任公司董事长；李某持有公司 7% 的股权。公司章程规定，公司召开股东会应当提前十天以书面形式通知全体股东。为了扩大公司规模，张某认为甲公司应当与乙公司合并，遂提议召开公司股东会会议，但因准备匆忙，在会议召开前五天才通知李某。股东会会议中持有公司 90% 表决权的股东同意合并，3% 表决权的股东反对，最终通过了与乙公司合并的决议，李某拒绝在决议上签字。下列说法正确的是哪一项？

A. 该次股东会会议的召集程序违反法律规定，李某可以主张该决议无效

B. 李某有权要求公司以合理价款回购其所持有的甲公司股权

C. 该次股东会会议的召集程序违反法律规定，李某可以要求撤销该决议

D. 如果李某针对股东会决议效力提起相关诉讼，应当以公司为被告，其他股东列为第三人

【考点】公司决议效力

【解析】《公司法》第 41 条第 1 款规定："召开股东会会议，应当于会议召开十五日前通知全体股东；但是，公司章程另有规定或者全体股东另有约定的除外。"公司章程规定，公司召开股东会应当提前十天以书面形式通知全体股东。该规定属于股东的意思自治，为合法有效的约定。《公司法》第 22 条第 1 款规定："公司股东会或者股东大会、董事会的决议内容违反法律、行政法规的无效。"本题中，甲公司与乙公司合并的决议在内容上并无违法之处，因此，A 选项错误。《公司法》第 22 条第 2 款规定："股东会或者股东大会、董事会的会议召集程序、表决方式违反法律、行政法规或者公司章程，或者决议内容违反公司章程的，股东可以自决议作出之日起六十日内，请求人民法院撤销。"《公司法解释（四）》第 4 条规定："股东请求撤销股东会或者股东大会、董事会决议，符合民法典第 85 条、公司法第 22 条第 2 款规定的，人民法院应当予以支持，但会议召集程序或者表决方式仅有轻微瑕疵，且对决议未产生实质影响的，人民法院不予支持。"此即"轻微瑕疵裁量驳回"制度的法律依据。本题中，甲有限公司召开股东会会议，未提前十天通知股东李某，属于股东会的召集程序存在轻微的瑕疵，且对决议未产生实质影响，李某不可以因此撤销该决议，故 C 选项错误。

《公司法》第 74 条第 1 款规定："有下列情形之一的，对股东会该项决议投反对票的股东可以请求公司按照合理的价格收购其股权：（1）公司连续五年不向股东分配利润，而公司该五年连续盈利，并且符合本法规定的分配利润条件的；（2）公司合并、分立、转让主要财产的；（3）公司章程规定的营业期限届满或者章程规定的其他解散事由出现，股东会会议通过决议修改章程使公司存续的。"本题中，甲公司股东会通过了合并的决议，李某出席了股东会，但并未对该决议投反对票，不符合要求公司回购其股权的条件，故李某无权要求公司以合理价款回购其股权。所以 B 选项错误。《公司法解释（四）》第 3 条第 1 款规定："原告请求确认股东会或者股东大会、董事会决议不成立、无效或者撤销决议的案件，应当列公司为被告。对决议涉及的其他利害关系人，可以依法列为第三人。"故 D 选项正确。

【答案】D

考点群三　公司股东

1. 陆展堂与朋友宁小贝、康宇生于 2018 年 11 月共同成立了宁康酒品加工有限公司，同时办理了公司股东登记。实际经营一段时间后，陆展堂因股东资格问题与其他合伙人产生争议。陆展堂称公司成立后不久，其就通过其弟弟个人账户向公司转账 200 万元，实际缴纳个人出资。股东宁小贝却认为陆展堂无法出具股东出资证明书，否认其股东资格。股东康宇生调查得知，由于公司成立初期事务繁忙，财会相关负责人因遗忘而未给陆展堂出具股东出资证明书，同时公司也未置备股东名册。关于该争议，下列哪一选项是正确的？

A. 应综合各种证据来认定陆展堂的股东资格

B. 仅依据公司登记即可证明陆展堂的股东资格

C. 陆展堂不具有股东资格，因其无出资证明书证明

D. 陆展堂不具有股东资格，因其无股东名册记载予以证明

扫码听课

【考点】股东资格的认定

【解析】取得股东资格，应当具备基础性法律关系（如出资等原始取得方式、受让股权等继受取得方式），并且具备权利外观（股东名册、公司登记等）。就权利外观而言，通常情况下，应遵循对内以股东名册为准、对外以公司登记为准的原则。但是，如果权利外观与基础性法律关系不一致，在内部问题上，应以基础性法律关系为准。在本案中，与陆展堂股东资格问题有关的事实有：（1）认缴出资；（2）股东登记；（3）实缴出资。不利于陆展堂股东资格认定的事实有：（1）未取得出资证明书；（2）公司未置备股东名册。但是由于其认缴出资并实缴出资的基础性法律关系存在，股东登记也已完成，因此，综合上述因素，应当认定其具备股东资格。A 选项正确。

【答案】A

2. 严某为鑫佳有限责任公司股东。关于公司对严某签发出资证明书，下列哪一选项是正确的？

A. 在严某认缴公司章程所规定的出资后，公司即须签发出资证明书

扫码听课

B. 若严某遗失出资证明书,其股东资格并不因此丧失

C. 出资证明书须载明严某以及其他股东的姓名、各自所缴纳的出资额

D. 出资证明书在法律性质上属于有价证券

【考点】有限公司股东资格的确认;出资证明书

【解析】《公司法》第29条规定,股东认足公司章程规定的出资后,由全体股东指定的代表或者共同委托的代理人向公司登记机关报送公司登记申请书、公司章程等文件,申请设立登记。《公司法》第31条第1款规定,有限责任公司成立后,应当向股东签发出资证明书。可见,公司在成立之后才能向股东签发出资证明书,不可能在个别股东认缴出资之后当即向其签发出资证明书,故A项错误。《公司法》第32条第2款规定,记载于股东名册的股东,可以依股东名册主张行使股东权利。据此,公司股东名册是股东资格的法定证明文件。相比之下,出资证明书只是认定股东资格的证明文件之一,并非法定证明文件,更非唯一文件,所以出资证明书遗失通常不影响股东资格的认定,更不会导致股东资格丧失,故B项正确。《公司法》第31条第2款规定,出资证明书应当载明下列事项:(一)公司名称;(二)公司成立日期;(三)公司注册资本;(四)股东的姓名或者名称、缴纳的出资额和出资日期;(五)出资证明书的编号和核发日期。据此,严某的出资证明书上只需要记载严某的姓名与出资额,不需要记载其他股东的姓名与出资额,股东名册上才需要记载所有股东的姓名与出资额,故C项错误。关于有价证券,我国现行法律并未给出法律上的定义,通说认为有价证券包括票据、股票、债券、证券投资基金券,其中并不包括有限责任公司的股东出资证明书。有价证券自身代表着一定的财产权利,可以自由流通。而有限责任公司的股东出资证明书仅仅是证明股东资格的众多文件之一,自身并无财产价值,也无法通过转让出资证明书来转让相应的股权。就此,《公司法》第73条规定,依照本法第71条、第72条转让股权后,公司应当注销原股东的出资证明书,向新股东签发出资证明书,并相应修改公司章程和股东名册中有关股东及其出资额的记载。对公司章程的该项修改不需再由股东会表决。可见,股东的出资证明书并无有价证券表彰权利、交易流通的功能,因而并非有价证券,故D项错误。

【答案】B

3. 关于有限责任公司股东名册制度,下列哪些表述是正确的?

A. 公司负有置备股东名册的法定义务

B. 股东名册须提交于公司登记机关

C. 股东可依据股东名册的记载,向公司主张行使股东权利

D. 就股东事项,股东名册记载与公司登记之间不一致时,以公司登记为准

【考点】有限公司股东资格的确认;股东名册

【解析】《公司法》第32条第1款规定,有限责任公司应当置备股东名册,记载下列事项:(一)股东的姓名或者名称及住所;(二)股东的出资额;(三)出资证明书编号。据此,置备股东名册属于公司的法定义务,故A项正确。《公司法》第32条第2款规定,记载于股东名册的股东,可以依股东名册主张行使股东权利。据此,C项正确。《公司法》第32条第3款规定,公司应当将股东的姓名或者名称向公司登记机关登记;登记事项发生变更的,应当办理变更登记。未经登记或者变更登记的,不得对抗第三人。本条规定仅要求公司向公司登记机关提

扫码听课

交股东的姓名或者名称，并未要求提交股东名册，故 B 项错误。关于股东名册与公司登记的效力问题，应当区分情况考虑。就股东事项，如果股东与公司、其他股东之外的第三人发生纠纷，为了维护交易安全，应当以公司登记为准；如果股东与公司或者其他股东发生纠纷，则应当以股东名册为准，毕竟股东名册属于股东资格的法定证明文件。故 D 项错误。

【答案】AC

4. 甲、乙、丙拟共同出资 50 万元设立一有限公司。公司成立后，在其设置的股东名册中记载了甲乙丙 3 人的姓名与出资额等事项，但在办理公司登记时遗漏了丙，使得公司登记的文件中股东只有甲乙 2 人。下列哪一说法是正确的？

A. 丙不能取得股东资格

B. 丙取得股东资格，但不能参与当年的分红

C. 丙取得股东资格，但不能对抗第三人

D. 丙不能取得股东资格，但可以参与当年的分红

【考点】有限公司股东资格的认定

【解析】《公司法》第 32 条第 2 款、第 3 款："记载于股东名册的股东，可以依股东名册主张行使股东权利。公司应当将股东的姓名或者名称向公司登记机关登记；登记事项发生变更的，应当办理变更登记。未经登记或者变更登记的，不得对抗第三人。"可见，股东资格的认定以股东名册为标准，工商登记只具有对抗的效力。故丙具有股东资格。C 项正确，A 项错误。根据《公司法》第 34 条当然享有分享红利的权利。故 B 项错误。《公司法》第 34 条："股东按照实缴的出资比例分取红利；公司新增资本时，股东有权优先按照实缴的出资比例认缴出资。但是，全体股东约定不按照出资比例分取红利或者不按照出资比例优先认缴出资的除外。"在没有另外约定时，当然有按照实缴出资比例参与当年分红的权利，D 项后半句正确，由上述可知，丙具有股东资格，故 D 项错误。

【答案】C

5. 某市房地产主管部门领导王大伟退休后，与其友张三、李四共同出资设立一家房地产中介公司。王大伟不想让自己的名字出现在公司股东名册上，在未告知其弟王小伟的情况下，直接持王小伟的身份证等证件，将王小伟登记为公司股东。下列哪一表述是正确的？

A. 公司股东应是王大伟

B. 公司股东应是王小伟

C. 王大伟和王小伟均为公司股东

D. 公司债权人有权请求王小伟对公司债务承担相应的责任

【考点】股东身份的认定

【解析】《公司法解释（三）》第 28 条："冒用他人名义出资并将该他人作为股东在公司登记机关登记的，冒名登记行为人应当承担相应责任；公司、其他股东或者公司债权人以未履行出资义务为由，请求被冒名登记为股东的承担补足出资责任或者对公司债务不能清偿部分的赔偿责任的，人民法院不予支持。"王大伟在未告知其弟王小伟的情况下，直接持王小伟的身份证等证件将王小伟登记为公司股东，属于冒名登记行为，王大伟对房地产中介公司出资，享有对公司的权利，承担相应义务，是公司的实际股东，应承担相应的民事责任，故 A 项正确，

B、C 项错误。被冒名者王小伟对于登记事项不知情且没有过错，公司债权人无权请求王小伟对于公司债务承担相应的责任，故 D 项错误。

【答案】A

6. 胡铭是从事进出口贸易的茂福公司的总经理，姚顺曾短期任职于该公司，2016 年初离职。2016 年 12 月，姚顺发现自己被登记为贝达公司的股东。经查，贝达公司实际上是胡铭与其友张莉、王威共同设立的，也从事进出口贸易。胡铭为防止茂福公司发现自己的行为，用姚顺留存的身份信息等材料，将自己的股权登记在姚顺名下。就本案，下列哪些选项是错误的？

A. 姚顺可向贝达公司主张利润分配请求权

B. 姚顺有权参与贝达公司股东会并进行表决

C. 在姚顺名下股权的出资尚未缴纳时，贝达公司的债权人可向姚顺主张补充赔偿责任

D. 在姚顺名下股权的出资尚未缴纳时，张莉、王威只能要求胡铭履行出资义务

【考点】冒名出资

【解析】关于冒名出资问题，《公司法解释（三）》第 28 条规定："冒用他人名义出资并将该他人作为股东在公司登记机关登记的，冒名登记行为人应当承担相应责任；公司、其他股东或者公司债权人以未履行出资义务为由，请求被冒名登记为股东的承担补足出资责任或者对公司债务不能清偿部分的赔偿责任的，人民法院不予支持。"由此可知，在冒名出资的情况下，由冒名登记行为人胡铭承担责任，所以 D 项说法正确，而被冒名者既不享有股东权利，也不承担股东义务和责任，所以 A、B、C 项说法错误。

【答案】ABC

7. 张某是红叶有限公司的小股东，持股 5%；同时，张某还在枫林有限公司任董事，而红叶公司与枫林公司均从事保险经纪业务。红叶公司多年没有给张某分红，张某一直对其会计账簿存有疑惑。关于本案，下列哪一选项是正确的？

A. 张某可以用口头或书面形式提出查账请求

B. 张某可以提议召开临时股东会表决查账事宜

C. 红叶公司有权要求张某先向监事会提出查账请求

D. 红叶公司有权以张某的查账目的不具正当性为由拒绝其查账请求

【考点】股东知情权

【解析】《公司法》第 33 条规定了有限公司股东查阅会计账簿制度："股东可以要求查阅公司会计账簿。股东要求查阅公司会计账簿的，应当向公司提出书面请求，说明目的。公司有合理根据认为股东查阅会计账簿有不正当目的，可能损害公司合法利益的，可以拒绝提供查阅，并应当自股东提出书面请求之日起十五日内书面答复股东并说明理由。公司拒绝提供查阅的，股东可以请求人民法院要求公司提供查阅。"这一规定的要点是：（1）有限公司股东有权查阅会计账簿，股份公司股东无权查阅会计账簿；（2）程序上，股东应当向公司提出书面请求，说明目的；（3）公司有合理根据认为股东查阅会计账簿有不正当目的，可能损害公司合法利益的，可以拒绝提供查阅。这里的不正当目的主要包括股东自营或者为他人经营与公司主营业务有实质性竞争关系的业务、股东为了向第三人通报得

知的事实以获取利益等情形。本题中，A 选项认为可以口头形式提出查账请求，因此错误；B 选项认为张某可以提议召开临时股东会，但是公司法规定代表十分之一以上表决权的股东才有权提议召开临时股东会，因此错误；C 选项在程序上表述错误；D 选项是正确的，因为张某为枫叶公司经营与红叶公司存在实质性竞争关系的业务。

【答案】D

8. 关于股东或合伙人知情权的表述，下列哪一选项是正确的？

A. 有限公司股东有权查阅并复制公司会计账簿

B. 股份公司股东有权查阅并复制董事会会议记录

C. 有限公司股东可以知情权受到侵害为由提起解散公司之诉

D. 普通合伙人有权查阅合伙企业会计账簿等财务资料

【考点】股东及合伙人知情权

【解析】《公司法》第 33 条第 2 款："股东可以要求查阅公司会计账簿。股东要求查阅公司会计账簿的，应当向公司提出书面请求，说明目的。公司有合理根据认为股东查阅会计账簿有不正当目的，可能损害公司合法利益的，可以拒绝提供查阅，并应当自股东提出书面请求之日起十五日内书面答复股东并说明理由。公司拒绝提供查阅的，股东可以请求人民法院要求公司提供查阅。"股东对公司账簿是可以申请查阅，而不能复制，且查阅必须经过书面申请，故 A 项错误。《公司法》第 97 条："股东有权查阅公司章程、股东名册、公司债券存根、股东大会会议记录、董事会会议决议、监事会会议决议、财务会计报告，对公司的经营提出建议或者质询。"可见，股份公司股东仅有权查阅董事会会议记录，但无权复制，故 B 项错误。《公司法》第 182 条："公司经营管理发生严重困难，继续存续会使股东利益受到重大损失，通过其他途径不能解决的，持有公司全部股东表决权百分之十以上的股东，可以请求人民法院解散公司。"《公司法解释（二）》第 1 条："单独或者合计持有公司全部股东表决权百分之十以上的股东，以下列事由之一提起解散公司诉讼，并符合公司法第一百八十二条规定的，人民法院应予受理：……股东以知情权、利润分配请求权等权益受到损害，或者公司亏损、财产不足以偿还全部债务，以及公司被吊销企业法人营业执照未进行清算等为由，提起解散公司诉讼的，人民法院不予受理。"由此可知，股东不能以知情权为由而提起公司解散之诉，故 C 项错误。《合伙企业法》第 28 条第 2 款："合伙人为了了解合伙企业的经营状况和财务状况，有权查阅合伙企业会计账簿等财务资料。"故 D 项正确。

【答案】D

9. 甲、乙、丙、丁、戊五人是昌盛有限公司股东，其中甲持有公司股权比例为 1%；乙持有公司股权比例为 2%；丙持有公司股权比例为 17%，但丙与好友赵某签订了股权代持协议，约定由好友赵某实际出资，享受投资收益；丁持有公司股权比例为 30%；戊持有公司股权比例为 50%，且担任公司董事长。公司章程规定，持股比例低于 5% 的股东不得查阅公司会计账簿。对此，下列说法正确的是哪一项？

A. 甲无权查阅公司会计账簿　　　　B. 丙无权查阅公司会计账簿

C. 赵某无权查阅公司会计账簿　　　D. 丁有权查阅并复制公司会计账簿

【考点】股东知情权

【解析】《公司法》第 33 条规定："股东有权查阅、复制公司章程、股东会会议记录、董事会会议决议、监事会会议决议和财务会计报告。股东可以要求查阅公司会计账簿。股东要求查阅公司会计账簿的，应当向公司提出书面请求，说明目的。公司有合理根据认为股东查阅会计账簿有不正当目的，可能损害公司合法利益的，可以拒绝提供查阅，并应当自股东提出书面请求之日起十五日内书面答复股东并说明理由。公司拒绝提供查阅的，股东可以请求人民法院要求公司提供查阅。"《公司法解释（四）》第 7 条规定："股东依据公司法第三十三条、第九十七条或者公司章程的规定，起诉请求查阅或者复制公司特定文件材料的，人民法院应当依法予以受理。公司有证据证明前款规定的原告在起诉时不具有公司股东资格的，人民法院应当驳回起诉，但原告有初步证据证明在持股期间其合法权益受到损害，请求依法查阅或者复制其持股期间的公司特定文件材料的除外。"基于上述规定以及公司法理论，知情权是专属于股东的权利，非股东不享有知情权（原股东在例外情况下享有知情权）。本题中，丙与好友赵某签订了股权代持协议，丙为名义股东，赵某为实际出资人，丙可以依据法律和章程规定行使股东知情权，而赵某作为实际投资人并不是公司的股东，不能直接向公司主张知情权。故 B 选项错误，C 选项正确。又根据上述规定，有限公司股东对于公司会计账簿只有查阅权，而无复制权，所以 D 项错误。《公司法解释（四）》第 9 条规定："公司章程、股东之间的协议等实质性剥夺股东依据公司法第三十三条、第九十七条规定查阅或者复制公司文件材料的权利，公司以此为由拒绝股东查阅或者复制的，人民法院不予支持。"此即股东知情权的不可剥夺性。本题中，昌盛有限公司章程"实质性剥夺"了持股比例低于 5% 的股东的查账权，该条款无效。因此，甲依然有权查阅公司会计账簿，A 选项说法错误。

【答案】C

10. 2017 年 6 月，李某、张某、汪某、赵某四人共同出资成立了某有限责任公司，公司章程约定李某认缴出资 400 万元，其他三人分别认缴出资 200 万元，出资期限为公司成立后 3 个月内缴足。至 2017 年年末，经公司多次催告，李某仍未缴纳出资。2018 年 1 月，公司召开股东会会议，李某未出席，经张某、汪某、赵某三股东同意，最终通过了对李某除名的决议。对此，下列哪些说法是正确的？

A. 李某系该公司重要股东，其未出席此次股东会会议，该决议无效

B. 对李某除名的决议，李某有利害关系，没有表决权，该决议有效

C. 在李某被除名的相关登记事项变更完成之前，若公司有对外债务不能清偿，李某仍需承担补充赔偿责任

D. 公司对李某除名后，应当及时办理相应的减资程序，或安排其他主体缴纳相应的出资

【考点】股东除名制度

【解析】关于股东除名制度，考生需要掌握其条件、程序和后果三个方面问题。《公司法解释（三）》第 17 条第 1 款规定："有限责任公司的股东未履行出资义务或者抽逃全部出资，经公司催告缴纳或者返还，其在合理期间内仍未缴纳或者返还出资，公司以股东会决议解除该股东的股东资格，该股东请求确认该解除行为无效的，人民法院不予支持。"本题中，李某未履行其出资义务，并经公司多次催告后，李某仍未缴纳出资，股东会解除其股东资格，条件已经具备。唯须

注意的问题是，李某身为股东，对解除其股东资格的股东会决议是否拥有表决权？对此，公司法并未规定，而且公司法上也不存在关联股东表决权回避的一般性规则，因此，只能从理论上回答。从理论上讲，在解除股东资格的股东会上，被解除股东不享有表决权，否则，当大股东出现解除资格事由时，公司将无法通过相应的决议。所以，A 项错误、B 项正确。《公司法解释（三）》第 17 条第 2 款进一步规定："在前款规定的情形下，人民法院在判决时应当释明，公司应当及时办理法定减资程序或者由其他股东或者第三人缴纳相应的出资。在办理法定减资程序或者其他股东或者第三人缴纳相应的出资之前，公司债权人依照本规定第十三条或者第十四条请求相关当事人承担相应责任的，人民法院应予支持。"因此 C、D 项说法正确。

【答案】BCD

11. 郑贺为甲有限公司的经理，利用职务之便为其妻吴悠经营的乙公司谋取本来属于甲公司的商业机会，致甲公司损失 50 万元。甲公司小股东付冰欲通过诉讼维护公司利益。关于付冰的做法，下列哪一选项是正确的？

　　A. 必须先书面请求甲公司董事会对郑贺提起诉讼

　　B. 必须先书面请求甲公司监事会对郑贺提起诉讼

　　C. 只有在董事会拒绝起诉情况下，才能请求监事会对郑贺提起诉讼

　　D. 只有在其股权达到 1% 时，才能请求甲公司有关部门对郑贺提起诉讼

【考点】股东代表诉讼

【解析】《公司法》第 151 条第 1 款："董事、高级管理人员有本法第一百四十九条规定的情形的，有限责任公司的股东、股份有限公司连续一百八十日以上单独或者合计持有公司百分之一以上股份的股东，可以书面请求监事会或者不设监事会的有限责任公司的监事向人民法院提起诉讼；监事有本法第一百四十九条规定的情形的，前述股东可以书面请求董事会或者不设董事会的有限责任公司的执行董事向人民法院提起诉讼。"可见，郑贺作为公司高管侵害公司利益，付冰只能首先书面请求公司监事会对其提起诉讼，而不能请求公司董事会提起诉讼。故 A 项错误，B 项正确。《公司法》第 151 条第 2 款："监事会、不设监事会的有限责任公司的监事，或者董事会、执行董事收到前款规定的股东书面请求后拒绝提起诉讼，或者自收到请求之日起三十日内未提起诉讼，或者情况紧急、不立即提起诉讼将会使公司利益受到难以弥补的损害的，前款规定的股东有权为了公司的利益以自己的名义直接向人民法院提起诉讼。"如果监事会拒绝提起诉讼，付冰才可以以自己的名义提起诉讼。故 C 项错误。由《公司法》第 151 条第 1 款可知，有限责任公司的股东提起派生诉讼没有持股比例的要求。故 D 项错误。

【答案】B

12. 2018 年 1 月，甲、乙、丙三人共同发起设立了华亮建设有限公司，甲持股比例为 30%，乙持股比例为 60%，丙持股比例为 10%。其中，乙至今未按约定履行出资义务，并且由乙担任公司法定代表人，丙担任公司唯一的监事。2018 年 7 月，乙违规决议华亮建设公司为其本人提供担保，因此给公司造成损失 100 万元，而公司并未向其主张责任。下列哪些说法是正确的？

　　A. 甲有权提议召开临时股东会会议变更法定代表人

　　B. 甲有权直接要求乙向公司履行出资义务

C. 甲有权直接要求乙赔偿其股权价值下降的损失

D. 甲有权提起代表诉讼，要求乙向自己承担赔偿责任

【考点】股东会召集程序，股东违反出资义务的后果，董监高违法行使职权的后果，股东代表诉讼

【解析】本题具有很强的综合性，但是围绕股东这一核心主体展开。首先，《公司法》第 39 条规定："股东会会议分为定期会议和临时会议。定期会议应当依照公司章程的规定按时召开。代表十分之一以上表决权的股东，三分之一以上的董事，监事会或者不设监事会的公司的监事提议召开临时会议的，应当召开临时会议。"本题中甲持有公司 30% 的股权，有权提议召开临时股东会的资格。此外，《公司法》第 13 条规定："公司法定代表人依照公司章程的规定，由董事长、执行董事或者经理担任，并依法登记。公司法定代表人变更，应当办理变更登记。"由此可知，法定代表人系根据公司章程规定的办法产生，若公司章程规定由股东会决定法定代表人的人选（比如执行董事），则股东会有权直接变更公司法定代表人；若公司章程规定了由董事会决定法定代表人的人选（比如经理），股东会可以通过决议修改章程并产生新的法定代表人的人选。故 A 选项正确。其次，《公司法解释（三）》第 13 条第 1 款规定："股东未履行或者未全面履行出资义务，公司或者其他股东请求其向公司依法全面履行出资义务的，人民法院应予支持。"因此，股东可以直接要求未履行或者未完全履行出资义务的股东直接向公司履行全部出资义务，故 B 选项正确。再次，《公司法》第 152 条规定："董事、高级管理人员违反法律、行政法规或者公司章程的规定，损害股东利益的，股东可以向人民法院提起诉讼。"该条规定的"损害股东利益"并不包括因为公司利益受损而导致的股东利益间接受损（即选项中所说"股权价值下降的损失"），所以 C 项错误。最后，根据《公司法》第 151 条规定，当公司利益受损时，股东有权提起代表诉讼，但是诉讼效果均归属于公司，因此 D 项错误。

【答案】AB

13. 2016 年，由陈某和周某共同创办了逐月有限公司，其中陈某持有公司 67% 的股权，并担任董事长、法定代表人。公司章程规定，只要公司可分配利润超过 10 万元，即向周某分配 10 万元，剩余部分向陈某分配。2017 年公司业务不佳，税后利润提取公积金后，公司可分配利润仅为 11 万元。当年股东会会议中，陈某以周某业务能力差、对公司贡献少为由，主张将可分配利润全部分配给自己，不向周某分配。该决议两股东均签字，但周某注明了反对意见。据此，当年全部利润均分配给了陈某。对此，下列哪些说法是正确的？

A. 周某可以主张该决议无效　　　　　B. 周某可以主张撤销该决议

C. 周某可以主张公司赔偿其损失　　　D. 周某可以主张陈某赔偿其损失

【考点】利润分配权，滥用股权的后果，公司决议效力

【解析】本题具有综合性。首先，就利润分配比例而言，根据《公司法》第 34 条规定，股东按照实缴的出资比例分取红利，但是，全体股东约定不按照出资比例分取红利的除外。本题中，公司原始章程是全体股东约定的一种形式，其规定了特殊的利润分配规则，是有效的。在此前提下，公司股东会在周某反对的情况下作出了不同于章程规定的利润分配方案，该股东会决议的内容违反了公司章程，根据《公司法》第 22 条，周某可以主张撤销该决议，但该决议并非无效。

扫码听课

所以 A 项错误，B 项正确。其次，《公司法》第 20 条第 2 款规定："公司股东滥用股东权利给公司或者其他股东造成损失的，应当依法承担赔偿责任。"本题中，陈某作为公司大股东，滥用股东权利，违反公司章程，直接损害了小股东周某权利，周某可以要求陈某赔偿其损失。但是公司并未对周某实施损害行为，因此周某无权要求公司赔偿其损失。故 C 项错误，D 项正确。

【答案】BD

考点群四　公司设立

1. 张三、李四、王五、赵六于 2018 年 7 月共同签订设立协议，准备设立大通公司，同时协商公司设立相关事宜由张三负责。2018 年 9 月公司设立并完成登记。公司章程签订时，李四忙于公司事务而未在场，王五善于模仿他人笔迹，于是仿李四笔迹代李四签署章程。公司成立后，四人为确定分红比例、股东合伙人职责、股东之竞业禁止义务等内容，于是共同签订一份股东协议。关于本案，下列哪些说法不正确？

A. 签署公司章程时有超过三分之二多数的股东签字同意，虽然存在签名上的瑕疵，但不影响其生效

B. 该股东协议体现了四位股东的意志，因此协议与公司章程法律地位相同

C. 在公司成立后，股东签订的设立协议即作为公司章程组成部分

D. 公司章程经登记后生效

【考点】公司章程

【解析】从理论上讲，公司章程是公司必备文件，不得以任何其他文件代替公司章程。实务中，股东往往先签署股东协议，并将股东协议的全部或大部分内容转化为章程，但是二者在性质和效力上并不相同，股东协议本质上是合同，仅约束其当事人即全体股东，公司章程不仅约束全体股东，也对公司、董事、监事、高级管理人员具有约束力，所以 B、C 选项错误。对有限公司而言，其设立时的章程即原始章程，需要全体股东一致同意方可生效，修订时须经过代表三分之二以上表决权的股东同意才能生效，所以 A 选项错误。一般认为，公司章程不具有对外效力，所以无论是原始章程还是修订章程，均不以登记为生效要件，D 选项错误。

【答案】ABCD

2. 2014 年 5 月，甲乙丙丁四人拟设立一家有限责任公司。关于该公司的注册资本与出资，下列哪些表述是正确的？

A. 公司注册资本可以登记为 1 元人民币

B. 公司章程应载明其注册资本

C. 公司营业执照不必载明其注册资本

D. 公司章程可以要求股东出资须经验资机构验资

【考点】有限公司的注册资本与出资

【解析】《公司法》第 26 条规定，有限责任公司的注册资本为在公司登记机关登记的全体股东认缴的出资额。法律、行政法规以及国务院决定对有限责任公

大咖点拨区

扫码听课

扫码听课

大咖点拨区

司注册资本实缴、注册资本最低限额另有规定的，从其规定。2013年《公司法》对公司资本制度改革之后，对于普通公司取消了最低注册资本的限制，理论上公司的注册资本可以是1元，实践中也出现了一些1元公司，故A项正确。《公司法》第25条第1款规定，有限责任公司章程应当载明下列事项：（一）公司名称和住所；（二）公司经营范围；（三）公司注册资本；（四）股东的姓名或者名称；（五）股东的出资方式、出资额和出资时间；（六）公司的机构及其产生办法、职权、议事规则；（七）公司法定代表人；（八）股东会会议认为需要规定的其他事项。据此，公司注册资本属于公司章程的绝对记载事项，故B项正确。《公司法》第7条第2款规定，公司营业执照应当载明公司的名称、住所、注册资本、经营范围、法定代表人姓名等事项。据此，公司注册资本属于公司营业执照的法定记载事项，故C项错误。2013年《公司法》对公司资本制度改革之后，取消了对有限责任公司股东出资时的验资要求，但公司章程可以规定股东出资必须经过验资，这属于公司自治的范畴，故D项正确。

【答案】ABD

3. 甲、乙、丙设立一有限公司，制定了公司章程。下列哪些约定是合法的？

A. 甲、乙、丙不按照出资比例分配红利

B. 由董事会直接决定公司的对外投资事宜

C. 甲、乙、丙不按照出资比例行使表决权

D. 由董事会直接决定其他人经投资而成为公司股东

【考点】有限责任公司章程；公司法的强制性与任意性

【解析】《公司法》第34条："股东按照实缴的出资比例分取红利；公司新增资本时，股东有权优先按照实缴的出资比例认缴出资。但是，全体股东约定不按照出资比例分取红利或者不按照出资比例优先认缴出资的除外。"可见，公司章程可以约定不按出资比例分配红利，故A项正确。《公司法》第37条："股东会行使下列职权：（一）决定公司的经营方针和投资计划；……"《公司法》第16条第1款："公司向其他企业投资或者为他人提供担保，依照公司章程的规定，由董事会或者股东会、股东大会决议；公司章程对投资或者担保的总额及单项投资或者担保的数额有限额规定的，不得超过规定的限额。"根据该条款，公司章程对于对外投资事宜可以由董事会决定，也可以由股东会决定，公司章程可以赋予董事会对外投资的决定权。故B项正确。《公司法》第42条："股东会会议由股东按照出资比例行使表决权；但是，公司章程另有规定的除外。"表决权行使按照什么规则行使，公司章程可以作出规定，如无规定的，则按照出资比例行使，故C项应选。《公司法》第43条第2款："股东会会议作出修改公司章程、增加或者减少注册资本的决议，以及公司合并、分立、解散或者变更公司形式的决议，必须经代表2/3以上表决权的股东通过。"有限责任公司与股份有限公司相比较，人合性较强，是否允许其他人经投资而成为新的股东，需要经过股东会予以决定，董事会不享有此项权力，故D项不选。

【答案】ABC

4. 李某和王某正在磋商物流公司的设立之事。通大公司出卖一批大货车，李某认为物流公司需要，便以自己的名义与通大公司签订了购买合同，通大公司交付了货车，但尚有150万元车款未收到。后物流公司未能设立。关于本案，下列

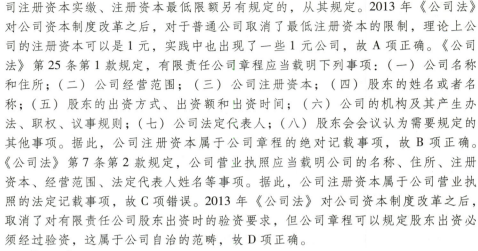
扫码听课

扫码听课

哪一说法是正确的？

    A. 通大公司可以向王某提出付款请求

    B. 通大公司只能请求李某支付车款

    C. 李某、王某对通大公司的请求各承担 50% 的责任

    D. 李某、王某按拟定的出资比例向通大公司承担责任

【考点】 发起人责任

【解析】 根据《公司法解释（三）》第 4 条，发起人为设立公司目的以自己的名义订立合同，若公司未能成立，对方当事人有权请求全体发起人对该合同债务承担连带清偿责任。在本题中，通大公司有权要求李某和王某对 150 万元车款承担连带清偿责任，因此只有 A 选项是正确的。另根据《民法典》第 75 条："设立人为设立法人从事的民事活动，其法律后果由法人承受；法人未成立的，其法律后果由设立人承受，设立人为二人以上的，享有连带债权，承担连带债务。设立人为设立法人以自己的名义从事民事活动产生的民事责任，第三人有权选择请求法人或者设立人承担。"也可以得出相同的结论。

【答案】 A

考点群五 公司的变更、合并、分立

1. 泰昌有限公司共有 6 个股东，公司成立 2 年后，决定增加注册资本 500 万元。下列哪一表述是正确的？

    A. 股东会关于新增注册资本的决议，须经 2/3 以上股东同意

    B. 股东认缴的新增出资额可分期缴纳

    C. 股东有权要求按照认缴出资比例来认缴新增注册资本的出资

    D. 一股东未履行其新增注册资本出资义务时，公司董事长须承担连带责任

【考点】 增加注册资本

【解析】《公司法》第 43 条："股东会的议事方式和表决程序，除本法有规定的外，由公司章程规定。股东会会议作出修改公司章程、增加或者减少注册资本的决议，以及公司合并、分立、解散或者变更公司形式的决议，必须经代表三分之二以上表决权的股东通过。"新增注册资本的决议不是需要 2/3 以上的股东人数同意，而是代表 2/3 以上表决权的股东同意。故 A 项错误。《公司法》第 178 条第 1 款："有限责任公司增加注册资本时，股东认缴新增资本的出资，依照本法设立有限责任公司缴纳出资的有关规定执行。"因此股东认缴的新增出资额可分期缴纳，故 B 项正确。《公司法》第 34 条："股东按照实缴的出资比例分取红利；公司新增资本时，股东有权优先按照实缴的出资比例认缴出资。但是，全体股东约定不按照出资比例分取红利或者不按照出资比例优先认缴出资的除外。"公司增资的，全体股东在没有另外约定的情形下，股东以实缴出资认缴新增注册资本而不是以认缴出资比例认缴新增注册资本，故 C 项错误。《公司法解释（三）》第 13 条第 4 款："股东在公司增资时未履行或者未全面履行出资义务，依照本条第 1 款或者第 2 款提起诉讼的原告，请求未尽公司法第 147 条第 1 款规定的义务而使出资未缴足的董事、高级管理人员承担相应责任的，人民法院应予支

持；董事、高级管理人员承担责任后，可以向被告股东追偿。"《公司法》第147条第1款："董事、监事、高级管理人员应当遵守法律、行政法规和公司章程，对公司负有忠实义务和勤勉义务。"由此可知，董事长承担责任的前提是对公司未尽到忠实义务或勤勉义务，是一种过错责任，而不是连带责任，故D项错误。

【答案】B

2. 张某、李某为甲公司的股东，分别持股65%与35%，张某为公司董事长。为谋求更大的市场空间，张某提出吸收合并乙公司的发展战略。关于甲公司的合并行为，下列哪些表述是正确的？

A. 只有取得李某的同意，甲公司内部的合并决议才能有效

B. 在合并决议作出之日起15日内，甲公司须通知其债权人

C. 债权人自接到通知之日起30日内，有权对甲公司的合并行为提出异议

D. 合并乙公司后，甲公司须对原乙公司的债权人负责

【考点】公司合并

【解析】《公司法》第173条规定："公司合并，应当由合并各方签订合并协议，并编制资产负债表及财产清单。公司应当自作出合并决议之日起十日内通知债权人，并于三十日内在报纸上公告。债权人自接到通知书之日起三十日内，未接到通知书的自公告之日起四十五日内，可以要求公司清偿债务或者提供相应的担保。"本题中，张某持股只有65%，不足2/3，所以需要取得李某同意，才能达到2/3以上，合并决议才能生效，A选项正确。公司应当自作出合并决议之日起十日内通知债权人，而不是15日内，B选项错误。债权人自接到通知书之日起30日内，未接到通知书的自公告之日起45日内，可以要求公司清偿债务或者提供相应的担保，而不是异议，C选项错误。《公司法》第174条规定："公司合并时，合并各方的债权、债务，应当由合并后存续的公司或者新设的公司承继。"甲公司吸收合并乙公司，甲公司承继乙公司的债务，D选项正确。

【答案】AD

3. 白阳有限公司分立为阳春有限公司与白雪有限公司时，在对原债权人甲的关系上，下列哪一说法是错误的？

A. 白阳公司应在作出分立决议之日起10日内通知甲

B. 甲在接到分立通知书后30日内，可要求白阳公司清偿债务或提供相应的担保

C. 甲可向分立后的阳春公司与白雪公司主张连带清偿责任

D. 白阳公司在分立前可与甲就债务偿还问题签订书面协议

【考点】公司分立

【解析】《公司法》第175条第2款："公司分立，应当编制资产负债表及财产清单。公司应当自作出分立决议之日起十日内通知债权人，并于三十日内在报纸上公告。"由该条可知，白阳公司应在作出分立决议之日起10日内通知债权人甲，故A项正确，不选。根据《公司法》第173条，公司在合并的情况下，债权人要在接到合并通知书之日起30日内，未接到通知书的自公告之日起45日内，要求公司清偿债务或者提供相应的担保。但在公司分立的情况下，法律并未对债权人规定有此权利。因为根据《公司法》第176条，"公司分立前的债务由分立后的公司承担连带责任"，分立后的公司对债权人承担连带责任是更强的保护措

扫码听课

扫码听课

施，债权无需提供担保或清偿，故 B 项错误，本题为选非题，当选。《公司法》第 176 条："公司分立前的债务由分立后的公司承担连带责任。但是，公司在分立前与债权人就债务清偿达成的书面协议另有约定的除外。"可见，甲有权向分立后的阳春公司与白雪公司主张连带清偿责任，故 C 项正确，不选。同时，白阳公司在分立前可与债权人甲就债务偿还问题签订书面协议，故 D 项正确，不选。

【答案】B

考点群六　公司解散和清算

1. 2009 年，甲、乙、丙、丁共同设立 A 有限责任公司。丙以下列哪一理由提起解散公司的诉讼法院应予受理？

A. 以公司董事长甲严重侵害其股东知情权，其无法与甲合作为由

B. 以公司管理层严重侵害其利润分配请求权，其股东利益受重大损失为由

C. 以公司被吊销企业法人营业执照而未进行清算为由

D. 以公司经营管理发生严重困难，继续存续会使股东利益受到重大损失为由

【考点】司法解散公司

【解析】《公司法解释（二）》第 1 条："单独或者合计持有公司全部股东表决权百分之十以上的股东，以下列事由之一提起解散公司诉讼，并符合公司法第一百八十二条规定的，人民法院应予受理：（一）公司持续两年以上无法召开股东会或者股东大会，公司经营管理发生严重困难的；（二）股东表决时无法达到法定或者公司章程规定的比例，持续两年以上不能做出有效的股东会或者股东大会决议，公司经营管理发生严重困难的；（三）公司董事长期冲突，且无法通过股东会或者股东大会解决，公司经营管理发生严重困难的；（四）经营管理发生其他严重困难，公司继续存续会使股东利益受到重大损失的情形。股东以知情权、利润分配请求权等权益受到损害，或者公司亏损、财产不足以偿还全部债务，以及公司被吊销企业法人营业执照未进行清算等为由，提起解散公司诉讼的，人民法院不予受理。"由该条可知，丙不能以公司董事长甲严重侵害其股东知情权为由提起解散公司之诉，故 A 项错误。

同时，丙也不能以公司管理层严重侵害其利润分配请求权为由提起解散公司之诉，故 B 项错误。C 项属于被吊销企业法人营业执照而未进行清算，以此等事由提起解散公司之诉，法院不予受理，故 C 项错误。由《公司法》第 182 条："公司经营管理发生严重困难，继续存续会使股东利益受到重大损失，通过其他途径不能解决的，持有公司全部股东表决权百分之十以上的股东，可以请求人民法院解散公司。"和《公司法解释（二）》第 1 条可知，D 项属于解散公司之诉的法定事由。虽然丙未必有提起公司解散之诉的主体资格，但是 D 项作为公司解散之诉的理由是成立的，故 D 项正确。

【答案】D

2. 李桃是某股份公司发起人之一，持有 14% 的股份。在公司成立后的两年多时间里，各董事之间矛盾不断，不仅使公司原定上市计划难以实现，更导致公司经营管理出现严重困难。关于李桃可采取的法律措施，下列哪一说法是正确的？

A. 可起诉各董事履行对公司的忠实义务和勤勉义务

B. 可同时提起解散公司的诉讼和对公司进行清算的诉讼

C. 在提起解散公司诉讼时，可直接要求法院采取财产保全措施

D. 在提起解散公司诉讼时，应以公司为被告

【考点】 司法解散公司

【解析】 董事之间矛盾不断，并不表明董事违反对公司的忠实义务和勤勉义务。另外，忠实和勤勉义务，也不是可以通过诉讼来强制履行的义务，而只能用归入权或者损害赔偿制度解决。A选项错误。

解散公司之诉和对公司进行清算是两个程序，解散公司是诉讼程序，清算是非诉程序，相互独立。《公司法解释（二）》第2条规定："股东提起解散公司诉讼，同时又申请人民法院对公司进行清算的，人民法院对其提出的清算申请不予受理。人民法院可以告知原告，在人民法院判决解散公司后，依据民法典第七十条、公司法第一百八十三条和本规定第七条的规定，自行组织清算或者另行申请人民法院对公司进行清算。"B选项错误。

股东提起解散公司诉讼时，向法院申请财产保全或者证据保全的，在股东提供担保且不影响公司正常经营的情形下，法院可予以保全。C选项错误。股东提起解散公司诉讼应当以公司为被告。D选项正确。

【答案】 D

3. 某经营高档餐饮的有限责任公司，成立于2004年。最近四年来，因受市场影响，公司业绩逐年下滑，各董事间又长期不和，公司经营管理几近瘫痪。股东张某提起解散公司诉讼。对此，下列哪一表述是正确的？

A. 可同时提起清算公司的诉讼

B. 可向法院申请财产保全

C. 可将其他股东列为共同被告

D. 如法院就解散公司诉讼作出判决，仅对公司具有法律拘束力

【考点】 司法解散公司

【解析】 根据上一题分析可知，A项错误。《公司法解释（二）》第3条规定，股东提起解散公司诉讼时，向人民法院申请财产保全或者证据保全的，在股东提供担保且不影响公司正常经营的情形下，人民法院可予以保全。据此，B项正确。《公司法解释（二）》第4条第1款规定，股东提起解散公司诉讼应当以公司为被告。第2款规定，原告以其他股东为被告一并提起诉讼的，人民法院应当告知原告将其他股东变更为第三人；原告坚持不予变更的，人民法院应当驳回原告对其他股东的起诉。据此，C项错误。《公司法解释（二）》第6条第1款规定，人民法院关于解散公司诉讼作出的判决，对公司全体股东具有法律约束力。据此，D项错误。

【答案】 B

4. 因公司章程所规定的营业期限届满，蒙玛有限公司进入清算程序。关于该公司的清算，下列哪些选项是错误的？

A. 在公司逾期不成立清算组时，公司股东可直接申请法院指定组成清算组

B. 公司在清算期间，由清算组代表公司参加诉讼

C. 债权人未在规定期限内申报债权的，则不得补充申报

D. 法院组织清算的，清算方案报法院备案后，清算组即可执行

扫码听课

扫码听课

【考点】公司清算

【解析】《公司法解释（二）》第7条规定："公司应当依照民法典第七十条、公司法第一百八十三条的规定，在解散事由出现之日起十五日内成立清算组，开始自行清算。有下列情形之一，债权人、公司股东、董事或其他利害关系人申请人民法院指定清算组进行清算的，人民法院应予受理：（一）公司解散逾期不成立清算组进行清算的；（二）虽然成立清算组但故意拖延清算的；（三）违法清算可能严重损害债权人或者股东利益的。"所以A选项说法正确，不当选。《公司法》第184条规定，清算组在清算期间行使下列职权：……（七）代表公司参与民事诉讼活动。但清算组本身是一个多人组成的组合，不太方便代表公司，所以《公司法解释（二）》第10条第2款进一步规定，公司成立清算组的，由清算组负责人代表公司参加诉讼；尚未成立清算组的，由原法定代表人代表公司参加诉讼。据此，应当由清算组负责人而不是由清算组代表公司参加诉讼，故B项错误。《公司法解释（二）》第13条第1款规定，债权人在规定的期限内未申报债权，在公司清算程序终结前补充申报的，清算组应予登记。据此，债权人可以在公司清算程序终结前补充申报，故C项错误，当选。《公司法解释（二）》第15条第1款规定，公司自行清算的，清算方案应当报股东会或者股东大会决议确认；人民法院组织清算的，清算方案应当报人民法院确认。未经确认的清算方案，清算组不得执行。据此，法院组织清算时，清算方案应当报法院确认而不是备案，且不能直接执行，故D项错误，当选。

【答案】BCD

5. 2012年5月，东湖有限公司股东申请法院对公司进行司法清算，法院为其指定相关人员组成清算组。关于该清算组成员，下列哪一选项是错误的？

A. 公司债权人唐某
B. 公司董事长程某
C. 公司财务总监钱某
D. 公司聘请的某律师事务所

【考点】清算组成员

【解析】《公司法解释（二）》第8条："人民法院受理公司清算案件，应当及时指定有关人员组成清算组。清算组成员可以从下列人员或者机构中产生：（一）公司股东、董事、监事、高级管理人员；（二）依法设立的律师事务所、会计师事务所、破产清算事务所等社会中介机构；（三）依法设立的律师事务所、会计师事务所、破产清算事务所等社会中介机构中具备相关专业知识并取得执业资格的人员。"由此可知，公司债权人唐某不能作为清算人，故A项错误。公司董事长程某，公司财务总监钱某，某律师事务所符合《公司法解释（二）》第8条第2款第（一）项、第（三）项的规定，故B、C、D正确。

【答案】A

考点群七　公司财务会计制度

1. 关于公司的财务行为，下列哪些选项是正确的？

A. 在会计年度终了时，公司须编制财务会计报告，并自行审计
B. 公司的法定公积金不足以弥补以前年度亏损时，则在提取本年度法定公积

扫码听课

扫码听课

金之前，应先用当年利润弥补亏损

    C. 公司可用其资本公积金来弥补公司的亏损

    D. 公司可将法定公积金转为公司资本，但所留存的该项公积金不得少于转增前公司注册资本的百分之二十五

【考点】公司财务会计报告；公积金

【解析】《公司法》第164条第1款规定，公司应当在每一会计年度终了时编制财务会计报告，并依法经会计师事务所审计。据此，公司对自身的年度财务会计报告不能自我审计而必须聘请会计师事务所进行外审，以保证审计的客观、真实，故A项错误。《公司法》第166条第2款规定，公司的法定公积金不足以弥补以前年度亏损的，在依照前款规定提取法定公积金之前，应当先用当年利润弥补亏损。公司资本维持是公司资本制度的核心要求，只有弥补亏损之后，才能提取法定公积金；只有提取法定公积金之后，才能向股东分配利润。据此，B项正确。《公司法》第168条第1款规定，公司的公积金用于弥补公司的亏损、扩大公司生产经营或者转为增加公司资本。但是，资本公积金不得用于弥补公司的亏损。据此，资本公积金用途特殊，但不能用于弥补亏损，C项错误。《公司法》第168条第2款规定，法定公积金转为资本时，所留存的该项公积金不得少于转增前公司注册资本的25%。据此，D项正确。

【答案】BD

2. 甲、乙、丙成立一家科贸有限公司，约定公司注册资本100万元，甲、乙、丙各按20%、30%、50%的比例出资。甲、乙缴足了出资，丙仅实缴30万元。公司章程对于红利分配没有特别约定。当年年底公司进行分红。下列哪一说法是正确的？

    A. 丙只能按30%的比例分红

    B. 应按实缴注册资本80万元，由甲、乙、丙按各自的实际出资比例分红

    C. 由于丙违反出资义务，其他股东可通过决议取消其当年分红资格

    D. 丙有权按50%的比例分红，但应当承担未足额出资的违约责任

【考点】公司利润分配

【解析】《公司法》第34条："股东按照实缴的出资比例分取红利；公司新增资本时，股东有权优先按照实缴的出资比例认缴出资。但是，全体股东约定不按照出资比例分取红利或者不按照出资比例优先认缴出资的除外。"可见，股东之间红利分配形式首先看公司章程有没有规定，或者股东之间有没有约定，如果都没有约定的，则按照股东实际缴纳的出资比例分配。本题中，甲、乙、丙并未就红利分配达成特别约定，则应按实缴比例分红，丙应按30万出资占总出资额的比例即3/8分红。故A错误。由《公司法》第34条可知，公司分配利润的一般原则是"有约定的，依照约定分配，无约定的股东按照实缴的出资比例分取利润"。本题中，公司章程并没有对利润分配作出约定，因此甲乙丙只能按照股东实缴出资比例进行分配。即甲乙丙的实际出资比例分配，故B项正确。根据《公司法解释（三）》第16条，对于未出资或未完全履行出资义务的股东，股东会、章程只能对股东权利做出合理的限制，即股东会不能做出完全剥夺股东丙的利润分配权的决定。故C项错误。《公司法》第28条第2款："股东不按照前款规定缴纳出资的，除应当向公司足额缴纳外，还应当向已按期足额缴纳出资的股东承担违约

责任。"丙未完全履行出资义务应向甲乙承担违约责任，D 项后半句正确。由上述分析可知，丙只能按照实缴出资比例分享利润，故 D 项错误。

【答案】B

3. 紫霞股份有限公司是一家从事游戏开发的非上市公司，注册资本 5000 万元，已发行股份总额为 1000 万股。公司成立后经营状况一直不佳，至 2015 年底公司账面亏损 3000 万元。2016 年初，公司开发出一款游戏，备受玩家追捧，市场异常火爆，年底即扭亏为盈，税后利润达 7000 万元。

请回答第（1）～（3）题。

（1）2016 年底，为回馈股东多年的付出，紫霞公司决定分配利润。此时公司的法定公积金余额仅为 5 万元。就此次利润分配行为，下列选项正确的是：

A. 公司应提取的法定公积金数额为 400 万元

B. 公司可提取法定公积金的上限为税后利润的一半，即 3500 万元

C. 经股东会决议，公司可提取任意公积金 1000 万元

D. 公司向股东可分配利润的上限为 3605 万元

【考点】公司财务会计制度

【解析】本题被很多考生揶揄为注会考试题目。《公司法》第 166 条前 3 款规定："公司分配当年税后利润时，应当提取利润的百分之十列入公司法定公积金。公司法定公积金累计额为公司注册资本的百分之五十以上的，可以不再提取。公司的法定公积金不足以弥补以前年度亏损的，在依照前款规定提取法定公积金之前，应当先用当年利润弥补亏损。公司从税后利润中提取法定公积金后，经股东会或者股东大会决议，还可以从税后利润中提取任意公积金。"按此计算，紫霞公司 2016 年度税后利润 7000 万元，首先用 3000 万元弥补 2015 年度亏损，然后提取余额 4000 万元中的至少 10% 即 400 万作为法定公积金，还可以根据股东会决议提取任意公积金，但是提取法定公积金并无上限规定，所以 A、C 项正确，B 项错误。D 项比较绕人，也有争议。《公司法》第 168 条第 1 款规定："公司的公积金用于弥补公司的亏损、扩大公司生产经营或者转为增加公司资本。但是，资本公积金不得用于弥补公司的亏损。"按此规定，紫霞公司可以用现存法定公积金余额 5 万元弥补亏损，再用 2016 年度利润中的 2995 万元弥补亏损，然后再提取 400 万元公积金，这样 2016 年度利润尚余 3605 万元，这也是可以用于分配利润的上限，所以 D 项说法正确。

【答案】ACD

（2）如紫霞公司在 2016 年底的分配利润中，最后所提取的各项公积金数额总计为 2800 万元，关于该公积金的用途，下列选项正确的是：

A. 可用于弥补公司 2016 年度的实际亏损

B. 可将其中的 1500 万元用于新款游戏软件的研发

C. 可将其中 1000 万元的任意公积金全部用于公司资本的增加

D. 可将其中 1000 万元的法定公积金用于公司资本的增加

【考点】公司财务会计制度

【解析】首先，按照题意，紫霞公司 2016 年度没有发生亏损，所以 A 项错误。《公司法》第 168 条第 1 款规定："公司的公积金用于弥补公司的亏损、扩大公司生产经营或者转为增加公司资本。但是，资本公积金不得用于弥补公司的亏

损。"所以 B、C 项正确。同时，C 项也提供了一项信息，紫霞公司最后计提的 2800 万元公积金中，有 1000 万元任意公积金，其余 1800 万元为法定公积金。资本公积金并非来源于公司利润，所以不必考虑。《公司法》第 168 条第 2 款规定："法定公积金转为资本时，所留存的该项公积金不得少于转增前公司注册资本的百分之二十五。"按照转增前注册资本 5000 万元计算，留存的法定公积金不得少于 1250 万，而法定公积金总额为 1800 万元，用于转增资本的法定公积金上限是 550 万元，所以 D 项错误。

【答案】BC

（3）进入 2017 年，紫霞公司保持良好的发展势头。为进一步激励员工，公司于 8 月决定收购本公司的部分股份，用于职工奖励。关于此问题，下列选项正确的是：

A. 公司此次可收购的本公司股份的上限为 100 万股

B. 公司可动用任意公积金作为此次股份收购的资金

C. 收购本公司股份后，公司可在两年内完成实施对职工的股份奖励

D. 如在 2017 年底公司仍持有所收购的股份，则在利润分配时不得对该股份进行利润分配

【考点】股份公司的股份回购

【解析】《公司法》第 142 条规定："公司不得收购本公司股份。但是，有下列情形之一的除外：（一）减少公司注册资本；（二）与持有本公司股份的其他公司合并；（三）将股份用于员工持股计划或者股权激励；（四）股东因对股东大会作出的公司合并、分立决议持异议，要求公司收购其股份；（五）将股份用于转换上市公司发行的可转换为股票的公司债券；（六）上市公司为维护公司价值及股东权益所必需。

公司因前款第（一）项、第（二）项规定的情形收购本公司股份的，应当经股东大会决议；公司因前款第（三）项、第（五）项、第（六）项规定的情形收购本公司股份的，可以依照公司章程的规定或者股东大会的授权，经三分之二以上董事出席的董事会会议决议。

公司依照本条第一款规定收购本公司股份后，属于第（一）项情形的，应当自收购之日起十日内注销；属于第（二）项、第（四）项情形的，应当在六个月内转让或者注销；属于第（三）项、第（五）项、第（六）项情形的，公司合计持有的本公司股份数不得超过本公司已发行股份总额的百分之十，并应当在三年内转让或者注销。

上市公司收购本公司股份的，应当依照《中华人民共和国证券法》的规定履行信息披露义务。上市公司因本条第一款第（三）项、第（五）项、第（六）项规定的情形收购本公司股份的，应当通过公开的集中交易方式进行。公司不得接受本公司的股票作为质押权的标的。"

据此分析：紫霞公司现有股份 1000 万股，本次收购不得超过其 10% 即 100 万股，所以 A 项正确。收购资金来源没有限制，所以 B 项正确。收购之后应当在 3 年内转让或者注销，所以 C 项正确。另外《公司法》第 166 条第 6 款规定"公司持有的本公司股份不得分配利润。"所以 D 项正确。正确答案为 ABCD。

【答案】ABCD

扫码听课

大咖点拨区

考点群八　有限公司股东的出资

1. 尚昇公司实际控制人杜海鹏了解到，大学同学祖建华与魏大勇是华勇有限公司股东，且祖建华担任法定代表人。见该公司生意效益良好，杜海鹏遂与祖建华、魏大勇商议让尚昇公司入股华勇有限公司。祖建华与魏大勇欣然允诺，同时将二人尚未在华勇有限公司缴足出资的情况告知杜海鹏，按照公司章程规定二人应在 2025 年 1 月 10 日前缴足出资。杜海鹏考虑到经营风险问题，在尚昇公司与华勇有限公司签署投资协议时，约定祖建华与魏大勇应在 2019 年 12 月 1 日前缴足出资。但是华勇公司一直未修改章程对股东出资期限的规定。对于祖建华与魏大勇的出资问题，下列说法正确的是哪一项？

A. 根据投资协议，尚昇公司可要求祖建华与魏大勇于 2019 年 12 月 1 日之前缴足出资

B. 二人均应在 2019 年 12 月 1 日之前缴足对华勇有限公司的出资

C. 尚昇公司可要求祖建华在 2019 年 12 月 1 日前缴足，但魏大勇可在 2025 年 1 月 10 日之前缴足

D. 二人均可在 2025 年 1 月 10 日前缴足对华勇有限公司的出资

【考点】合同相对性原理和出资义务的性质

【解析】就股东与公司之间的关系而言，出资义务的履行期限应以公司章程规定为准。所以，通常情形下，股东祖建华与魏大勇可以根据华勇有限公司章程规定在 2025 年 1 月 10 日前缴足出资。但是，在不损害公司利益的前提下，章程规定的出资期限可能因为股东之间的约定而提前。题干交待，在尚昇公司与华勇有限公司签署投资协议时，约定祖建华与魏大勇应在 2019 年 12 月 1 日前缴足出资。该投资协议的主体是尚昇公司与华勇有限公司，根据合同相对性原理，该投资协议不能约束祖建华与魏大勇。但是，考虑到祖建华担任华勇有限公司法定代表人，他对于该投资协议的内容必然是知悉并且同意的，因此，祖建华应当受该投资协议的约束。而魏大勇对该投资协议并不知情，他不受该投资协议的约束。所以，尚昇公司可要求祖建华在 2019 年 12 月 1 日前缴足，但魏大勇可在 2025 年 1 月 10 日之前缴足。C 选项为正确选项，其他说法均错误。

【答案】C

2. 甲有限责任公司成立于 2014 年 4 月，注册资本为 1000 万元，文某是股东之一，持有 40% 的股权。文某已实缴其出资的 30%，剩余出资按公司章程规定，应在 2017 年 5 月缴足。2015 年 12 月，文某以其所持甲公司股权的 60% 作为出资，评估作价为 200 万元，与唐某共同设立乙公司。对此，下列哪些选项是正确的？

A. 因实际出资尚未缴纳完毕，故文某对乙公司的股权出资存在权利瑕疵

B. 如甲公司经营不善，使得文某用来出资的股权在 1 年后仅值 100 万元，则文某应补足差额

C. 如至 2017 年 5 月文某不缴纳其对甲公司的剩余出资，则甲公司有权要求其履行

D. 如至 2017 年 5 月文某不缴纳其对甲公司的剩余出资，则乙公司有权要求其履行

【考点】股权出资

【解析】《公司法解释（三）》第 11 条第 1、2 款规定，出资人以其他公司股权出资，符合下列条件的，人民法院应当认定出资人已履行出资义务：（一）出资的股权由出资人合法持有并依法可以转让；（二）出资的股权无权利瑕疵或者权利负担；（三）出资人已履行关于股权转让的法定手续；（四）出资的股权已依法进行了价值评估。股权出资不符合前款第（一）、（二）、（三）项的规定，公司、其他股东或者公司债权人请求认定出资人未履行出资义务的，人民法院应当责令该出资人在指定的合理期间内采取补正措施，以符合上述条件；逾期未补正的，人民法院应当认定其未依法全面履行出资义务。

这里的瑕疵，在本案中是指文某未按照甲公司章程规定履行其对甲公司的出资义务。然而，根据甲公司章程规定，文某对甲公司的剩余出资应在 2017 年 5 月缴足，所以，在 2015 年 12 月，不能认定文某对乙公司的股权出资存在权利瑕疵，A 项说法错误。文某以股权出资，仍然属于非货币出资，《公司法解释（三）》第 15 条规定，出资人以符合法定条件的非货币财产出资后，因市场变化或者其他客观因素导致出资财产贬值，公司、其他股东或者公司债权人请求该出资人承担补足出资责任的，人民法院不予支持。但是，当事人另有约定的除外。也就是说，判断是否属于非货币财产出资不实，是以出资时为基准，所以 B 项说法错误。在甲公司章程规定的出资期限届至时，即 2017 年 5 月文某不缴纳其对甲公司的剩余出资的，甲公司有权要求文某缴纳剩余出资，所以 C 项正确。

问题在于，2017 年 5 月文某不缴纳其对甲公司的剩余出资的，乙公司是否有权要求文某向甲公司缴纳剩余出资？从《公司法解释（三）》第 11 条规定来看，如至 2017 年 5 月文某不缴纳其对甲公司的剩余出资，乙公司请求认定文某未履行对乙公司出资义务的，人民法院应当责令文某在指定的合理期间内采取补正措施（即向甲公司缴纳剩余出资）；逾期未补正的，人民法院应当认定其未依法全面履行对乙公司的出资义务。从该条文义来看，乙公司也应该有权要求文某向甲公司缴纳剩余出资的权利。此外，《公司法解释（三）》第 13 条第 1 款规定，股东未履行或者未全面履行出资义务，公司或者其他股东请求其向公司依法全面履行出资义务的，人民法院应予支持。至 2017 年 5 月，乙公司也是甲公司的"其他股东"之一，所以，乙公司也有权要求文某向甲公司缴纳剩余出资。所以 D 项说法也是正确的。

【答案】CD

3. 湘星公司成立于 2012 年，甲、乙、丙三人是其股东，出资比例为 7∶2∶1，公司经营状况良好。2017 年初，为拓展业务，甲提议公司注册资本增资 1000 万元。关于该增资程序的有效完成，下列哪些说法是正确的？

A. 三位股东不必按原出资比例增资

B. 三位股东不必实际缴足增资

C. 公司不必修改公司章程

D. 公司不必办理变更登记

【考点】增加注册资本

扫码听课

【解析】《公司法》第 34 条规定："股东按照实缴的出资比例分取红利；公司新增资本时，股东有权优先按照实缴的出资比例认缴出资。但是，全体股东约定不按照出资比例分取红利或者不按照出资比例优先认缴出资的除外。"也就是说，增资时股东可以约定不按原出资比例增资，所以 A 项正确。《公司法》第 178 条第 1 款规定："有限责任公司增加注册资本时，股东认缴新增资本的出资，依照本法设立有限责任公司缴纳出资的有关规定执行。"也就是说，无论是公司设立时还是增资时，股东都可以分期缴付所认缴的出资，所以 B 项正确。注册资本既是章程必要记载事项，又是公司登记事项，所以，增资时应当修改公司章程并办理变更登记，C、D 项错误。

【答案】AB

4. 张三、李四、王五成立天问投资咨询有限公司，张三、李四各以现金 50 万元出资，王五以价值 20 万元的办公设备出资。张三任公司董事长，李四任公司总经理。公司成立后，股东的下列哪些行为可构成股东抽逃出资的行为？

A. 张三与自己所代表的公司签订一份虚假购货合同，以支付货款的名义，由天问公司支付给自己 50 万元

B. 李四以公司总经理身份，与自己所控制的另一公司签订设备购置合同，将 15 万元的设备款虚报成 65 万元，并已由天问公司实际转账支付

C. 王五擅自将天问公司若干贵重设备拿回家

D. 3 人决议制作虚假财务会计报表虚增利润，并进行分配

【考点】抽逃出资

【解析】出资义务是全体股东的共同义务之一，股东不得抽逃出资。所谓抽逃出资是指向公司出资后又以各种名义或者手段将出资从公司转移。《公司法解释（三）》第 12 条："公司成立后，公司、股东或者公司债权人以相关股东的行为符合下列情形之一且损害公司权益为由，请求认定该股东抽逃出资的，人民法院应予支持：（一）制作虚假财务会计报表虚增利润进行分配；（二）通过虚构债权债务关系将其出资转出；（三）利用关联交易将出资转出；（四）其他未经法定程序将出资抽回的行为。"根据法条规定，张三的行为属于虚构债权债务关系将出资转出的行为，故 A 项正确。

李四以公司总经理身份，与自己所控制的另一公司签订设备购置合同，将 15 万元的设备款虚报成 65 万元，并由天问公司实际转账支付的行为符合《公司法解释（三）》第 12 条属于"利用关联交易将出资转出"的行为，故 B 项正确。

王五擅自将天问公司若干贵重设备拿回家的行为可以认定为盗窃行为。不属于抽逃出资的行为，故 C 错误。

张三、李四、王五制作虚假财务会计报表虚增利润进行分配，符合《公司法解释（三）》第 12 条第 1 款第（三）项的规定，属于抽逃出资的行为。故 D 正确。

【答案】ABD

5. 榴凤公司章程规定：股东夏某应于 2016 年 6 月 1 日前缴清货币出资 100 万元。夏某认为公司刚成立，业务尚未展开，不需要这么多现金，便在出资后通过银行的熟人马某将这笔钱转入其妻的理财账户，用于购买基金。对此，下列哪些说法是正确的？

大咖点拨区

扫码听课

扫码听课

A. 榴风公司可要求夏某补足出资

B. 榴风公司可要求马某承担连带责任

C. 榴风公司的其他股东可要求夏某补足出资

D. 榴风公司的债权人得知此事后可要求夏某补足出资

【考点】抽逃出资

【解析】抽逃出资是指股东实际出资以后违法将其出资全部或者部分抽回的行为，其手段五花八门，本题交待的案情是一种典型的抽逃出资行为。关于抽逃出资的法律后果，《公司法解释（三）》第14条规定："股东抽逃出资，公司或者其他股东请求其向公司返还出资本息、协助抽逃出资的其他股东、董事、高级管理人员或者实际控制人对此承担连带责任的，人民法院应予支持。公司债权人请求抽逃出资的股东在抽逃出资本息范围内对公司债务不能清偿的部分承担补充赔偿责任、协助抽逃出资的其他股东、董事、高级管理人员或者实际控制人对此承担连带责任的，人民法院应予支持；抽逃出资的股东已经承担上述责任，其他债权人提出相同请求的，人民法院不予支持。"在本案中，榴风公司和其他股东均可主张夏某返还抽逃出资本息即补足出资，但债权人不享有此项权利，所以A、C项正确，D项错误。虽然马某并非《公司法解释（三）》第14条所规定的"协助抽逃出资的其他股东、董事、高级管理人员或者实际控制人"，但是马某协助夏某抽逃出资，可以类推适用上述规定，让马某承担连带责任。

【答案】ABC

考点群九 代持股

1. 高才、李一、曾平各出资40万元，拟设立"鄂汉食品有限公司"。高才手头只有30万元的现金，就让朋友艾瑟为其垫付10万元，并许诺一旦公司成立，就将该10万元从公司中抽回偿还给艾瑟。而李一与其妻闻菲正在闹离婚，为避免可能的纠纷，遂与其弟李三商定，由李三出面与高、曾设立公司，但出资与相应的投资权益均归李一。公司于2012年5月成立，在公司登记机关登记的股东为高才、李三、曾平，高才为董事长兼法定代表人，曾平为总经理。请回答第（1）～（3）题。

（1）公司成立后，高才以公司名义，与艾瑟签订一份买卖合同，约定公司向艾瑟购买10万元的食材。合同订立后第2天，高才就指示公司财务转账付款，而实际上艾瑟从未经营过食材，也未打算履行该合同。对此，下列表述正确的是：

A. 高才与艾瑟间垫付出资的约定，属于抽逃出资行为，应为无效

B. 该食材买卖合同应为无效

C. 高才通过该食材买卖合同而转移10万元的行为构成抽逃出资行为

D. 在公司不能偿还债务时，公司债权人可以在10万元的本息范围内，要求高才承担补充赔偿责任

【考点】抽逃出资

【解析】抽逃出资是指股东违反法定程序将其出资全部或者部分抽回的行为。抽逃出资行为发生在公司成立以后，高才与艾瑟之间的关于垫付出资的约定不属于抽逃出资行为，而是有效的约定（借款合同）。故A项错误。在民法上，高才

扫码听课

与艾瑟之间的食材买卖合同是通谋虚伪行为，因此无效，故 B 项正确。在公司法上，利用该食材买卖合同转移资金的行为，是抽逃出资，所以 C 项正确。《公司法解释（三）》第 14 条："股东抽逃出资，公司或者其他股东请求其向公司返还出资本息、协助抽逃出资的其他股东、董事、高级管理人员或者实际控制人对此承担连带责任的，人民法院应予支持。公司债权人请求抽逃出资的股东在抽逃出资本息范围内对公司债务不能清偿的部分承担补充赔偿责任、协助抽逃出资的其他股东、董事、高级管理人员或者实际控制人对此承担连带责任的，人民法院应予支持；抽逃出资的股东已经承担上述责任，其他债权人提出相同请求的，人民法院不予支持。"由此可知，D 项正确。

【答案】BCD

（2）关于李一与李三的约定以及股东资格，下列表述正确的是：

A. 二人间的约定有效

B. 对公司来说，李三具有股东资格

C. 在与李一的离婚诉讼中，闻菲可以要求分割李一实际享有的股权

D. 李一可以实际履行出资义务为由，要求公司变更自己为股东

【考点】代持股

【解析】李一与李三的约定是否有效，应看是否符合合同有效的条件，即主体资格符合、意思表示真实、内容不违反法律或者社会公共利益、合同标的确定和可能，李一与李三之间的约定并无无效事由，故 A 项正确。《公司法解释（三）》第 24 条："有限责任公司的实际出资人与名义出资人订立合同，约定由实际出资人出资并享有投资权益，以名义出资人为名义股东，实际出资人与名义股东对该合同效力发生争议的，如无法律规定的无效情形，人民法院应当认定该合同有效。前款规定的实际出资人与名义股东因投资权益的归属发生争议，实际出资人以其实际履行了出资义务为由向名义股东主张权利的，人民法院应予支持。名义股东以公司股东名册记载、公司登记机关登记为由否认实际出资人权利的，人民法院不予支持。实际出资人未经公司其他股东半数以上同意，请求公司变更股东、签发出资证明书、记载于股东名册、记载于公司章程并办理公司登记机关登记的，人民法院不予支持。"股东分为名义股东和实际股东，股东资格的取得一般按照股东名册记载予以认定，《公司法解释（三）》对于名义股东予以法律上的承认，名义股东，是指登记于股东名册及公司登记机关的登记文件，但事实上并没有真实向公司出资、并且也不会向公司出资的人。名义股东也是公司的股东，需要承担一定的股东义务，李三虽然未实际出资，但并不妨碍成为股东，故 B 项正确。虽然根据李一与李三的约定，李一实际享有投资的权益，但不能因此认定李一享有公司股权，李一并未记录于股东名册，所以闻菲无权要求分割李一实际享有的股权。故 C 选项错误。李一欲请求变更自己为名义股东，必须经其他股东半数以上同意，故 D 项错误。

【答案】AB

（3）2012 年 7 月，李三买房缺钱，遂在征得其他股东同意后将其名下的公司股权以 42 万元的价格，出卖给王二，并在公司登记机关办理了变更登记等手续。下列表述正确的是：

A. 李三的股权转让行为属于无权处分行为

  B. 李三与王二之间的股权买卖合同为有效合同

  C. 王二可以取得该股权

  D. 就因股权转让所导致的李一投资权益损失，李一可以要求李三承担赔偿责任

  【考点】 代持股

  【解析】《公司法解释（三）》第25条："名义股东将登记于其名下的股权转让、质押或者以其他方式处分，实际出资人以其对于股权享有实际权利为由，请求认定处分股权行为无效的，人民法院可以参照民法典第三百一十一条的规定处理。名义股东处分股权造成实际出资人损失，实际出资人请求名义股东承担赔偿责任的，人民法院应予支持。"李三虽然是名义股东，但依然属于合法股东，股权受让人不知名义股东、实际股东之间的约定，其为善意第三人，名义股东与王二之间的转让行为是有效的，故A项错误，BC项正确。根据《公司法解释（三）》第25条，李一因李三股权转让而导致的损失，可以向李三请求赔偿，故D项正确。

  【答案】 BCD

考点群十　有限公司股权转让

  1. 汪某为兴荣有限责任公司的股东，持股34%。2017年5月，汪某因不能偿还永平公司的货款，永平公司向法院申请强制执行汪某在兴荣公司的股权。关于本案，下列哪一选项是正确的？

  A. 永平公司在申请强制执行汪某的股权时，应通知兴荣公司的其他股东

  B. 兴荣公司的其他股东自通知之日起1个月内，可主张行使优先购买权

  C. 如汪某所持股权的50%在价值上即可清偿债务，则永平公司不得强制执行其全部股权

  D. 如在股权强制拍卖中由丁某拍定，则丁某取得汪某股权的时间为变更登记办理完毕时

  【考点】 股权强制执行

  【解析】《公司法》第72条规定："人民法院依照法律规定的强制执行程序转让股东的股权时，应当通知公司及全体股东，其他股东在同等条件下有优先购买权。其他股东自人民法院通知之日起满二十日不行使优先购买权的，视为放弃优先购买权。"据此，永平公司向法院申请强制执行汪某在兴荣公司的股权，法院应当通知兴荣公司及其全体股东，而不是申请执行人通知，所以A项错误。其他股东的优先购买权应当自法院通知之日起20日内行使，所以B项错误。根据民事诉讼法，强制执行以足额清偿债务为限，对于股权这种可分割财产，并不要求全部强制执行，所以C项正确。另外，结合民事诉讼法原理，在股权强制执行中，丁某取得股权的时间为法院裁定生效之日，而非股权变更登记之日，所以D项错误。

  【答案】 C

  2. 甲持有硕昌有限公司69%的股权，任该公司董事长；乙、丙为公司另外两个股东。因打算移居海外，甲拟出让其全部股权。对此，下列哪些说法是错误的？

扫码听课

扫码听课

A. 因甲的持股比例已超过 2/3，故不必征得乙、丙的同意，甲即可对外转让自己的股权

B. 若公司章程限制甲转让其股权，则甲可直接修改章程中的限制性规定，以使其股权转让行为合法

C. 甲可将其股权分割为两部分，分别转让给乙、丙

D. 甲对外转让其全部股权时，乙或丙均可就甲所转让股权的一部分主张优先购买权

【考点】 有限公司股东对外转让股权

【解析】 有限公司股东外转股权时，应该经过其他股东人数过半同意，而不是持股比例的半数，A 选项错误。修改公司章程需要经过股东会的特别多数决，须经法定程序，甲直接修改章程程序违法。而且对于股权外转的限制事宜，由于有限公司的人合性，章程可作出特别规定，可约定高于三分之二表决权的比例，或要求全体一致决，甲直接修改章程的行为在实体上也可能是违法的，B 选项错误。有限公司股权内转是自由的，甲当然可以分割其股权，将其自由内转给其他股东，C 选项正确。有限公司股权外转时，其他股东享有优购权，该优购权是针对该外转的全部股权，而非一部分。但如果其他股东都要行使优购权，则按其出资比例购买。D 选项错误。

【答案】 ABD

3. 甲与乙为一有限责任公司股东，甲为董事长。2014 年 4 月，一次出差途中遭遇车祸，甲与乙同时遇难。关于甲、乙股东资格的继承，下列哪一表述是错误的？

A. 在公司章程未特别规定时，甲、乙的继承人均可主张股东资格继承

B. 在公司章程未特别规定时，甲的继承人可以主张继承股东资格与董事长职位

C. 公司章程可以规定甲、乙的继承人继承股东资格的条件

D. 公司章程可以规定甲、乙的继承人不得继承股东资格

【考点】 有限公司股东资格的继承

【解析】《公司法》第 75 条规定，自然人股东死亡后，其合法继承人可以继承股东资格；但是，公司章程另有规定的除外。据此，公司章程可以对股东资格的继承作出特别规定，若无特别规定，则由已故股东的继承人继承股东资格。据此，A、C、D 三项正确。《公司法》第 44 条第 3 款规定，董事会设董事长一人，可以设副董事长。董事长、副董事长的产生办法由公司章程规定。因为董事长是公司机关中的重要职位，并非财产权，不产生继承问题，故 B 项错误。

【答案】 B

4. 香根餐饮有限公司有股东甲、乙、丙三人，分别持股 51%、14% 与 35%。经营数年后，公司又开设一家分店，由丙任其负责人。后因公司业绩不佳，甲召集股东会，决议将公司的分店转让。对该决议，丙不同意。下列哪一表述是正确的？

A. 丙可以该决议程序违法为由，主张撤销

B. 丙可以该决议损害其利益为由，提起解散公司之诉

C. 丙可以要求公司按照合理的价格收购其股权

D. 公司可以丙不履行股东义务为由，以股东会决议解除其股东资格

【考点】有限公司股权回购

【解析】《公司法》第 22 条："公司股东会或者股东大会、董事会的决议内容违反法律、行政法规的无效。股东会或者股东大会、董事会的会议召集程序、表决方式违反法律、行政法规或者公司章程，或者决议内容违反公司章程的，股东可以自决议作出之日起六十日内，请求人民法院撤销。"转让公司分店的决议程序、表决方式没有违反法律、行政法规的规定，决议的内容也没有违反公司章程的规定，丙不能要求法院撤销该决议，故 A 项错误。《公司法》第 182 条："公司经营管理发生严重困难，继续存续会使股东利益受到重大损失，通过其他途径不能解决的，持有公司全部股东表决权百分之十以上的股东，可以请求人民法院解散公司。"《公司法解释（二）》第 1 条："单独或者合计持有公司全部股东表决权百分之十以上的股东，以下列事由之一提起解散公司诉讼，并符合公司法第 182 条规定的，人民法院应予受理：……股东以知情权、利润分配请求权等权益受到损害，或者公司亏损、财产不足以偿还全部债务，以及公司被吊销企业法人营业执照未进行清算等为由，提起解散公司诉讼的，人民法院不予受理。"由此可知，丙不能以其权利受到侵害为由，提起公司解散之诉，故 B 项错误。《公司法》第 74 条第 1 款："下列情形之一的，对股东会该项决议投反对票的股东可以请求公司按照合理的价格收购其股权：…（二）公司合并、分立、转让主要财产的…"由该条可知，丙对股东会的决议有异议，可以要求公司按照合理的价格收购其股权，故 C 项正确。《公司法解释（三）》第 17 条第 1 款："有限责任公司的股东未履行出资义务或者抽逃全部出资，经公司催告缴纳或者返还，其在合理期间内仍未缴纳或者返还出资，公司以股东会决议解除该股东的股东资格，该股东请求确认该解除行为无效的，人民法院不予支持。"可见，撤销公司股东资格必须因为股东未履行出资义务或者抽逃出资，经公司催告仍没有在合理期间内缴纳或者返还出资，股东会方可决议解除该股东的股东资格，故 D 项错误。

【答案】C

5. 甲、乙是某有限责任公司股东，甲、乙分别持有公司 51% 和 49% 的股权，公司章程约定公司外部的人如果加入公司需内部股东一致同意。2018 年 10 月甲想把持有的公司 51% 的股权转让给外部的第三人丙，但乙不同意，于是，甲提出只转让 0.1% 的股权给丙，乙便同意了甲的请求。在丙成为公司的股东后，甲于 2018 年 12 月把自己持有的剩下 50.9% 的公司股权也转给了丙，并且办理了股权登记证明，这时候乙出来反对。关于两次股权转让是否有效，下列哪些说法是正确的？

A. 甲的第一次股权转让有效   B. 甲的第一次股权转让无效

C. 甲的第二次股权转让有效   D. 甲的第二次股权转让无效

【考点】有限公司股权转让

【解析】从表面上看，甲、丙之间的两次股权转让行为，完全符合《公司法》第 71 条的规定，其中第一次股权转让为对外转让，但是经过了其他股东同意，第二次股权转让为股东之间的转让，不必经其他股东同意。但是，本案有以下三个特殊情节需要考虑：（1）案情交待，甲的目的是将其全部 51% 的股权转让给丙；（2）甲将其 51% 的股权拆分为 0.1% 和 50.9%，分两次进行转让；（3）两次转让

之间仅仅间隔 2 个月。从这些情节可以看出，应当把两次股权转让作为一个整体看待，很明显，甲、丙存在着恶意串通、损害乙的优先购买权的情形，应认定两次股权转让均为无效。

需要注意的是，根据《公司法解释（四）》第 21 条第 2 款，其他股东仅提出确认股权转让合同及股权变动效力等请求，未同时主张按照同等条件购买转让股权的，人民法院不予支持，但其他股东非因自身原因导致无法行使优先购买权，请求损害赔偿的除外。因此，如果乙提起诉讼，请求确认两次股权转让无效，应同时主张行使优先购买权。

本题原型为江苏省高级人民法院（2015）苏商再提字第 00068 号民事判决书。法院裁判要旨是：民事活动应当遵循诚实信用的原则，民事主体依法行使权利，不得恶意规避法律，侵犯第三人利益。吴某民与吴某磊之间的两份股权转让协议，目的在于规避公司法关于股东优先购买权制度的规定，剥夺吴某崎在同等条件下的优先购买权，当属无效。

【答案】BD

6. 张某是甲有限公司 5 名股东之一。2021 年 6 月，张某未通知其他股东，与白某签订股权转让合同，将其股权以 100 万元价格全部转让给白某，并办理了变更登记。9 月，另一股东袁某得知此事，立即主张行使同等条件下的优先购买权。下列哪一说法是正确的？

　　A. 张某与白某之间的股权转让合同无效
　　B. 白某最终不能取得甲公司的股权
　　C. 因已办理变更登记，袁某不能再行使优先购买权
　　D. 因已超过法定期限，袁某不能再行使优先购买权

【考点】有限公司股权转让

【解析】本题考查有限公司股东的优先购买权。《公司法解释（四）》第 21 条规定："有限责任公司的股东向股东以外的人转让股权，未就其股权转让事项征求其他股东意见，或者以欺诈、恶意串通等手段，损害其他股东优先购买权，其他股东主张按照同等条件购买该转让股权的，人民法院应当予以支持，但其他股东自知道或者应当知道行使优先购买权的同等条件之日起三十日内没有主张，或者自股权变更登记之日起超过一年的除外。前款规定的其他股东仅提出确认股权转让合同及股权变动效力等请求，未同时主张按照同等条件购买转让股权的，人民法院不予支持，但其他股东非因自身原因导致无法行使优先购买权，请求损害赔偿的除外。股东以外的股权受让人，因股东行使优先购买权而不能实现合同目的的，可以依法请求转让股东承担相应民事责任。"由此可知，C、D 选项错误。由于其他股东依法行使优先购买权，白某将无法取得股权，B 选项正确。此外，虽然张某和白某之间的股权转让未通知其他股东，但是不影响股权转让合同的效力，白某因其他股东行使优先购买权而不能取得股权，可以请求张某承担违约责任，所以 A 选项错误。

【答案】B

考点群十一　一人有限公司

1. 下列有关一人公司的哪一表述是正确的？

A. 国有企业不能设立一人公司

B. 一人公司发生人格或财产混同时，股东应当对公司债务承担连带责任

C. 一人公司的注册资本必须一次足额缴纳

D. 一个法人只能设立一个一人公司

【考点】一人有限公司

【解析】《公司法》第 57 条第 2 款："本法所称一人有限责任公司，是指只有一个自然人股东或者一个法人股东的有限责任公司。"一人公司的出资人为一人，可以是自然人，也可以是法人，法人既可以是国有公司，也可以是非国有公司，故 A 项错误。依据《公司法》第 63 条："一人有限责任公司的股东不能证明公司财产独立于股东自己的财产的，应当对公司债务承担连带责任。"一人公司的财产与股东个人财产发生混同，导致公司人格与股东人格混同的，适用公司法人人格否认制度，股东必须对公司债务承担连带责任，公司债权人可以将公司与公司股东作为共同债务人进行追索。故 B 项正确。2013 年修订的《公司法》删去了原第 59 条第 1 款："一人有限责任公司的注册资本最低限额为人民币 10 万元。股东应当一次足额缴纳公司章程规定的出资额。"一人公司不再要求最低注册资本，故 C 项错误。《公司法》第 58 条："一个自然人只能投资设立一个一人有限责任公司。该一人有限责任公司不能投资设立新的一人有限责任公司。"该限制不适用法人，即法人可以设立一个一人有限公司，该一人公司可以再设一人有限公司，故 D 项错误。

【答案】B

2. 张平以个人独资企业形式设立"金地"肉制品加工厂。2011 年 5 月，因瘦肉精事件影响，张平为减少风险，打算将加工厂改换成一人有限公司形式。对此，下列哪些表述是错误的？

A. 因原投资人和现股东均为张平一人，故加工厂不必进行清算即可变更登记为一人有限公司

B. 新成立的一人有限公司仍可继续使用原商号"金地"

C. 张平为设立一人有限公司，须一次足额缴纳其全部出资额

D. 如张平未将一人有限公司的财产独立于自己的财产，则应对公司债务承担连带责任

【考点】一人有限公司；个人独资企业

【解析】《个人独资企业法》第 27 条第 1 款："个人独资企业解散，由投资人自行清算或者由债权人申请人民法院指定清算人进行清算。"张平打算将加工厂改换成一人有限公司形式，是一种解散原个人独资企业同时设立一人有限责任公司的行为，因此解散个人独资企业应当进行清算，故 A 项错误，本题为选非题，当选。法律并未禁止法人组织形式转换不得使用原商号，所以新成立的一人有限公司仍可继续使用原商号"金地"，故 B 项正确，不当选。2013 年修订的《公司

法》删除了原第 59 条第 1 款，一人公司不再要求最低注册资本，设立公司股东无需一次实缴资本，允许认缴资本，故 C 项错误，当选。《公司法》第 63 条："一人有限责任公司的股东不能证明公司财产独立于股东自己的财产的，应当对公司债务承担连带责任。"张平未将公司财产独立于自己的财产，即"财产混同"，应当对公司债务承担连带责任。故 D 项正确，不当选。

【答案】AC

3. 2016 年 7 月，张某出资 100 万元，成立恒润有限责任公司（自然人独资），2017 年 8 月，张某又出资设立复星制衣厂（个人独资企业），2018 年 6 月，恒润公司欠刘某货款 80 万元，关于本案，下列哪一选项是正确的？

A. 恒润公司可以和复星制衣厂共同出资设立一家有限责任公司

B. 刘某可以张某为恒润公司唯一股东为由，要求张某承担连带责任

C. 张某在设立恒润公司后可以再投资设立一人公司

D. 张某在设立恒润公司后不得再投资设立复星制衣厂

【考点】一人有限公司；个人独资企业

【解析】《公司法》第 58 条规定："一个自然人只能投资设立一个一人有限责任公司。该一人有限责任公司不能投资设立新的一人有限责任公司。"这一规定的目的在于，防止同一自然人操控多家一人公司以转移财产、逃避债务，进而损害公司和债权人利益，而不是要禁止该自然人以个人名义、设立个人独资企业或者和他人合作设立企业从事经营活动。因此，C、D 项说法错误。就责任而言，《公司法》第 63 条规定："一人有限责任公司的股东不能证明公司财产独立于股东自己的财产的，应当对公司债务承担连带责任。"这一规定仍然强调了一人公司的独立人格和独立责任，同时也规定了股东与公司财产混同时应当否认公司法人人格，由股东对公司债务承担连带责任。其特殊之处在于，考虑到唯一股东与一人公司出现财产混同的可能性明显高于一般的有限公司，该条规定了"举证责任倒置"制度，也就是说，由一人公司的唯一股东证明公司的财产与股东自己的财产相互独立，否则要对公司债务承担连带责任。因此 B 项说法错误。公司的股东可以是自然人、法人，也可以是其他组织。故恒润公司作为法人组织，复星制衣厂作为个人独资企业均有权出资设立新的有限公司，成为其股东。故 A 选项正确。当然，在实务中，考虑到这种新的有限公司完全由张某控制，在实质上与一人公司无异，因此在对外责任问题上，可以参照《公司法》第 63 条规定处理。

【答案】A

考点群十二　股份有限公司

1. 关于有限责任公司和股份有限公司，下列哪些表述是正确的？

A. 有限责任公司体现更多的人合性，股份有限公司体现更多的资合性

B. 有限责任公司具有更多的强制性规范，股份有限公司通过公司章程享有更多的意思自治

C. 有限责任公司和股份有限公司的注册资本都可以在公司成立后分期缴纳，但发起设立的股份有限公司除外

D. 有限责任公司和股份有限公司的股东在例外情况下都有可能对公司债务承担连带责任

【考点】 股份公司的特征，有限公司和股份公司的区别

【解析】 以公司信用基础为标准，公司的特性可以分为人合性及资合性。有限责任公司股东人数较少，股权转让受到一定的限制，并且不得向社会公开募集股份，因而具有较强的人合性。股份有限公司股东人数较多，股份转让较为自由，且可以公开募集股份，因此体现了更多的资合性，A 项正确。正是由于资合性较强的公司对外承担责任的基础是资本及资产状况，因此为防止公司由于资本不足而损害债权人利益，各国法律都对资合性较强的公司的设立和运作设定了较多的强制性规范，而对于人合性较强的公司，如有限责任公司，赋予了其章程较多意思自治的空间，因此 B 项错误。现行《公司法》规定的资本制为认缴制，删除了首期和期限的规定，根据《公司法》第 26、80 条的规定，因此 C 项错误。由于有限责任公司和股份有限公司股东承担的都是有限责任，因此都可能发生股东滥用公司独立人格及有限责任，损害债权人、公司和其他股东利益的情况，根据《公司法》第 20 条的规定，公司股东不得滥用公司法人独立地位和股东有限责任损害公司债权人的利益。公司股东滥用公司法人独立地位和股东有限责任，逃避债务，严重损害公司债权人利益的，应当对公司债务承担连带责任，因此 D 项正确。

【答案】 AD

2. 甲、乙、丙等拟以募集方式设立厚亿股份公司。经过较长时间的筹备，公司设立的各项事务逐渐完成，现大股东甲准备组织召开公司创立大会。下列哪些表述是正确的？

A. 厚亿公司的章程应在创立大会上通过

B. 甲、乙、丙等出资的验资证明应由创立大会审核

C. 厚亿公司的经营方针应在创立大会上决定

D. 设立厚亿公司的各种费用应由创立大会审核

扫码听课

【考点】 创立大会

【解析】 创立大会是股份公司募集设立过程中的决议机构，根据《公司法》第 90 条，发起人应当在创立大会召开十五日前将会议日期通知各认股人或者予以公告。创立大会应有代表股份总数过半数的发起人、认股人出席，方可举行。关于其职权，可以用"继往开来"四个字概括，具体包括：（1）审议发起人关于公司筹办情况的报告；（2）通过公司章程；（3）选举董事会成员；（4）选举监事会成员（5）对公司的设立费用进行审核（6）对发起人用于抵作股款的财产的作价进行审核；（7）发生不可抗力或者经营条件发生重大变化直接影响公司设立的，可以作出不设立公司的决议。据此可知，A、D 选项正确，B、C 选项错误，验资证明不必由创立大会审核，经营方针由股东大会决议。

【答案】 AD

3. 顺昌有限公司等五家公司作为发起人，拟以募集方式设立一家股份有限公司。关于公开募集程序，下列哪些表述是正确的？

A. 发起人应与依法设立的证券公司签订承销协议，由其承销公开募集的股份

B. 证券公司应与银行签订协议，由该银行代收所发行股份的股款

扫码听课

C. 发行股份的股款缴足后，须经依法设立的验资机构验资并出具证明

D. 由发起人主持召开公司创立大会，选举董事会成员、监事会成员与公司总经理

大咖点拨区

【考点】股份公司募集设立程序

【解析】《公司法》第 87 条规定，发起人向社会公开募集股份，应当由依法设立的证券公司承销，签订承销协议。据此，A 项正确。《公司法》第 88 条第 1 款规定，发起人向社会公开募集股份，应当同银行签订代收股款协议。据此，应当由发起人而不是证券公司与银行签订股款代收协议，故 B 项错误。《公司法》第 89 条第 1 款规定，发行股份的股款缴足后，必须经依法设立的验资机构验资并出具证明。发起人应当自股款缴足之日起 30 日内主持召开公司创立大会。创立大会由发起人、认股人组成。据此，C 项正确。《公司法》第 90 条第 2 款规定，创立大会行使下列职权：（一）审议发起人关于公司筹办情况的报告；（二）通过公司章程；（三）选举董事会成员；（四）选举监事会成员；（五）对公司的设立费用进行审核；（六）对发起人用于抵作股款的财产的作价进行审核；（七）发生不可抗力或者经营条件发生重大变化直接影响公司设立的，可以作出不设立公司的决议。据此，公司创立大会可以选举董事会成员与监事会成员，但公司总经理并非由选举产生。《公司法》第 113 条第 1 款规定，股份有限公司设经理，由董事会决定聘任或者解聘。据此，D 项错误。

【答案】AC

4. 华昌有限公司有 8 个股东，麻某为董事长。2013 年 5 月，公司经股东会决议，决定变更为股份公司，由公司全体股东作为发起人，发起设立华昌股份公司。下列哪一选项是正确的？

A. 该股东会决议应由全体股东一致同意

B. 发起人所认购的股份，应在股份公司成立后两年内缴足

C. 变更后股份公司的董事长，当然由麻某担任

D. 变更后的股份公司在其企业名称中，可继续使用"华昌"字号

扫码听课

【考点】有限公司变更为股份公司

【解析】《公司法》第 43 条第 2 款："股东会会议作出修改公司章程、增加或者减少注册资本的决议，以及公司合并、分立、解散或者变更公司形式的决议，必须经代表三分之二以上表决权的股东通过。"可见，变更公司形式的决议，需要经代表三分之二以上表决权的股东通过，不需要全体股东一致同意，故 A 项错误。《公司法》第 80 条第 1 款："股份有限公司采取发起设立方式设立的，注册资本为在公司登记机关登记的全体发起人认购的股本总额。在发起人认购的股份缴足前，不得向他人募集股份。"依据该新规定，发起人对认购的股份不再要求必须 2 年内缴清，故 B 项不选。《公司法》第 109 条第 1 款："董事会设董事长一人，可以设副董事长。董事长和副董事长由董事会以全体董事的过半数选举产生。"股份有限责任公司的董事长、副董事长由全体董事过半数选举产生，麻某并不当然成为股份有限责任公司的董事长，故 C 项错误。《公司登记管理条例》第 18 条第 1 款："设立有限责任公司，应当由全体股东指定的代表或者共同委托的代理人向公司登记机关申请名称预先核准；设立股份有限公司，应当由全体发起人指定的代表或者共同委托的代理人向公司登记机关申请名称预先核准。"字

号是一个公司的名称，变更公司形式后是否继续适用由公司自己决定，而所改变的是公司类型，即由"华昌有限公司"变为"华昌股份公司"，故 D 项正确。

【答案】D

5. 甲、乙、丙共同出资 1 亿元设立某有限责任公司，后公司收益颇丰，净资产达到 1.7 亿元，三人欲将公司转为股份公司为将来公司上市做准备，下列说法正确的是？

A. 如变更后股份有限公司注册资本为 2 亿元，则所增加的注册资本可以由甲、乙、丙三人认购

B. 变更后股份公司注册资本为 2 亿元，则所增加的注册资本可向社会公开募集，但不能定向募集

C. 如变更后股份公司注册资本为 1.7 亿元，则公司不必另行办理增资程序

D. 变更后发现原公司净资产计算有误，漏记了一笔 1000 万元的对外债务，则此差额的补足责任由甲、乙、丙三人连带承担

【考点】有限公司变更为股份公司

【解析】有限公司变更为股份公司，必须符合股份公司的设立条件和设立程序。若涉及增资，则新增资本可以由原股东认购，也可以向特定对象募集，还可以向社会公开募集。因此，A 项正确，B 项错误。变更后股份公司注册资本为 1.7 亿元，变更公司形式前注册资本为 1 亿元，因此公司需要通过增资程序来变更注册资本，故 C 项错误。《公司法》第 95 条规定："有限责任公司变更为股份有限公司时，折合的实收股本总额不得高于公司净资产额。有限责任公司变更为股份有限公司，为增加资本公开发行股份时，应当依法办理。"《公司法》第 93 条规定："股份有限公司成立后，发起人未按照公司章程的规定缴足出资的，应当补缴；其他发起人承担连带责任。股份有限公司成立后，发现作为设立公司出资的非货币财产的实际价额显著低于公司章程所定价额的，应当由交付该出资的发起人补足其差额；其他发起人承担连带责任。"本题中，净资产计算有误，漏记了一笔 1000 万元的对外债务，意味着净资产价值低于 1.7 亿元，相当于发起人出资不实，发起人应当承担连带责任，因此 D 项正确。

【答案】AD

6. 星煌公司是一家上市公司。现董事长吴某就星煌公司向坤诚公司的投资之事准备召开董事会。因公司资金比较紧张，且其中一名董事梁某的妻子又在坤诚公司任副董事长，有部分董事对此投资事宜表示异议。关于本案，下列哪些选项是正确的？

A. 梁某不应参加董事会表决

B. 吴某可代梁某在董事会上表决

C. 若参加董事会人数不足，则应提交股东大会审议

D. 星煌公司不能投资于坤诚公司

【考点】上市公司组织机构的特别规定

【解析】《公司法》第 124 条规定："上市公司董事与董事会会议决议事项所涉及的企业有关联关系的，不得对该项决议行使表决权，也不得代理其他董事行使表决权。该董事会会议由过半数的无关联关系董事出席即可举行，董事会会议所作决议须经无关联关系董事过半数通过。出席董事会的无关联关系董事人数不

足三人的，应将该事项提交上市公司股东大会审议。"本题中，梁某与决议事项所涉及的企业有关联关系，因此不应参加董事会表决，也不得委托他人代为表决或者代理他人表决，所以 A 选项正确，B 选项错误。如果出席会议的无关联关系董事人数不足三人，则该投资事宜应当提交股东大会表决，所以 C 选项正确。《公司法》对此种决议事项的表决程序做了特别规定，当然意味着不禁止此种决议事项，所以 D 选项错误。

【答案】AC

7. 唐宁是沃运股份有限公司的发起人和董事之一，持有公司 15% 的股份。因公司未能上市，唐宁对沃运公司的发展前景担忧，欲将所持股份转让。关于此事，下列哪一说法是正确的？

A. 唐宁可要求沃运公司收购其股权
B. 唐宁可以不经其他股东同意对外转让其股份
C. 若章程禁止发起人转让股份，则唐宁的股份不得转让
D. 若唐宁出让其股份，其他发起人可依法主张优先购买权

【考点】股份公司的股份转让

【解析】股份公司是以资合为主兼人合的公司，其股份转让规则与有限公司完全不同。原则上，股份公司股东可以自由转让其持有的股份，不必经其他股东同意，其他股东也不享有优先购买权。因此 B 选项是正确的，而 D 选项是错误的。A 选项涉及股份回购。根据《公司法》第 142 条，股东因对股东大会作出的公司合并、分立决议持异议，要求公司收购其股份的，公司可以收购自己的股份。而本题并不具备这一条件，所以 A 选项错误。C 选项涉及发起人股份转让规则。《公司法》第 141 条第 1 款规定："发起人持有的本公司股份，自公司成立之日起一年内不得转让。公司公开发行股份前已发行的股份，自公司股票在证券交易所上市交易之日起一年内不得转让。"此外再无其他限制，也未授权章程对发起人转让股份作出限制。若章程禁止发起人转让股份，与自由转让原则相悖，应为无效，所以 C 选项错误。此外，需要注意的是，《公司法》第 141 条第 2 款授权公司章程对公司董事、监事、高级管理人员转让其所持有的本公司股份作出其他限制性规定。

【答案】B

8. 开华是一家经营软件开发的公司，目前该公司已经上市。2018 年 3 月，为拓展新业务领域，提高公司的市场竞争力，该公司就预收购从事 AI 芯片开发的正茂有限公司的合并方案召开股东大会进行表决。表决过程中，张三等 11 名股东认为该决策风险过高表示不同意，但该合并方案仍获得法定多数表决的通过。随后，张三等 11 名股东要求公司回购其股票。实施合并方案过程中，开华公司发现正茂公司持有本公司已发行股份总额的 1.5% 的股份，数量为 60 万股。关于本案，下列选项错误的有哪些？

A. 开华公司在完成收购后，对于正茂公司持有的 60 万股股票应当在 6 个月内转让或者注销
B. 开华公司将张三等 11 名股东的股份回购后，应在 10 日内完成转让
C. 开华公司应采取公开的集中交易方式对张三等 11 名股东所持的股份进行回购

D. 开华公司的董事会就合并正茂公司而收购本公司股份的事项，享有决定权

【考点】股份公司的股份回购

【解析】《公司法》第142条规定："公司不得收购本公司股份。但是，有下列情形之一的除外：（一）减少公司注册资本；（二）与持有本公司股份的其他公司合并；（三）将股份用于员工持股计划或者股权激励；（四）股东因对股东大会作出的公司合并、分立决议持异议，要求公司收购其股份；（五）将股份用于转换上市公司发行的可转换为股票的公司债券；（六）上市公司为维护公司价值及股东权益所必需。

公司因前款第（一）项、第（二）项规定的情形收购本公司股份的，应当经股东大会决议；公司因前款第（三）项、第（五）项、第（六）项规定的情形收购本公司股份的，可以依照公司章程的规定或者股东大会的授权，经三分之二以上董事出席的董事会会议决议。

公司依照本条第一款规定收购本公司股份后，属于第（一）项情形的，应当自收购之日起十日内注销；属于第（二）项、第（四）项情形的，应当在六个月内转让或者注销；属于第（三）项、第（五）项、第（六）项情形的，公司合计持有的本公司股份数不得超过本公司已发行股份总额的百分之十，并应当在三年内转让或者注销。

上市公司收购本公司股份的，应当依照《中华人民共和国证券法》的规定履行信息披露义务。上市公司因本条第一款第（三）项、第（五）项、第（六）项规定的情形收购本公司股份的，应当通过公开的集中交易方式进行。

公司不得接受本公司的股票作为质押权的标的。"

本题中，因开华公司合并正茂公司而发生的股份回购，属于上述第1款第二项"与持有本公司股份的其他公司合并"，应当经股东大会决议，并且在六个月内转让或者注销，所以A选项正确，D选项错误。收购张三等11名股东的股份，属于上述第1款第（四）项"股东因对股东大会作出的公司合并、分立决议持异议，要求公司收购其股份"，在六个月内转让或者注销，不必通过公开的集中交易方式进行，所以B、C选项错误。

【答案】BCD

第二章　合伙企业法

考点群	考查频率
普通合伙企业的设立、变更和解散	★
普通合伙企业的事务决议和执行	★★★
普通合伙人债务清偿	★
普通合伙人入伙和退伙	★★
普通合伙份额的出质、转让、继承和执行	★★
特殊普通合伙企业	★
有限合伙企业	★★

考点群一　普通合伙企业的设立、变更和解散

1. 甲、乙、丙、丁打算设立一家普通合伙企业。对此，下列哪一表述是正确的？

A. 各合伙人不得以劳务作为出资

B. 如乙仅以其房屋使用权作为出资，则不必办理房屋产权过户登记

C. 该合伙企业名称中不得以任何一个合伙人的名字作为商号或字号

D. 合伙协议经全体合伙人签名、盖章并经登记后生效

【考点】合伙企业的设立

【解析】《合伙企业法》第 16 条第 1 款："合伙人可以用货币、实物、知识产权、土地使用权或者其他财产权利出资，也可以用劳务出资。"但是有限合伙企业中，有限合伙人不得以劳务出资，此处甲乙丙丁设立的是普通合伙企业，合伙人可以以劳务出资，故 A 项错误。乙仅以其房屋使用权作为出资，当然不需要进行房屋产权的过户登记。故 B 项正确，当选。《合伙企业法》第 15 条："合伙企业名称中应当标明'普通合伙'字样。"普通合伙企业中标明"普通合伙"字样即可，对于合伙企业名称，当事人有自由权，法律并未禁止使用合伙人的名字作为商号或字号，故 C 项错误。《合伙企业法》第 19 条："合伙协议经全体合伙人签名、盖章后生效。合伙人按照合伙协议享有权利，履行义务。"据此合伙协议的生效不以登记为要件。故 D 项错误。

【答案】B

2. 刘蓓、关雨、张菲共同出资 200 万元，成立了桃园餐饮服务中心（普通合伙企业）。按照合伙协议的约定刘蓓出资 100 万元，关雨出资 80 万元，张菲出资

扫码听课

扫码听课

20万元。刘蓓曾经从事过类似业务，管理经验十分丰富，故合伙协议约定合伙事务的执行由刘蓓负责。桃园餐饮自成立以来深受消费者喜爱，经营状况非常乐观，于是准备扩大经营范围，但合伙协议未就增资事项作出约定，现刘蓓邀请关雨和张菲共同商讨增资相关事宜，对此下列哪些选项是正确的？

A. 该增资决议经刘蓓和关雨两人同意即可通过

B. 该增资决议经刘蓓、关雨、张菲三人一致同意即可通过

C. 该增资决议经刘蓓和张菲两人同意即可通过

D. 刘蓓、关雨、张菲三人不按照出资比例增资并无不当

【考点】合伙企业增资问题

【解析】《合伙企业法》第34条规定，合伙人按照合伙协议的约定或者经全体合伙人决定，可以增加或者减少对合伙企业的出资。可见，增资决议需经全体合伙人一致同意，B选项正确，A、C选项错误。就增资比例问题而言，合伙企业法并未加以限制，应当尊重意思自治，由合伙人约定，所以D选项正确。

【答案】BD

3. 夏俊与耿高二人听从莫闯关于生物新能源的投资建议后，投资创立了一家"格调"生物新能源普通合伙企业，并聘任莫闯负责企业经营，但由于市场环境不佳，企业三年来持续亏损。后决定让莫闯负责企业的解散清算工作，莫闯记恨于二人不听从自己投资计划致使努力白费，于是编制不实清算报告并获得二合伙人审批同意，办理注销登记。莫闯在报告中隐瞒合伙企业对紫烟公司所负债务并虚构合伙企业对自己实际控制的卢生公司的大额负债。对此，下列哪一选项是错误的？

A. 在决定清算人选时，莫闯认为自己不是合伙人，不得担任清算人

B. 夏俊与耿高对紫烟公司仍应承担无限连带责任

C. 莫闯对自己清算时的隐瞒、虚构行为应对紫烟公司承担赔偿责任

D. 莫闯对自己清算时的隐瞒、虚构行为应对合伙人夏俊与耿高承担赔偿责任

【考点】合伙企业解散清算

【解析】《合伙企业法》第86条规定，合伙企业解散，应当由清算人进行清算。清算人由全体合伙人担任；经全体合伙人过半数同意，可以自合伙企业解散事由出现后十五日内指定一个或者数个合伙人，或者委托第三人，担任清算人。自合伙企业解散事由出现之日起十五日内未确定清算人的，合伙人或者其他利害关系人可以申请人民法院指定清算人。由此可知，合伙企业清算人可以由合伙人以外的人担任，所以A选项错误。《合伙企业法》第91条规定，合伙企业注销后，原普通合伙人对合伙企业存续期间的债务仍应承担无限连带责任。所以B选项正确。《合伙企业法》第102条规定，清算人违反本法规定，隐匿、转移合伙企业财产，对资产负债表或者财产清单作虚假记载，或者在未清偿债务前分配财产，损害债权人利益的，依法承担赔偿责任。所以C选项正确。《合伙企业法》第101条规定，清算人执行清算事务，牟取非法收入或者侵占合伙企业财产的，应当将该收入和侵占的财产退还合伙企业；给合伙企业或者其他合伙人造成损失的，依法承担赔偿责任。所以D选项正确。

【答案】A

考点群二　普通合伙企业的事务决议和执行

1. 逐道茶业是一家生产销售野生茶叶的普通合伙企业，合伙人分别为赵、钱、孙。合伙协议约定如下：第一，赵、钱共同担任合伙事务执行人；第二，赵、钱共同以合伙企业名义对外签约时，单笔标的额不得超过 30 万元。对此，下列哪一选项是正确的？

A. 赵单独以合伙企业名义，与甲茶农达成协议，以 12 万元的价格收购其茶园的茶叶，该协议为有效约定

B. 孙单独以合伙企业名义，与乙茶农达成协议，以 10 万元的价格收购其茶园的茶叶，该协议为无效约定

C. 赵、钱共同以合伙企业名义，与丙茶叶公司签订价值 28 万元的明前茶销售合同，该合同为有效约定

D. 赵、钱共同以合伙企业名义，与丁茶叶公司签订价值 35 万元的明前茶销售合同，该合同为无效约定

【考点】普通合伙企业的事务执行

【解析】本题的难点在于多个选项的不确定性。就合伙事务执行问题的基本原理而言，该合伙协议约定了事务执行方式，限制了合伙人依法应有的合伙事务执行权。从合伙企业内部角度观察，这种限制是有效的。但是，从合伙企业外部观察，这种限制不能对抗善意第三人。所以，C 项中，赵、钱所订立的合同完全符合合伙协议的约定，无论对内对外均不存在任何瑕疵，该合同是确定有效的。其余三个选项都有一个共同点，每一份合同都超越了合伙协议的限制，这些情形下，合同效力处于无法确定的状态：如果相对人为善意，则合同有效；如果相对人为恶意，则合同无效。而其余三个选项均给出了确定性的判断，因此都是错误的。

【答案】C

2. 通源商务中心为一家普通合伙企业，合伙人为赵某、钱某、孙某、李某、周某。就合伙事务的执行，合伙协议约定由赵某、钱某二人负责。下列哪些表述是正确的？

A. 孙某仍有权以合伙企业的名义对外签订合同

B. 对赵某、钱某的业务执行行为，李某享有监督权

C. 对赵某、钱某的业务执行行为，周某享有异议权

D. 赵某以合伙企业名义对外签订合同时，钱某享有异议权

【考点】普通合伙企业的事务执行

【解析】《合伙企业法》第 27 条规定，依照本法第 26 条第 2 款规定委托一个或者数个合伙人执行合伙事务的，其他合伙人不再执行合伙事务。不执行合伙事务的合伙人有权监督执行事务合伙人执行合伙事务的情况。据此，合伙协议约定由赵某、钱某负责执行合伙事务，孙某、李某、周某三人不能再执行合伙事务，当然也不能以合伙企业的名义对外签订合同，但可以对赵某、钱某的业务执行行为进行监督，故 A 项错误，B 项正确。《合伙企业法》第 29 条第 1 款规定，合伙

扫码听课

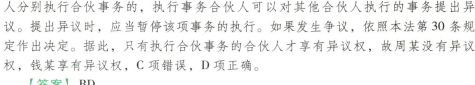

人分别执行合伙事务的，执行事务合伙人可以对其他合伙人执行的事务提出异议。提出异议时，应当暂停该项事务的执行。如果发生争议，依照本法第30条规定作出决定。据此，只有执行合伙事务的合伙人才享有异议权，故周某没有异议权，钱某享有异议权，C项错误，D项正确。

【答案】 BD

3. 甲、乙、丙、丁以合伙企业形式开了一家餐馆。就该合伙企业事务的执行，下列哪些表述是正确的？

A. 如合伙协议未约定，则甲等四人均享有对外签约权

B. 甲等四人可决定任命丙为该企业的对外签约权人

C. 不享有合伙事务执行权的合伙人，以企业名义对外签订的合同一律无效

D. 不享有合伙事务执行权的合伙人，经其他合伙人一致同意，可担任企业的经营管理人

【考点】 普通合伙企业的事务执行

【解析】 依据《合伙企业法》第26条："合伙人对执行合伙事务享有同等的权利。按照合伙协议的约定或者经全体合伙人决定，可以委托一个或者数个合伙人对外代表合伙企业，执行合伙事务……。"可见，甲乙丙丁均享有对外签约权，也可决定合伙人丙对外代表合伙企业，故A、B项正确。《合伙企业法》第37条："合伙企业对合伙人执行合伙事务以及对外代表合伙企业权利的限制，不得对抗善意第三人。"可见，如合伙协议约定了合伙事务执行人，其他非执行人以合伙企业名义签订合同是否有效，依第三人是善意的还是恶意的而定，并不是一律无效，故C项错误。依据《合伙企业法》第31条："除合伙协议另有约定外，合伙企业的下列事项应当经全体合伙人一致同意：……（六）聘任合伙人以外的人担任合伙企业的经营管理人员……。"由此可知，非执行合伙事务的合伙人可以作为合伙企业的经营管理人员，且无需合伙人一致同意。当然，如果经其他合伙人一致同意，亦无不可，故D项正确。

【答案】 ABD

4. 2015年，甲、乙、丙三人设立华亮钢材经营部（普通合伙企业）。随着业务扩展，合伙企业拟聘任谭某担任经理。下列说法正确的是？

A. 聘任谭某需经全体合伙人一致同意

B. 合伙企业和经理的关系可以类推适用委托代理法律关系

C. 谭某可以在其职权范围内以合伙企业名义签订合同

D. 谭某有权决定在现有合伙企业营业范围外新增其他业务

【考点】 普通合伙企业的的事务决议和执行

【解析】《合伙企业法》第31条规定："除合伙协议另有约定外，合伙企业的下列事项应当经全体合伙人一致同意：（一）改变合伙企业的名称；（二）改变合伙企业的经营范围、主要经营场所的地点；（三）处分合伙企业的不动产；（四）转让或者处分合伙企业的知识产权和其他财产权利；（五）以合伙企业名义为他人提供担保；（六）聘任合伙人以外的人担任合伙企业的经营管理人员。"根据题意，谭某属于合伙人以外的人，在合伙协议没有约定的情况下，聘任谭某担任经理需要经过全体合伙人一致同意，故A项正确；改变合伙企业的经营范围也需要经全体合伙人一致同意，故D项错误。经理作为由合伙企业聘用的经营管理人员，其职

扫码听课

扫码听课

权的行使来源于合伙企业对其职务范围内的授权，在获得授权后谭某有权在授权范围内从事相应的经营活动（包括对外签订合同），因此二者的关系可以类推适用委托代理法律关系，故 B、C 项正确。

【答案】 ABC

考点群三 普通合伙企业债务清偿

1. 兰艺咖啡店是罗飞、王曼设立的普通合伙企业，合伙协议约定罗飞是合伙事务执行人且承担全部亏损。为扭转经营亏损局面，王曼将兰艺咖啡店加盟某知名品牌，并以合伙企业的名义向陈阳借款 20 万元支付了加盟费。陈阳现在要求还款。关于本案，下列哪一说法是正确的？

A. 王曼无权以合伙企业的名义向陈阳借款

B. 兰艺咖啡店应以全部财产对陈阳承担还款责任

C. 王曼不承担对陈阳的还款责任

D. 兰艺咖啡店、王曼和罗飞对陈阳的借款承担无限连带责任

【考点】 合伙事务执行，合伙企业债务清偿

【解析】 就合伙事务执行而言，普通合伙人对执行合伙事务享有同等的权利。这种权利可以通过合伙协议加以限制，但是该限制仅具有内部效力，不能对抗善意第三人。因此，从对外关系角度讲，王曼依然有权以合伙企业名义对外借款，A 选项错误。就合伙企业债务清偿而言，《合伙企业法》第 38 条规定："合伙企业对其债务，应先以其全部财产进行清偿。"因此 B 选项是正确的。第 39 条规定："合伙企业不能清偿到期债务的，合伙人承担无限连带责任。"即使合伙协议约定罗飞承担全部亏损，也不能改变合伙人对外责任规则，因此 C 选项是错误的。在本题中，对于陈阳的借款，准确的表述是兰艺咖啡店以其全部财产承担清偿责任，兰艺咖啡店不能清偿到期债务的，合伙人王曼和罗飞承担无限连带责任，也就是说，合伙人对合伙企业债务承担补充的无限连带责任，所以 D 选项错误。

【答案】 B

考点群四 普通合伙人入伙和退伙

1. 2010 年 5 月，贾某以一套房屋作为投资，与几位朋友设立一家普通合伙企业，从事软件开发。2014 年 6 月，贾某举家移民海外，故打算自合伙企业中退出。对此，下列哪一选项是正确的？

A. 在合伙协议未约定合伙期限时，贾某向其他合伙人发出退伙通知后，即发生退伙效力

B. 因贾某的退伙，合伙企业须进行清算

C. 退伙后贾某可向合伙企业要求返还该房屋

D. 贾某对退伙前合伙企业的债务仍须承担无限连带责任

【考点】 普通合伙人退伙

大咖点拨区

扫码听课

【解析】《合伙企业法》第 46 条规定，合伙协议未约定合伙期限的，合伙人在不给合伙企业事务执行造成不利影响的情况下，可以退伙，但应当提前 30 日通知其他合伙人。据此，合伙人退伙的，应当提前 30 日通知其他合伙人而不能随意退伙，故 A 项错误。《合伙企业法》第 51 条规定，合伙人退伙，其他合伙人应当与该退伙人按照退伙时的合伙企业财产状况进行结算，退还退伙人的财产份额。退伙人对给合伙企业造成的损失负有赔偿责任的，相应扣减其应当赔偿的数额。退伙时有未了结的合伙企业事务的，待该事务了结后进行结算。据此，合伙人退伙的，其他合伙人应当与退伙人结算而不是对合伙企业进行清算。《合伙企业法》第 86 条第 1 款规定，合伙企业解散，应当由清算人进行清算。个别合伙人退伙不会导致合伙企业解散，从而也不需要进行清算，故 B 项错误。《合伙企业法》第 52 条规定，退伙人在合伙企业中财产份额的退还办法，由合伙协议约定或者由全体合伙人决定，可以退还货币，也可以退还实物。据此，合伙企业可以将贾某的房屋退还给贾某，也可以退还相应货币，其具体方法由合伙协议或者全体合伙人决定，并非一定要退还给贾某房屋。所以，贾某并不享有要求合伙企业退还房屋的权利，故 C 项错误。《合伙企业法》第 53 条规定，退伙人对基于其退伙前的原因发生的合伙企业债务，承担无限连带责任。据此，D 项正确。

【答案】D

2. 甲、乙、丙于 2010 年成立一家普通合伙企业，三人均享有合伙事务执行权。2013 年 3 月 1 日，甲被法院宣告为无民事行为能力人。3 月 5 日，丁因不知情找到甲商谈一笔生意，甲以合伙人身份与丁签订合同。下列哪些选项是错误的？

A. 因丁不知情，故该合同有效，对合伙企业具有约束力

B. 乙与丙可以甲丧失行为能力为由，一致决议将其除名

C. 乙与丙可以甲丧失行为能力为由，一致决议将其转为有限合伙人

D. 如甲因丧失行为能力而退伙，其退伙时间为其无行为能力判决的生效时间

【考点】普通合伙人退伙

【解析】因为甲为无民事行为能力人，不管丁是否知情，甲以合伙人身份与丁签订的合同都无效。故 A 项错误，当选。《合伙企业法》第 49 条第 1 款、第 2 款规定："合伙人有下列情形之一的，经其他合伙人一致同意，可以决议将其除名：（一）未履行出资义务；（二）因故意或者重大过失给合伙企业造成损失；（三）执行合伙事务时有不正当行为；（四）发生合伙协议约定的事由。对合伙人的除名决议应当书面通知被除名人。被除名人接到除名通知之日，除名生效，被除名人退伙。"本题中，甲虽然被法院宣告为无民事行为能力人，但是并不具备上述情形，乙、丙不能将其除名，故 B 项错误，当选。《合伙企业法》第 48 条："……合伙人被依法认定为无民事行为能力人或者限制民事行为能力人的，经其他合伙人一致同意，可以依法转为有限合伙人，普通合伙企业依法转为有限合伙企业。其他合伙人未能一致同意的，该无民事行为能力或者限制民事行为能力的合伙人退伙。退伙事由实际发生之日为退伙生效日。"可见，甲丧失民事行为能力，并不必然导致除名，经其他合伙人一致同意，可以转为有限合伙人，故 C 项正确，不当选。退伙事由实际发生之日（甲丧失行为能力之日）为退伙生效日，而不是法院宣告日，故 D 项说法错误，当选。

【答案】ABD

3. 张某是甲企业（普通合伙）的合伙人。因张某的重大过失，给甲企业造成严重损失。经甲企业其他合伙人一致同意，将张某除名，并书面通知了张某，但未办理变更登记。张某提出了异议，且仍然代表甲企业与老客户乙公司签订了合同。后因甲企业经营困难，其他合伙人一直决定解散甲企业，张某又一次提出异议。下列说法正确的有哪些？

A. 除名决议一经送达，即对张某发生效力

B. 甲企业与乙公司之间的合同无效

C. 因张某提出异议，解散甲企业的决议不生效

D. 解散决议作出后，即应进行清算

【考点】除名退伙，合伙企业解散

【解析】本题考查合伙人除名制度和合伙企业解散、清算制度。就合伙人除名制度而言，《合伙企业法》第49条规定："合伙人有下列情形之一的，经其他合伙人一致同意，可以决议将其除名：（一）未履行出资义务；（二）因故意或者重大过失给合伙企业造成损失；（三）执行合伙事务时有不正当行为；（四）发生合伙协议约定的事由。对合伙人的除名决议应当书面通知被除名人。被除名人接到除名通知之日，除名生效，被除名人退伙。被除名人对除名决议有异议的，可以自接到除名通知之日起三十日内，向人民法院起诉。"由此可知，当具备法定情形时，除名决议自被除名人接到除名通知之日生效，所以 A 选项正确。张某被除名后，无权代表甲企业对外订立合同，但是由于甲企业未办理变更登记，且乙公司又是甲企业的老客户，乙公司完全有理由相信张某仍然有权代表甲企业，除名决议不能对抗善意第三人，所以张某代表甲企业与乙公司订立的合同效力不受影响，B 选项错误。就合伙企业解散制度而言，《合伙企业法》第85条规定："合伙企业有下列情形之一的，应当解散：（一）合伙期限届满，合伙人决定不再经营；（二）合伙协议约定的解散事由出现；（三）全体合伙人决定解散；（四）合伙人已不具备法定人数满三十天；（五）合伙协议约定的合伙目的已经实现或者无法实现；（六）依法被吊销营业执照、责令关闭或者被撤销；（七）法律、行政法规规定的其他原因。"在张某被除名后，对于合伙企业解散问题，其已无表决权，在其他合伙人一致决定解散甲企业时，张某的异议也无法律效力，甲企业已经解散，所以 C 选项错误。关于合伙企业清算制度，《合伙企业法》第86条规定："合伙企业解散，应当由清算人进行清算。清算人由全体合伙人担任；经全体合伙人过半数同意，可以自合伙企业解散事由出现后十五日内指定一个或者数个合伙人，或者委托第三人，担任清算人。自合伙企业解散事由出现之日起十五日内未确定清算人的，合伙人或者其他利害关系人可以申请人民法院指定清算人。"由此可知，甲企业解散后，应进入清算程序，所以 D 选项是正确的。

【答案】AD

考点群五　普通合伙份额的出质、转让、继承和执行

1. 2009年3月，周、吴、郑、王以普通合伙企业形式开办一家湘菜馆。2010年7月，吴某因车祸死亡，其妻欧某为唯一继承人。在下列哪些情形中，欧某不能通过继承的方式取得该合伙企业的普通合伙人资格？

A. 吴某之父对欧某取得合伙人资格表示异议

B. 合伙协议规定合伙人须具有国家一级厨师资格证，欧某不具有

C. 郑某不愿意接纳欧某为合伙人

D. 欧某因夫亡突遭打击，精神失常，经法院宣告为无民事行为能力人

【考点】合伙份额的继承

【解析】根据《合伙企业法》第50条第2款："有下列情形之一的，合伙企业应当向合伙人的继承人退还被继承合伙人的财产份额：……（二）法律规定或者合伙协议约定合伙人必须具有相关资格，而该继承人未取得该资格……"欧某不具有国家一级厨师资格，属于因特殊资格欠缺不能取得普通合伙人资格，故B项当选。《合伙企业法》第50条第1款："合伙人死亡或者被依法宣告死亡的，对该合伙人在合伙企业中的财产份额享有合法继承权的继承人，按照合伙协议的约定或者经全体合伙人一致同意，从继承开始之日起，取得该合伙企业的合伙人资格。"经全体合伙人一致同意欧某方可成为合伙人，故C项当选。吴某之父不是合伙企业的合伙人，他的异议并不会阻碍欧某取得合伙人资格，故A项不当选。《合伙企业法》第14条第1款第（一）项："设立合伙企业，应当具备下列条件：（一）有2个以上合伙人。合伙人为自然人的，应当具有完全民事行为能力。"因欧某精神失常，被法院宣告为无民事行为能力人，不符合普通合伙人的一般要件。故D项当选。

【答案】BCD

2. 2007年1月，甲、乙、丙设立一普通合伙企业。2008年2月，甲与戊结婚。2008年7月，甲因车祸去世。甲除戊外没有其他亲人，合伙协议对合伙人资格取得或丧失未作约定。下列哪一选项是正确的？

A. 合伙企业中甲的财产份额属于夫妻共同财产

B. 戊依法自动取得合伙人地位

C. 经乙、丙一致同意，戊取得合伙人资格

D. 只能由合伙企业向戊退还甲在合伙企业中的财产份额

【考点】合伙份额的继承

【解析】根据《民法典》第1063条的相关规定，一方的婚前财产为夫妻一方的财产。本题中甲在婚前与他人设立合伙企业，其财产份额应为甲的个人财产。《合伙企业法》第50条第1款规定："合伙人死亡或者被依法宣告死亡的，对该合伙人在合伙企业中的财产份额享有合法继承权的继承人，按照合伙协议的约定或者经全体合伙人一致同意，从继承开始之日起，取得该合伙企业的合伙人资格。"甲死亡后，只有戊一个亲人，戊是甲的唯一继承人，合伙协议中没有约定，因此经乙、丙同意，戊可取得合伙人资格。

【答案】C

3. 2015 年 6 月，刘璋向顾谐借款 50 万元用来炒股，借期 1 个月，结果恰遇股市动荡，刘璋到期不能还款。经查明，刘璋为某普通合伙企业的合伙人，持有 44% 的合伙份额。对此，下列哪些说法是正确的？

A. 顾谐可主张以刘璋自该合伙企业中所分取的收益来清偿债务

B. 顾谐可主张对刘璋合伙份额进行强制执行

C. 对刘璋的合伙份额进行强制执行时，其他合伙人不享有优先购买权

D. 顾谐可直接向合伙企业要求对刘璋进行退伙处理，并以退伙结算所得来清偿债务

【考点】合伙份额的强制执行

【解析】《合伙企业法》第 42 条规定："合伙人的自有财产不足清偿其与合伙企业无关的债务的，该合伙人可以以其从合伙企业中分取的收益用于清偿；债权人也可以依法请求人民法院强制执行该合伙人在合伙企业中的财产份额用于清偿。人民法院强制执行合伙人的财产份额时，应当通知全体合伙人，其他合伙人有优先购买权；其他合伙人未购买，又不同意将该财产份额转让给他人的，依照本法第五十一条的规定为该合伙人办理退伙结算，或者办理削减该合伙人相应财产份额的结算。"由此可知，A、B 选项正确，C、D 选项错误。

【答案】AB

4. 周橘、郑桃、吴柚设立一家普通合伙企业，从事服装贸易经营。郑桃因炒股欠下王椰巨额债务。下列哪些表述是正确的？

A. 王椰可以郑桃从合伙企业中分取的利益来受偿

B. 郑桃不必经其他人同意，即可将其合伙财产份额直接抵偿给王椰

C. 王椰可申请强制执行郑桃的合伙财产份额

D. 对郑桃的合伙财产份额的强制执行，周橘和吴柚享有优先购买权

【考点】合伙份额的强制执行

【解析】依据《合伙企业法》第 42 条第 1 款："合伙人的自有财产不足清偿其与合伙企业无关的债务的，该合伙人可以以其从合伙企业中分取的收益用于清偿；债权人也可以依法请求人民法院强制执行该合伙人在合伙企业中的财产份额用于清偿。"郑桃因炒股欠下王椰巨额债务，是其个人债务，郑桃应首先以其合伙企业之外的财产进行清偿，如不能清偿，则王椰可以采取从合伙企业分取的收益受偿，故 A 项正确。当郑桃以其合伙企业之外的财产不能清偿时，王椰可申请法院强制执行郑桃的合伙财产份额，故 C 项正确。《合伙企业法》第 22 条第 1 款："除合伙协议另有约定外，合伙人向合伙人以外的人转让其在合伙企业中的全部或者部分财产份额时，须经其他合伙人一致同意。"郑桃将其合伙财产抵偿给王椰时须经其他合伙人一致同意，故 B 项错误。《合伙企业法》第 42 条第 2 款："人民法院强制执行合伙人的财产份额时，应当通知全体合伙人，其他合伙人有优先购买权；其他合伙人未购买，又不同意将该财产份额转让给他人的，依照本法第 51 条的规定为该合伙人办理退伙结算，或者办理削减该合伙人相应财产份额的结算。"可见，D 项正确。

【答案】ACD

5. 甲、乙、丙共同成立了某普通合伙企业，2017年甲向丁借款100万元，到期无法清偿。甲拟以其持有的合伙企业份额对丁进行清偿，其他合伙人均不同意。下列选项说法正确的是哪一项？

A. 甲可以合伙企业盈利对丁进行清偿

B. 若丁向法院申请强制执行甲的合伙份额，应经其他合伙人一致同意

C. 为了避免债权人强制执行甲的合伙份额，其他合伙人可协商代为清偿

D. 若丁向法院申请强制执行甲的合伙份额，其他合伙人不行使优先购买权，也不同意对外转让份额的，则视为其他合伙人同意对外转让

【考点】合伙份额的强制执行

【解析】首先，甲向丁借款100万元，属于甲的个人债务，与合伙企业无关，应当先用甲的自有财产来清偿，当甲的自有财产无法清偿其个人负债的，甲可以以其从合伙企业中分取的收益用于清偿；债权人也可以依法请求人民法院强制执行甲在合伙企业中的财产份额用于清偿。合伙企业的盈利属于全体合伙人的共同利益，甲无权以合伙企业盈利清偿其个人负债，故A项错误。其次，《合伙企业法》第42条第2款规定："人民法院强制执行合伙人的财产份额时，应当通知全体合伙人，其他合伙人有优先购买权；其他合伙人未购买，又不同意将该财产份额转让给他人的，依法为该合伙人办理退伙结算，或者办理削减该合伙人相应财产份额的结算。"由此可知，丁向法院申请强制执行合伙人甲的财产份额时，应当通知全体合伙人，其他合伙人享有先购买权，而不是要经过其他合伙人的一致同意，因此B选项错误。合伙企业具有较强的人合性的特点，其他合伙人基于意思自治，自愿代为清偿，征得债权人丁的同意之后是可以的，故C选项正确。当其他合伙人未购买，又不同意将该财产份额转让给他人的，应当依法为甲办理退伙结算或削减其相应的财产份额，而不能视为其他合伙人同意其对外转让，因此D选项错误。

【答案】C

考点群六　特殊普通合伙企业

1. 君平昌成律师事务所是一家采取特殊普通合伙形式设立的律师事务所，曾君、郭昌是其中的两名合伙人。在一次由曾君主办、郭昌辅办的诉讼代理业务中，因二人的重大过失而泄露客户商业秘密，导致该所对客户应承担巨额赔偿责任。关于该客户的求偿，下列哪些说法是正确的？

A. 向该所主张全部赔偿责任

B. 向曾君主张无限连带赔偿责任

C. 向郭昌主张补充赔偿责任

D. 向该所其他合伙人主张连带赔偿责任

【考点】特殊普通合伙企业的责任规则

【解析】特殊的普通合伙，合伙人具有个人独立性，自己的过错自己赔偿，非过错的风险由全体合伙人共担。但客户与律师事务所订立合同，基于合同相对性，客户可向律所主张全部赔偿责任，A正确。基于特殊普通合伙的合伙人的个

人独立性，对于因合伙人故意或重大过失造成的合伙企业债务，该合伙人应当承担无限连带责任，客户可依法向该合伙人主张无限连带责任，B 正确。过错合伙人承担补充赔偿责任的说法，没有法律依据，过错合伙人应当对债权人承担无限连带责任，而不是赔偿责任，C 错误。基于特殊普通合伙的合伙人的个人独立性，无过错合伙人以其在合伙企业中的财产份额为限承担责任，而无需承担无限连带责任，D 错误。

【答案】AB

考点群七　有限合伙企业

1. 雀凰投资是有限合伙企业，从事私募股权投资活动。2017 年 3 月，三江有限公司决定入伙雀凰投资，成为其有限合伙人。对此，下列哪些选项是错误的？

A. 如合伙协议无特别约定，则须经全体普通合伙人一致同意，三江公司才可成为新的有限合伙人

B. 对入伙前雀凰投资的对外负债，三江公司仅以实缴出资额为限承担责任

C. 三江公司入伙后，有权查阅雀凰投资的财务会计账簿

D. 如合伙协议无特别约定，则三江公司入伙后，原则上不得自营与雀凰投资相竞争的业务

【考点】有限合伙人入伙、责任、权利和义务

【解析】若合伙协议无特别约定，有限合伙人入伙须经全体合伙人一致同意，所以 A 项错误。《合伙企业法》第 77 条规定："新入伙的有限合伙人对入伙前有限合伙企业的债务，以其认缴的出资额为限承担责任。"B 项中的"实缴"说法错误。根据《合伙企业法》第 68 条，有限合伙人有权获取经审计的有限合伙企业财务会计报告，对涉及自身利益的情况有权查阅有限合伙企业财务会计账簿等财务资料。这就意味着，有限合伙人查阅有限合伙企业的财务会计账簿是有条件的，所以 C 项说法不准确。由于有限合伙人不享有事务执行权，通常不会产生利益冲突，所以《合伙企业法》第 70 条规定："有限合伙人可以同本有限合伙企业进行交易；但是，合伙协议另有约定的除外。"所以 D 项错误。

【答案】ABCD

2. 灏德投资是一家有限合伙企业，专门从事新能源开发方面的风险投资。甲公司是灏德投资的有限合伙人，乙和丙是普通合伙人。关于合伙协议的约定，下列哪些选项是正确的？

A. 甲公司派驻灏德投资的员工不领取报酬，其劳务折抵 10% 的出资

B. 甲公司不得与其他公司合作从事新能源方面的风险投资

C. 甲公司不得将自己在灏德投资中的份额设定质权

D. 甲公司不得将自己在灏德投资中的份额转让给他人

【考点】有限合伙企业的出资，有限合伙人的竞业禁止，有限合伙份额的质押和转让

【解析】《合伙企业法》第 64 条第 2 款规定："有限合伙人不得以劳务出资。"所以 A 选项错误。《合伙企业法》第 71 条规定："有限合伙人可以自营或者同他

扫码听课

扫码听课

人合作经营与本有限合伙企业相竞争的业务；但是，合伙协议另有约定的除外。"也就是说，如果没有约定，有限合伙人不负有竞业禁止义务，但是如果合伙协议有约定，有限合伙人也可能负担竞业禁止义务，所以B选项正确。《合伙企业法》第72条规定："有限合伙人可以将其在有限合伙企业中的财产份额出质；但是，合伙协议另有约定的除外。"也就是说，一般情况下，有限合伙人可以将其在有限合伙企业中的财产份额出质，但是如果合伙协议作出限制，则从其约定，所以C选项正确。《合伙企业法》第73条规定："有限合伙人可以按照合伙协议的约定向合伙人以外的人转让其在有限合伙企业中的财产份额，但应当提前三十日通知其他合伙人。"另外，转让合伙份额是合伙人固有的基本权利，合伙协议不得约定加以排除，所以D选项错误。

【答案】BC

扫码听课

3. 李军退休后于2014年3月，以20万元加入某有限合伙企业，成为有限合伙人。后该企业的另一名有限合伙人退出，李军便成为唯一的有限合伙人。2014年6月，李军不幸发生车祸，虽经抢救保住性命，但已成为植物人。对此，下列哪一表述是正确的？

A. 就李军入伙前该合伙企业的债务，李军仅需以20万元为限承担责任

B. 如李军因负债累累而丧失偿债能力，该合伙企业有权要求其退伙

C. 因李军已成为植物人，故该合伙企业有权要求其退伙

D. 因唯一的有限合伙人已成为植物人，故该有限合伙企业应转为普通合伙企业

【考点】有限合伙人退伙

【解析】《合伙企业法》第77条规定："新入伙的有限合伙人对入伙前有限合伙企业的债务，以其认缴的出资额为限承担责任。"故A正确。有限合伙人基于资本信用入伙，以出资为限承担有限责任，具有资合性，其自身丧失偿债能力，不退伙，B错误。《合伙企业法》第79条规定："作为有限合伙人的自然人在有限合伙企业存续期间丧失民事行为能力的，其他合伙人不得因此要求其退伙。"李军成为植物人，丧失行为能力，但不会因此而被迫当然退伙，可以继续保留有限合伙人身份，有限合伙企业也不必转换为普通合伙企业，C、D项错误。

【答案】A

综合性试题

扫码听课

1. 甲、乙、丙三人共同商定出资设立一家普通合伙企业，其中约定乙以其所有房屋的使用权出资，企业的财务由甲负责。2015年4月，该合伙企业亏损巨大。5月，见股市大涨，在丙不知情的情况下，甲与乙直接将企业账户中的400万元资金，以企业名义委托给某投资机构来进行股市投资。同时，乙自己也将上述房屋以600万元变卖并过户给丁，房款全部用来炒股。至6月下旬，投入股市资金所剩无几。丙得知情况后突发脑溢血死亡。请回答第（1）～（3）题。

（1）关于甲、乙将400万元资金委托投资股市的行为，下列说法正确的是：

A. 属于无权处分行为

B. 属于改变合伙企业经营范围的行为

C. 就委托投资失败，甲、乙应负连带赔偿责任

D. 就委托投资失败，该受托的投资机构须承担连带责任

【考点】普通合伙企业的事务执行

【解析】甲、乙将合伙企业资金以合伙企业名义委托投资股市的行为，是合伙企业的行为，而非个人行为，甲、乙可能构成无权代表或无权代理，但不构成无权处分，A错误。该案事实并没有明确合伙企业的经营范围，因此，我们无从判断将合伙企业资金投资股市的行为是否超越了其经营范围。即使超越，这种一次性的行为也没有改变合伙企业经营范围。B错误。如果该委托投资行为超越了合伙企业的经营范围，甲、乙未经全体合伙人一致同意而实施，则甲、乙二人明显存在过错。退一步说，即使没有超越经营范围，对于这种重大的、高风险的投资活动，甲、乙未经全体合伙人一致同意而实施，也存在过错。因为合伙人的过错给合伙企业造成的损失，有过错的合伙人应当承担赔偿责任，C正确。委托投资失败，受托的投资机构基于委托合同约定处理委托事务，按照委托合同约定履行义务承担责任，该投资的风险和责任由委托人负担，受托人无需承担连带责任，D错误。

【答案】C

扫码听课

（2）关于乙将房屋出卖的行为，下列选项正确的是：

A. 构成无权处分行为　　　　　　　B. 丁取得该房屋所有权

C. 丁无权要求合伙企业搬出该房屋　D. 乙对合伙企业应承担违约责任

【考点】合伙企业的出资

【解析】乙出卖自己所有的房屋，属于有权处分，不构成无权处分，A错误。丁办理了房屋所有权移转的登记过户手续，物权发生变动，丁取得房屋所有权，B正确。丁取得房屋所有权，可基于物权对合伙企业主张原物返还请求权，C错误。乙将房屋使用权出资，但其已经将房屋出卖，导致房屋使用权出资无法实现，违反了出资协议的约定，应当对合伙企业承担违约责任，D正确。

【答案】BD

（3）假设丙有继承人戊，则就戊的权利，下列说法错误的是：

A. 自丙死亡之时起，戊即取得该合伙企业的合伙人资格

B. 因合伙企业账面上已处于亏损状态，戊可要求解散合伙企业并进行清算

C. 就甲委托投资股市而失败的行为，戊可直接向甲主张赔偿

D. 就乙出卖房屋而给企业造成的损失，戊可直接向乙主张赔偿

【考点】合伙人资格的继承

【解析】依据合伙企业高度人合性的原理，自然人合伙人死亡的，合伙人资格继承，采取手动规则，即合伙人的继承人继承合伙人资格，需要经过合伙协议约定或合伙人一致决，A错误。合伙企业亏损不是合伙企业解散的事由，戊不能要求解散合伙企业，B错误。甲委托投资股市失败的行为，损害了合伙企业的利益，甲应当对合伙企业赔偿，合伙人丙的继承人戊不能直接向甲主张赔偿，C错误。乙出卖房屋对合伙企业造成损失的，乙应当对合伙企业赔偿，合伙人丙的继承人戊不能直接向甲主张赔偿，D错误。

【答案】ABCD

扫码听课

大咖点拨区

2. 王某、张某、田某、朱某共同出资180万元，于2012年8月成立绿园商贸中心（普通合伙）。其中王某、张某各出资40万元，田某、朱某各出资50万元；就合伙事务的执行，合伙协议未特别约定。请回答第（1）～（3）题。

（1）2013年9月，鉴于王某、张某业务能力不足，经合伙人会议决定，王某不再享有对外签约权，而张某的对外签约权仅限于每笔交易额3万元以下。关于该合伙人决议，下列选项正确的是：

A. 因违反合伙人平等原则，剥夺王某对外签约权的决议应为无效

B. 王某可以此为由向其他合伙人主张赔偿其损失

C. 张某此后对外签约的标的额超过3万元时，须事先征得王某、田某、朱某的同意

D. 对张某的签约权限制，不得对抗善意相对人

【考点】普通合伙企业的事务决议和决议

【解析】《合伙企业法》第26条规定，合伙人对执行合伙事务享有同等的权利。按照合伙协议的约定或者经全体合伙人决定，可以委托一个或者数个合伙人对外代表合伙企业，执行合伙事务。据此，合伙人可以协议合伙事务的执行，合伙人会议决定王某不再享有对外签约权并没有违反合伙人平等原则，而且这样的决定不会给王某造成经济损失，王某不可以向其他合伙人主张赔偿损失，故A、B两项错误。合伙人会议的程序和内容并不违法，将张某的对外签约权仅限于每笔交易额3万元以下的决定有效，在合伙企业内部具有拘束力，张某必须遵从合伙人会议决定。因此，张某此后对外签约的标的额超过3万元时，须事先征得王某、田某、朱某的同意，故C项正确。《合伙企业法》第37条规定，合伙企业对合伙人执行合伙事务以及对外代表合伙企业权利的限制，不得对抗善意第三人。故D项正确。

【答案】CD

（2）2014年1月，田某以合伙企业的名义，自京顺公司订购价值80万元的节日礼品，准备在春节前转销给某单位。但对这一礼品订购合同的签订，朱某提出异议。就此，下列选项正确的是：

A. 因对合伙企业来说，该合同标的额较大，故田某在签约前应取得朱某的同意

B. 朱某的异议不影响该合同的效力

C. 就田某的签约行为所产生的债务，王某无须承担无限连带责任

D. 就田某的签约行为所产生的债务，朱某须承担无限连带责任

【考点】普通合伙企业的事务执行

【解析】合伙企业对田某的对外代表权限并无特别规定，田某作为合伙人享有完整的执行合伙事务的权利，因此田某签订订购合同不因数额较大而需要征得朱某同意，故A项错误。《合伙企业法》第29条第1款规定，合伙人分别执行合伙事务的，执行事务合伙人可以对其他合伙人执行的事务提出异议。提出异议时，应当暂停该项事务的执行。如果发生争议，依照本法第30条规定作出决定。从合伙企业事务的执行来看，事务执行人提出异议，相关事务应当暂停执行。但田某对外签约是以合伙企业的名义，完全合法有效，朱某的异议不能影响该合同的效力，故B项正确。《合伙企业法》第39条规定，合伙企业不能清偿到期债务

的，合伙人承担无限连带责任。田某作为合伙企业的事务执行人，所签订的合同代表合伙企业，因此所有的合伙人对外都要承担无限连带责任，故 C 项错误，D 项正确。

【答案】BD

（3）2014 年 4 月，朱某因抄底买房，向刘某借款 50 万元，约定借期四个月。四个月后，因房地产市场不景气，朱某亏损不能还债。关于刘某对朱某实现债权，下列选项正确的是：

A. 可代位行使朱某在合伙企业中的权利

B. 可就朱某在合伙企业中分得的收益主张清偿

C. 可申请对朱某的合伙财产份额进行强制执行

D. 就朱某的合伙份额享有优先受偿权

【考点】合伙份额的强制执行

【解析】《合伙企业法》第 41 条规定，合伙人发生与合伙企业无关的债务，相关债权人不得以其债权抵销其对合伙企业的债务；也不得代位行使合伙人在合伙企业中的权利。据此，朱某对刘某的债务为个人债务，刘某要对朱某实现债权，不能代位行使朱某在合伙企业中的权利，故 A 项错误。《合伙企业法》第 42 条第 1 款规定，合伙人的自有财产不足清偿其与合伙企业无关的债务的，该合伙人可以以其从合伙企业中分取的收益用于清偿；债权人也可以依法请求人民法院强制执行该合伙人在合伙企业中的财产份额用于清偿。据此，刘某可就朱某在合伙企业中分得的收益主张清偿，也可申请对朱某的合伙财产份额进行强制执行，但对朱某的合伙份额不享有优先受偿权，故 B、C 项正确，D 项错误。

【答案】BC

3. 高崎、田一、丁福三人共同出资 200 万元，于 2011 年 4 月设立"高田丁科技投资中心（普通合伙）"，从事软件科技的开发与投资。其中高崎出资 160 万元，田、丁分别出资 20 万元，由高崎担任合伙事务执行人。请回答第（1）、（2）题。

（1）2012 年 6 月，丁福为向钟冉借钱，作为担保方式，而将自己的合伙财产份额出质给钟冉。下列说法正确的是：

A. 就该出质行为，高、田二人均享有一票否决权

B. 该合伙财产份额质权，须经合伙协议记载与工商登记才能生效

C. 在丁福伪称已获高、田二人同意，而钟冉又是善意时，钟冉善意取得该质权

D. 在丁福未履行还款义务，如钟冉享有质权并主张以拍卖方式实现时，高、田二人享有优先购买权

【考点】合伙财产份额的出质

【解析】《合伙企业法》第 25 条："合伙人以其在合伙企业中的财产份额出质的，须经其他合伙人一致同意；未经其他合伙人一致同意，其行为无效，由此给善意第三人造成损失的，由行为人依法承担赔偿责任。"合伙人以其合伙财产份额出质的，必须经其他合伙人一致同意，未经同意的，出质绝对无效，善意第三人也不能主张善意取得，故 A 项正确，C 项错误。根据民法原理，经全体合伙人同意合伙人以合伙财产出质的，其质押合同自成立时生效，但是质权自登记时设

立。是否记载于合伙协议，不是质权设立的条件，故 B 项错误。《合伙企业法》第 23 条："合伙人向合伙人以外的人转让其在合伙企业中的财产份额的，在同等条件下，其他合伙人有优先购买权；但是，合伙协议另有约定的除外。"如果法院拍卖丁某的合伙企业财产份额，高、田二人享有优先购买权。故 D 项正确。

【答案】AD

（2）2013 年 2 月，高崎为减少自己的风险，向田、丁二人提出转变为有限合伙人的要求。对此，下列说法正确的是：

A. 须经田、丁二人的一致同意

B. 未经合伙企业登记机关登记，不得对抗第三人

C. 转变后，高崎可以出资最多为由，要求继续担任合伙事务执行人

D. 转变后，对于 2013 年 2 月以前的合伙企业债务，经各合伙人决议，高崎可不承担无限连带责任

【考点】普通合伙人与有限合伙人的转换

【解析】《合伙企业法》第 82 条："除合伙协议另有约定外，普通合伙人转变为有限合伙人，或者有限合伙人转变为普通合伙人，应当经全体合伙人一致同意。"故 A 项正确。《合伙企业法》第 13 条："合伙企业登记事项发生变更的，执行合伙事务的合伙人应当自作出变更决定或者发生变更事由之日起十五日内，向企业登记机关申请办理变更登记。"《合伙企业法》第 76 条第 1 款："第三人有理由相信有限合伙人为普通合伙人并与其交易的，该有限合伙人对该笔交易承担与普通合伙人同样的责任。"变更合伙企业形式的，必须到登记机关办理变更登记，否则变更不具有对外效力，不能对抗善意第三人，故 B 项正确。《合伙企业法》第 68 条："有限合伙人不执行合伙事务，不得对外代表有限合伙企业。"高某变更为有限合伙人后无论出资多少都不能执行合伙事务，故 C 项错误。《合伙企业法》第 84 条："普通合伙人转变为有限合伙人的，对其作为普通合伙人期间合伙企业发生的债务承担无限连带责任。"高某于 2 月转变为有限合伙人后，应对 2 月以前的合伙债务承担无限连带责任，故 D 项错误。

【答案】AB

4. 张、王、李、赵各出资四分之一，设立通程酒吧（普通合伙企业）。合伙协议未约定合伙期限。现围绕合伙份额转让、酒吧管理等事项，回答第（1）~（3）题。

（1）酒吧开业半年后，张某在经营理念上与其他合伙人冲突，遂产生退出想法。下列说法正确的是：

A. 可将其份额转让给王某，且不必事先告知赵某、李某

B. 可经王某、赵某同意后，将其份额转让给李某的朋友刘某

C. 可主张发生其难以继续参加合伙的事由，向其他人要求立即退伙

D. 可在不给合伙事务造成不利影响的前提下，提前 30 日通知其他合伙人要求退伙

【考点】退伙；合伙财产份额的转让

【解析】《合伙企业法》第 22 条第 2 款"合伙人之间转让在合伙企业中的全部或者部分财产份额时，应当通知其他合伙人。"张某将财产份额转让给王某，属于合伙人之间进行转让的行为，应当通知其他合伙人，故 A 项错误。《合伙企

业法》第 22 条第 1 款："除合伙协议另有约定外，合伙人向合伙人以外的人转让其在合伙企业中的全部或者部分财产份额时，须经其他合伙人一致同意。"张某将其份额转让给李某的朋友刘某，属于向合伙人以外的人转让的行为，应当由其他合伙人一致同意，除经王某、赵某同意外，还需征得李某同意，故 B 项错误。《合伙企业法》第 45 条"合伙协议约定合伙期限的，在合伙企业存续期间，有下列情形之一的，合伙人可以退伙：（一）合伙协议约定的退伙事由出现；（二）经全体合伙人一致同意；（三）发生合伙人难以继续参加合伙的事由；（四）其他合伙人严重违反合伙协议约定的义务。"第 46 条"合伙协议未约定合伙期限的，合伙人在不给合伙企业事务执行造成不利影响的情况下，可以退伙，但应当提前三十日通知其他合伙人。"本题中没有约定合伙期限，合伙人发生难以继续参加合伙的事由时，可以提前三十日通知其他合伙人退伙，而不能向其他人要求立即退伙，故 C 项错误。《合伙企业法》第 46 条："合伙协议未约定合伙期限的，合伙人在不给合伙企业事务执行造成不利影响的情况下，可以退伙，但应当提前 30 日通知其他合伙人。"由该条可知，D 项正确。

【答案】D

（2）酒吧开业 1 年后，经营环境急剧变化，全体合伙人开会，协商对策。按照《合伙企业法》规定，下列事项的表决属于有效表决的是：

A. 张某认为"通程"二字没有吸引力，提议改为"同升酒吧"。王某、赵某同意，但李某反对

B. 鉴于生意清淡，王某提议暂停业 1 个月，装修整顿。张某、赵某同意，但李某反对

C. 鉴于酒吧之急需，赵某提议将其一批咖啡机卖给酒吧。张某、王某同意，但李某反对

D. 鉴于 4 人缺乏酒吧经营之道，李某提议聘任其友汪某为合伙经营管理人。张某、王某同意，但赵某反对

【考点】普通合伙的事务决议

【解析】《合伙企业法》第 31 条："除合伙协议另有约定外，合伙企业的下列事项应当经全体合伙人一致同意：（一）改变合伙企业的名称；（二）改变合伙企业的经营范围、主要经营场所的地点；（三）处分合伙企业的不动产；（四）转让或者处分合伙企业的知识产权和其他财产权利；（五）以合伙企业名义为他人提供担保；（六）聘任合伙人以外的人担任合伙企业的经营管理人员。"A 项改变合伙企业的名称，D 项聘任合伙人以外的人担任合伙企业的经营管理人员，都属于应当征得全体合伙人一致同意的情形，但在表决该事项时都存在反对情形，故属无效表决。停业整顿不属于需要全体合伙人一致同意的，故 B 项正确。另外，合伙人与合伙企业交易，在合伙协议没有特别约定的情况下，须经全体合伙人一致同意。因此 C 选项也需要全体合伙人一致同意，由于存在反对派，故属无效表决。

【答案】B

（3）经全体合伙人同意，林某被聘任为酒吧经营管理人，在其受聘期间自主决定采取的下列管理措施符合《合伙企业法》规定的是：

A. 为改变经营结构扩大影响力，将经营范围扩展至法国红酒代理销售业务

大咖点拨区

B. 为改变资金流量不足情况，以酒吧不动产为抵押，向某银行借款 50 万元

C. 为营造气氛，以酒吧名义与某音乐师签约，约定音乐师每晚在酒吧表演 2 小时

D. 为整顿员工工作纪律，开除 2 名经常被顾客投诉的员工，招聘 3 名新员工

【考点】 普通合伙企业的事务执行

【解析】 依据《合伙企业法》第 31 条和第 35 条："被聘任的合伙企业的经营管理人员应当在合伙企业授权范围内履行职务。被聘任的合伙企业的经营管理人员，超越合伙企业授权范围履行职务，或者在履行职务过程中因故意或者重大过失给合伙企业造成损失的，依法承担赔偿责任。"将经营范围扩展至法国红酒代理销售业务属于改变合伙企业经营范围的事项，应由全体合伙人一致同意，故 A 项错误。以酒吧不动产为抵押，向某银行借款 50 万元属于处分合伙企业不动产的事项，此种情形应由全体合伙人一致同意的情况下进行，经营管理人员无权自主决定，故 B 项错误。与某音乐师签约，约定音乐师每晚在酒吧表演；整顿员工工作纪律，开除 2 名经常被顾客投诉的员工，招聘 3 名新员工，属于正常的经营管理事项，不需要全体合伙人一致同意，可由林某自主决定。故 C、D 项正确。

【答案】 CD

大咖点拨区

第三章　企业破产法

考点群	考查频率
破产申请与受理	★★
债权申报	★★★
债权人会议	★
破产管理人	★
破产清算程序	★
重整程序	★★
债务人财产	★★★

考点群一　破产的申请与受理

1. 2013 年 3 月，债权人甲公司对债务人乙公司提出破产申请。下列哪些选项是正确的？

A. 甲公司应提交乙公司不能清偿到期债务的证据

B. 甲公司应提交乙公司资产不足以清偿全部债务的证据

C. 乙公司就甲公司的破产申请，在收到法院通知之日起 7 日内可向法院提出异议

D. 如乙公司对甲公司所负债务存在连带保证人，则其可以该保证人具有清偿能力为由，主张其不具备破产原因

【考点】破产申请

【解析】《企业破产法解释（一）》第 6 条第 1 款："债权人申请债务人破产的，应当提交债务人不能清偿到期债务的有关证据。债务人对债权人的申请未在法定期限内向人民法院提出异议，或者异议不成立的，人民法院应当依法裁定受理破产申请。"可见，债权人甲公司向法院申请债务人乙公司破产应该提供乙公司不能清偿到期债务的证据，而非不能清偿全部债务的证据，故 A 项正确，B 项错误。《企业破产法》第 10 条第 1 款："债权人提出破产申请的，人民法院应当自收到申请之日起五日内通知债务人。债务人对申请有异议的，应当自收到人民法院的通知之日起七日内向人民法院提出。人民法院应当自异议期满之日起十日内裁定是否受理。"由此可知，债务人乙公司如对甲公司的破产申请有异议的，应在收到法院通知的 7 日内向法院提出，故 C 项正确。《企业破产法解释（一）》第 1 条："债务人不能清偿到期债务并且具有下列情形之一的，人民法院应当认

扫码听课

定其具备破产原因：（一）资产不足以清偿全部债务；（二）明显缺乏清偿能力。相关当事人以对债务人的债务负有连带责任的人未丧失清偿能力为由，主张债务人不具备破产原因的，人民法院应不予支持。"可见，乙公司不能以对甲公司所负债务存在连带保证人，且该保证人具有清偿能力为由，主张其不具备破产原因，故 D 项错误。

【答案】AC

2. 中南公司不能清偿到期债务，债权人天一公司向法院提出对其进行破产清算的申请，但中南公司以其账面资产大于负债为由表示异议。天一公司遂提出各种事由，以证明中南公司属于明显缺乏清偿能力的情形。下列哪些选项符合法律规定的关于债务人明显缺乏清偿能力、无法清偿债务的情形？

A. 因房地产市场萎缩，构成中南公司核心资产的房地产无法变现

B. 中南公司陷入管理混乱，法定代表人已潜至海外

C. 天一公司已申请法院强制执行中南公司财产，仍无法获得清偿

D. 中南公司已出售房屋质量纠纷多，市场信誉差

【考点】破产原因

【解析】《企业破产法解释（一）》第 4 条："债务人账面资产虽大于负债，但存在下列情形之一的，人民法院应当认定其明显缺乏清偿能力：（一）因资金严重不足或者财产不能变现等原因，无法清偿债务；（二）法定代表人下落不明且无其他人员负责管理财产，无法清偿债务；（三）经人民法院强制执行，无法清偿债务；（四）长期亏损且经营扭亏困难，无法清偿债务；（五）导致债务人丧失清偿能力的其他情形。"依据该法条规定，A 项符合第（一）项的规定，正确。B 项符合第（二）项的规定，正确。C 项符合第（三）项的规定，正确。《破产法》第 2 条："企业法人不能清偿到期债务，并且资产不足以清偿全部债务或者明显缺乏清偿能力的，依照本法规定清理债务。"中南公司虽然纠纷多，市场信誉差，并不意味着构成破产原因，故 D 项错误。

【答案】ABC

考点群二 债权申报

扫码听课

1. A 公司因经营不善，资产已不足以清偿全部债务，经申请进入破产还债程序。关于破产债权的申报，下列哪些表述是正确的？

A. 甲对 A 公司的债权虽未到期，仍可以申报

B. 乙对 A 公司的债权因附有条件，故不能申报

C. 丙对 A 公司的债权虽然诉讼未决，但丙仍可以申报

D. 职工丁对 A 公司的伤残补助请求权，应予以申报

【考点】债权申报

【解析】在破产债权申报中，未到期的债权，视为到期，可以申报，A 正确。附条件、附期限的债权，可以申报，B 错误。诉讼仲裁未决债权，可以申报，C 正确。职工债权不必申报，职工丁的伤残补助债权不申报，D 错误。

【答案】AC

2. 2011 年 9 月 1 日，某法院受理了湘江服装公司的破产申请并指定了管理人，管理人开始受理债权申报。下列哪些请求权属于可以申报的债权？

A. 甲公司的设备余款给付请求权，但根据约定该余款的支付时间为 2011 年 10 月 30 日

B. 乙公司请求湘江公司加工一批服装的合同履行请求权

C. 丙银行的借款偿还请求权，但该借款已经设定财产抵押担保

D. 当地税务机关对湘江公司作出的 8 万元行政处罚决定

【考点】债权申报

【解析】《破产法》第 46 条第 1 款规定："未到期的债权，在破产申请时视为已到期。"根据规定，该余款的支付时间为 2011 年 10 月 30 日，虽然未到期，但是在湘江服装公司的破产申请受理时视为到期，可以申报，故 A 项正确。《破产法》第 42 条第 1 款第（一）项："人民法院受理破产申请后发生的下列债务，为共益债务：（一）因管理人或者债务人请求对方当事人履行双方均未履行完毕的合同所产生的债务。"乙公司的合同履行请求权属于双方都未履行合同的履行请求权，其产生的是给付行为请求权，而破产债权是财产给付，故 B 项错误。《破产法》第 49 条："债权人申报债权时，应当书面说明债权的数额和有无财产担保，并提交有关证据。申报的债权是连带债权的，应当说明。"可见，无论财产有无担保都可以进行债权申报，只是清偿顺序有所不同，故 C 项正确。税务机关的行政处罚决定，不是平等主体之间的债权债务关系，不属于破产债权范畴，不得申报，故 D 项错误。

【答案】AC

3. 利通公司是雅乐地产公司大股东，其为雅乐公司向 A 银行为期两年的一亿元贷款提供连带责任保证。2016 年 10 月贷得款项后，将所贷款项用于商品房前期投资建设，在取得商品房预售许可证后，雅乐公司开始预售商品房，恰逢 2017 年 9 月，当地政府出台限购政策，市场爆冷，雅乐公司陷入经营困境，迫于经济压力遂于 2018 年 5 月申请破产，其大股东利通公司也于 2018 年 7 月经法院裁定进入破产程序。关于本案，下列哪一选项是正确的？

A. A 银行有权分别在雅乐公司与利通公司的破产程序中，申报债权

B. 若 A 银行在利通公司的破产程序中申报全部债权，则在雅乐公司破产程序中不得全额申报

C. 利通公司管理人有权以 A 银行在利通公司破产程序中获得清偿为由，向雅乐公司主张求偿

D. 在雅乐公司的破产程序中，若 A 银行申报全部债权，利通公司作为保证人也有权以其将来的求偿权申报债权

【考点】债权申报

【解析】关于债务人和保证人均破产时的债权申报，有两个核心要点。第一，债权人有权向债务人、保证人分别申报债权。第二，债权人向债务人、保证人均申报全部债权的，从一方破产程序中获得清偿后，其对另一方的债权额不作调整，但债权人的受偿额不得超出其债权总额。保证人履行保证责任后不再享有求偿权。由此可知，A 选项正确，B、C 选项错误。

若债务人进入破产程序，根据《破产法》第 51 条规定，债务人的保证人或

大咖点拨区

扫码听课

扫码听课

者其他连带债务人已经代替债务人清偿债务的，以其对债务人的求偿权申报债权。债务人的保证人或者其他连带债务人尚未代替债务人清偿债务的，以其对债务人的将来求偿权申报债权。但是，债权人已经向管理人申报全部债权的除外。由此可知，如果债权人已经向保证人申报全部债权，则保证人不得以将来求偿权申报债务，所以 D 选项错误。

【答案】A

考点群三　债权人会议

1. 在某公司破产案件中，债权人会议经出席会议的有表决权的债权人过半数通过，并且其所代表的债权额占无财产担保债权总额的 60%，就若干事项形成决议。该决议所涉下列哪一事项不符合《破产法》的规定？

A. 选举 8 名债权人代表与 1 名职工代表组成债权人委员会

B. 通过债务人财产的管理方案

C. 申请法院更换管理人

D. 通过和解协议

【考点】债权人会议

【解析】《企业破产法》第 67 条第 1 款："债权人会议可以决定设立债权人委员会。债权人委员会由债权人会议选任的债权人代表和一名债务人的职工代表或者工会代表组成。债权人委员会成员不得超过九人。" 8 名债权人和 1 名职工代表并没有超过 9 人，故 A 项正确。根据《企业破产法》第 61 条第 1 款："债权人会议行使下列职权：……（二）申请人民法院更换管理人，审查管理人的费用和报酬……（八）通过债务人财产的管理方案……"《企业破产法》第 64 条第 1 款："债权人会议的决议，由出席会议的有表决权的债权人过半数通过，并且其所代表的债权额占无财产担保债权总额的二分之一以上。但是，本法另有规定的除外。"因此债权人会议出席会议的有表决权的债权人过半数且所代表的债权额占无财产担保债权总额的 60%，所以债务人财产的管理方案、申请更换管理人的决议有效，故 B、C 项正确。《企业破产法》第 97 条："债权人会议通过和解协议的决议，由出席会议的有表决权的债权人过半数同意，并且其所代表的债权额占无财产担保债权总额的三分之二以上。"虽然债权人会议出席会议的有表决权的债权人过半数，但是其所代表的债权额占无财产担保债权的总额只有 60% 未到 2/3，故 D 项错误。

【答案】D

2. 包飞飞与胡达达是多年好友，在 2016 年，两人共同成立了腾达有限公司。公司前期经营良好，但由于包飞飞怠于履行管理职责，将公司的经营管理权交给他人，导致公司的经营决策发生重大失误，陷入困境，两人用尽方法仍无法挽回公司的损失。公司于 2018 年 7 月经法院裁定进入破产程序，法院为公司指定丁亮为破产管理人。10 月底经过债权人会议决议，成立了债权人委员会。关于本案，下列表述哪些是错误的？

A. 丁亮有权转让腾达名下的一处房产，条件是经债权人委员会 2/3 多数表决

扫码听课

扫码听课

权的通过

　　B. 债权人委员会经债权人会议委托授权后，有权批准通过腾达公司提出的重整计划

　　C. 腾达公司总经理陈凯经债权人会议选任，可担任债权人委员会委员

　　D. 债权人委员会对于债权人会议通过的腾达公司财产分配方案的决议有权申请撤销

【考点】债权人委员会

【解析】就债权人会议的组成而言，《破产法》第 67 条规定，债权人委员会由债权人会议选任的债权人代表和 1 名债务人的职工代表或者工会代表组成。债权人委员会成员不得超过九人。公司总经理属于公司高级管理人员，在破产程序中受到限制和监管，且这些限制和监管多由破产管理人执行，而债权人委员会的主要任务就是监督破产管理人，为了防止利益冲突，总经理不能担任债权人委员会成员，C 选项错误。

　　从性质上讲，债权人委员会是破产程序中的破产监督人，并没有决策权，更没有凌驾于债权人会议之上的权力。就债务人重大财产处分而言，《破产法解释（三）》第 15 条规定，管理人处分债务人重大财产的，应当事先制作财产管理或者变价方案并提交债权人会议进行表决，债权人会议表决未通过的，管理人不得处分。所以 A 选项错误。就重整计划而言，应有债权人会议通过分组表决的方式通过，并经法院批准，所以 B 选项错误。就债权人会议的决议而言，如果损害债权人利益，债权人有权申请撤销，债权人委员会无权申请撤销，所以 D 选项错误。

　　当然，债权人委员会并非完全没有决策权。《破产法解释（三）》第 13 条规定："债权人会议可以依照企业破产法第六十八条第一款第四项的规定，委托债权人委员会行使企业破产法第六十一条第一款第二、三、五项规定的债权人会议职权。债权人会议不得作出概括性授权，委托其行使债权人会议所有职权。"《破产法》第 61 条规定："债权人会议行使下列职权：（一）核查债权；（二）申请人民法院更换管理人，审查管理人的费用和报酬；（三）监督管理人；（四）选任和更换债权人委员会成员；（五）决定继续或者停止债务人的营业；（六）通过重整计划；（七）通过和解协议；（八）通过债务人财产的管理方案；（九）通过破产财产的变价方案；（十）通过破产财产的分配方案；（十一）人民法院认为应当由债权人会议行使的其他职权。债权人会议应当对所议事项的决议作成会议记录。"由此可知，债权人会议可以授权债权人委员会行使权利的事项，只有申请人民法院更换管理人，审查管理人的费用和报酬；监督管理人；决定继续或者停止债务人的营业。

【答案】ABCD

大咖点拨区

考点群四　破产管理人

1. 祺航公司向法院申请破产，法院受理并指定甲为管理人。债权人会议决定设立债权人委员会。现昊泰公司提出要受让祺航公司的全部业务与资产。甲的下列哪一做法是正确的？

A. 代表祺航公司决定是否向昊泰公司转让业务与资产

B. 将该转让事宜交由法院决定

C. 提交债权人会议决议该转让事宜

D. 作出是否转让的决定并将该转让事宜报告债权人委员会

【考点】破产管理人职责

【解析】破产管理人的职责分为一般职责和特别职责。一般职责可以概括为管理债务人财产、营业和内部事务，执行破产程序，代表债务人行使权利三个方面，具体内容由《企业破产法》第25条规定："管理人履行下列职责：（一）接管债务人的财产、印章和账簿、文书等资料；（二）调查债务人财产状况，制作财产状况报告；（三）决定债务人的内部管理事务；（四）决定债务人的日常开支和其他必要开支；（五）在第一次债权人会议召开之前，决定继续或者停止债务人的营业；（六）管理和处分债务人的财产；（七）代表债务人参加诉讼、仲裁或者其他法律程序；（八）提议召开债权人会议；（九）人民法院认为管理人应当履行的其他职责。本法对管理人的职责另有规定的，适用其规定。"第69条进一步规定："管理人实施下列行为，应当及时报告债权人委员会：（一）涉及土地、房屋等不动产权益的转让；（二）探矿权、采矿权、知识产权等财产权的转让；（三）全部库存或者营业的转让；（四）借款；（五）设定财产担保；（六）债权和有价证券的转让；（七）履行债务人和对方当事人均未履行完毕的合同；（八）放弃权利；（九）担保物的取回；（十）对债权人利益有重大影响的其他财产处分行为。未设立债权人委员会的，管理人实施前款规定的行为应当及时报告人民法院。"《破产法解释（三）》第15条规定："管理人处分企业破产法第六十九条规定的债务人重大财产的，应当事先制作财产管理或者变价方案并提交债权人会议进行表决，债权人会议表决未通过的，管理人不得处分。管理人实施处分前，应当根据企业破产法第六十九条的规定，提前十日书面报告债权人委员会或者人民法院。债权人委员会可以依照企业破产法第六十八条第二款的规定，要求管理人对处分行为作出相应说明或者提供有关文件依据。"由此可见，对于转让债务人祺航公司的全部业务与资产这样的重大财产处分行为，管理人应当事先提交债权人会议表决，表决通过后，应当报告债权人委员会，然后方可实施。由此可见，C项当选。

【答案】C

2. 某破产案件中，债权人向法院提出更换管理人的申请。申请书中指出了如下事实，其中哪些属于主张更换管理人的正当事由？

A. 管理人列席债权人会议时，未如实报告债务人财产接管情况，并拒绝回答部分债权人询问

B. 管理人将债务人的一处房产转让给第三人，未报告债权人委员会

C. 债权人对债务人在破产申请前曾以还债为名向关联企业划转大笔资金的情况多次要求调查，但管理人一再拖延

D. 管理人将对外追收债款的诉讼业务交给其所在律师事务所办理，并单独计收代理费

【考点】破产管理人的职责

【解析】对于破产管理人的职权，《破产法》第23条第2款规定："管理人应当列席债权人会议，向债权人会议报告职务执行情况，并回答询问。"《破产法》第25条规定："管理人履行下列职责：（一）接管债务人的财产、印章和账簿、文书等资料；（二）调查债务人财产状况，制作财产状况报告；（三）决定债务人的内部管理事务；（四）决定债务人的日常开支和其他必要开支；（五）在第一次债权人会议召开之前，决定继续或者停止债务人的营业；（六）管理和处分债务人的财产；（七）代表债务人参加诉讼、仲裁或者其他法律程序；（八）提议召开债权人会议；（九）人民法院认为管理人应当履行的其他职责。"关于破产管理人的更换，《破产法》第22条第2款规定："债权人会议认为管理人不能依法、公正执行职务或者有其他不能胜任职务情形的，可以申请人民法院予以更换。"选项A管理人未如实报告债务人财产接管情况，选项B管理人虽然有权处分债务人的财产，但是未向债权人委员会报告，均属于未依法执行职务的情况，债权人有权依法提出更换。选项C管理人怠于行使职权，不对债务人的财产状况进行调查，属于不能胜任职务的情形，因此债权人可以主张更换。代表债务人参加诉讼是管理人的职责之一，法律并未禁止管理人委托其关联方从事部分管理人职责范围内的事务，受托从事管理事务的受托方有权获得报酬，因此管理人可以将其对外追收债款的业务交由其所在的律师事务所处理并单独计费，债权人不得以此为由要求更换管理人，D项错误。

【答案】ABC

3. 甲公司因不能清偿到期债务，被其债权人申请破产清算，法院受理后制定乙律师事务所为管理人，债权人会议选举产生了债权人委员会并报法院认可。乙律师事务所聘请三名会计师负责甲公司账目审计等财务工作，并从甲公司的账户中支付了三名会计师的报酬。下列哪些说法是正确的？

A. 乙律师事务所有权自行决定聘请三名会计师

B. 乙律师事务所聘请三名会计师须经债权人会议通过

C. 乙律师事务所有权随时支付三名会计师的报酬

D. 债权人委员会有权监督乙律师事务所及三名会计师

【考点】破产管理人权限，债权人委员会职权，破产费用

【解析】本题具有综合性。关于管理人聘用工作人员问题，《破产法》第28条第1款规定："管理人经人民法院许可，可以聘用必要的工作人员。"由此可知，管理人无权自行决定聘请三名会计师，聘请三名会计师也不必经债权人会议通过，所以A、B选项错误。债权人委员会的主要职权是监督管理人，《破产法》第68条规定："债权人委员会行使下列职权：（一）监督债务人财产的管理和处分；（二）监督破产财产分配；（三）提议召开债权人会议；（四）债权人会议委托的其他职权。债权人委员会执行职务时，有权要求管理人、债务人的有关人员对其职权范围内的事务作出说明或者提供有关文件。管理人、债务人的有关人员

违反本法规定拒绝接受监督的，债权人委员会有权就监督事项请求人民法院作出决定；人民法院应当在五日内作出决定。"由此可知，管理人及其聘用的工作人员，均应接受债权人委员会的监督，所以D选项正确。关于破产费用，《破产法》第41条规定："人民法院受理破产申请后发生的下列费用，为破产费用：（一）破产案件的诉讼费用；（二）管理、变价和分配债务人财产的费用；（三）管理人执行职务的费用、报酬和聘用工作人员的费用。"《破产法》第43条第1款规定："破产费用和共益债务由债务人财产随时清偿。"由此可知，管理人聘用的工作人员的报酬属于破产费用，由债务人财产随时清偿，所以D选项正确。

【答案】CD

考点群五　破产清算程序

1. 某公司经营不善，现进行破产清算。关于本案的诉讼费用，下列哪一说法是错误的？

A. 在破产申请人未预先交纳诉讼费用时，法院应裁定不予受理破产申请
B. 该诉讼费用可由债务人财产随时清偿
C. 债务人财产不足时，诉讼费用应先于共益费用受清偿
D. 债务人财产不足以清偿诉讼费用等破产费用的，破产管理人应提请法院终结破产程序

【考点】破产费用的清偿

【解析】依据《企业破产解释（一）》第8条："破产案件的诉讼费用，应根据企业破产法第43条的规定，从债务人财产中拨付。相关当事人以申请人未预先交纳诉讼费用为由，对破产申请提出异议的，人民法院不予支持。"由此可知，法院不能以申请人未交诉讼费为由裁定不予受理破产申请，故A项错误，当选。由《企业破产法》第43条第1款："破产费用和共益债务由债务人财产随时清偿。"可知，B项正确。《企业破产法》第43条第2款："债务人财产不足以清偿所有破产费用和共益债务的，先行清偿破产费用。"故C项正确。《企业破产法》第43条第4款："债务人财产不足以清偿破产费用的，管理人应当提请人民法院终结破产程序。人民法院应当自收到请求之日起15日内裁定终结破产程序，并予以公告。"故D项正确。

【答案】A

考点群六　重整程序

1. 思瑞公司不能清偿到期债务，债权人向法院申请破产清算。法院受理并指定了管理人。在宣告破产前，持股20%的股东甲认为如引进战略投资者乙公司，思瑞公司仍有生机，于是向法院申请重整。关于重整，下列哪一选项是正确的？

A. 如甲申请重整，必须附有乙公司的投资承诺
B. 如债权人反对，则思瑞公司不能开始重整

C. 如思瑞公司开始重整，则管理人应辞去职务

D. 只要思瑞公司的重整计划草案获得法院批准，重整程序就终止

【考点】重整程序

【解析】《破产法》第70条第2款规定："债权人申请对债务人进行破产清算的，在人民法院受理破产申请后、宣告债务人破产前，债务人或者出资额占债务人注册资本十分之一以上的出资人，可以向人民法院申请重整。"所以甲有权申请重整，没有其他条件限制，A、B项错误。在重整期间，债务人的财产和营业事务的管理有两种方式，一种是经债务人申请、人民法院批准，债务人可以在管理人的监督下自行管理财产和营业事务。此时管理人应当向债务人移交财产和营业事务，管理人的职权由债务人行使。另一种是管理人负责管理财产和营业事务，此时可以聘任债务人的经营管理人员负责营业事务。但是无论如何，重整程序都必须有管理人的参与，所以C项错误。重整计划表决通过后，法院经审查认为其符合法律规定的，裁定批准，终止重整程序，所以D项正确。

【答案】D

2. 关于破产重整的申请与重整期间，下列哪一表述是正确的？

A. 只有在破产清算申请受理后，债务人才能向法院提出重整申请

B. 重整期间为法院裁定债务人重整之日起至重整计划执行完毕时

C. 在重整期间，经债务人申请并经法院批准，债务人可在管理人监督下自行管理财产和营业事务

D. 在重整期间，就债务人所承租的房屋，即使租期已届至，出租人也不得请求返还

【考点】重整程序

【解析】债务人可直接申请重整，也可以在破产清算申请受理后申请重整，A选项错误。重整期间是法院裁定债务人重整之日起至重整程序终止之日，一种情况是重整计划草案表决通过、法院审查批准，或者重整计划草案表决未通过、法院强行批准，都应当终止重整程序并予以公告；另一种情况是重整计划表决通过、法院不予批准，或者重整计划表决未通过、法院未强行批准，也应当中止重整程序并宣告债务人破产。也就是说，重整计划的执行是重整程序终止以后的事情，不属于重整期间，B选项错误。在重整期间，包括管理人管理和自行管理两种方式。经债务人申请并经法院批准，债务人可在管理人监督下自行管理财产和营业事务，C选项正确。在重整期间，取回权受到一定的限制，但是如果符合事先约定的条件，如租期届满，取回权人仍然可按照合同约定取回标的物，D选项错误。

【答案】C

3. 尚友有限公司因经营管理不善，决定依照《破产法》进行重整。关于重整计划草案，下列哪些选项是正确的？

A. 在尚友公司自行管理财产与营业事务时，由其自己制作重整计划草案

B. 债权人参加讨论重整计划草案的债权人会议时，应按法定的债权分类，分组对该草案进行表决

C. 出席会议的同一表决组的债权人过半数同意重整计划草案，即为该组通过重整计划草案

扫码听课

扫码听课

D. 2/3 以上表决组通过重整计划草案，重整计划即为通过

【考点】 重整计划的制定、表决程序

【解析】《企业破产法》第 80 条："债务人自行管理财产和营业事务的，由债务人制作重整计划草案。管理人负责管理财产和营业事务的，由管理人制作重整计划草案。"因此，尚友公司自行管理财产与营业事务时，由其自己制作重整计划草案，故 A 项正确。《企业破产法》第 82 条："下列各类债权的债权人参加讨论重整计划草案的债权人会议，依照下列债权分类，分组对重整计划草案进行表决：（一）对债务人的特定财产享有担保权的债权；（二）债务人所欠职工的工资和医疗、伤残补助、抚恤费用，所欠的应当划入职工个人账户的基本养老保险、基本医疗保险费用，以及法律、行政法规规定应当支付给职工的补偿金；（三）债务人所欠税款；（四）普通债权。人民法院在必要时可以决定在普通债权组中设小额债权组对重整计划草案进行表决。"可见，债权人会议应该按照债权分类，分组表决，故 B 项正确。《企业破产法》第 84 条第 2 款："出席会议的同一表决组的债权人过半数同意重整计划草案，并且其所代表的债权额占该组债权总额的三分之二以上的，即为该组通过重整计划草案。"由此可知，重整计划草案的通过需要人数的过半数同时债权占到本组债权总额的 2/3 以上。故 C 项错误。《企业破产法》第 86 条第 1 款："各表决组均通过重整计划草案时，重整计划即为通过。"故 D 项错误。

【答案】 AB

4. 2017 年 3 月 2 日，甲有限公司因资不抵债进入破产重整程序。乙公司因向甲公司提供商品，对甲公司享有 100 万元到期债权，但乙公司因业务繁忙在债权申报期间并未申报债权。2018 年 1 月，甲公司重整计划执行完毕，全体普通债权人的清偿比例为 45%。下列哪些说法正确的？

A. 对乙公司的债权，甲公司无须承担偿还义务

B. 对乙公司的债权，参考甲公司重整方案，按同性质债权等比例清偿

C. 乙公司的债权由甲公司全额清偿

D. 针对乙公司的债权，重整方案对乙公司也具有法律效力

【考点】 重整计划的效力，重整计划执行完毕的后果

【解析】 本题直接考查法条。《破产法》第 92 条第 2 款规定："债权人未依照本法规定申报债权的，在重整计划执行期间不得行使权利；在重整计划执行完毕后，可以按照重整计划规定的同类债权的清偿条件行使权利。"由此可知，乙公司作为甲公司的债权人未在债权申报期间申报债权，只是在重整计划执行期间不得行使权利，甲公司仍然要承担偿还义务，在甲公司重整计划执行完毕后，可依据甲公司的重整方案，按同性质债权等比例清偿。故 A、C 选项错误，B 选项正确。《破产法》第 92 条第 1 款规定："经人民法院裁定批准的重整计划，对债务人和全体债权人均有约束力。"由此可知，甲公司的重整方案对债权人乙公司也具有法律效力，故 D 选项正确。

【答案】 BD

大咖点拨区

扫码听课

考点群七　债务人财产

1. 舜泰公司因资产不足以清偿全部到期债务，法院裁定其重整。管理人为维持公司运行，向齐某借款 20 万元支付水电费和保安费，约定如 1 年内还清就不计利息。1 年后舜泰公司未还款，还因不能执行重整计划被法院宣告破产。关于齐某的债权，下列哪些选项是正确的？

A. 与舜泰公司的其他债权同等受偿

B. 应从舜泰公司的财产中随时清偿

C. 齐某只能主张返还借款本金 20 万元

D. 齐某可主张返还本金 20 万元和逾期还款的利息

【考点】共益债务

【解析】共益债务是指在破产程序中为了全体债权人利益而发生的实体性债务，共益债务由债务人财产随时清偿，在清偿顺序上优先于普通债权，也优先于劳动债权、税款和社保费用，所以 A 项错误，B 项正确。《企业破产法》第 46 条规定："未到期的债权，在破产申请受理时视为到期。附利息的债权自破产申请受理时起停止计息。"由于破产是对债务人的全部债务的概括清偿，因此，以破产申请受理日为基准，将所有债权数额确定下来，停止计息，是确保公平的制度安排。停止计息的规则，不仅适用于普通债权，也同样适用于共益债务，这是广东省高级人民法院（2014）粤高法民二破终字第 2 号民事判决书的裁判要旨之所在。由此可知 C 项正确，D 项错误。

【答案】BC

2. 法院受理了利捷公司的破产申请。管理人甲发现，利捷公司与翰扬公司之间的债权债务关系较为复杂。下列哪些说法是正确的？

A. 翰扬公司的某一项债权有房产抵押，可在破产受理后行使抵押权

B. 翰扬公司与利捷公司有一合同未履行完毕，甲可解除该合同

C. 翰扬公司曾租给利捷公司的一套设备被损毁，侵权人之前向利捷公司支付了赔偿金，翰扬公司不能主张取回该笔赔偿金

D. 茹洁公司对利捷公司负有债务，在破产受理后茹洁公司受让了翰扬公司的一项债权，因此茹洁公司无需再向利捷公司履行等额的债务

【考点】别除权，待履行合同的处理，破产取回权，破产抵销权

【解析】本题具有明显的综合性，每一个选项即为一个考点。A 选项涉及别除权。根据《企业破产法》第 96 条、109 条，对破产人的特定财产享有担保权的权利人，自裁定和解或宣告破产之日可以行使，所以 A 选项错误。B 选项涉及待履行合同的处理。《企业破产法》第 18 条第 1 款规定："人民法院受理破产申请后，管理人对破产申请受理前成立而债务人和对方当事人均未履行完毕的合同有权决定解除或者继续履行，并通知对方当事人。"所以 B 选项正确。C 选项涉及破产取回权。《企业破产法》第 38 条规定："人民法院受理破产申请后，债务人占有的不属于债务人的财产，该财产的权利人可以通过管理人取回。"此即关于一般取回权的规定。若取回权的标的毁损灭失，则可能发生代位取回权问题。对

此，《企业破产法解释（二）》第32条第1款规定："债务人占有的他人财产毁损、灭失，因此获得的保险金、赔偿金、代偿物尚未交付给债务人，或者代偿物虽已交付给债务人但能与债务人财产予以区分的，权利人主张取回就此获得的保险金、赔偿金、代偿物的，人民法院应予支持。"反面解释，若保险金、赔偿金已经交付给债务人，或者代偿物已经交付给债务人且不能与债务人财产予以区分的，则权利人丧失取回权。本题中，由于侵权人之前向利捷公司支付了赔偿金，所以翰扬公司不能主张取回该笔赔偿金，C选项正确。D选项涉及破产抵销权。《企业破产法》第40条规定："债权人在破产申请受理前对债务人负有债务的，可以向管理人主张抵销。但是，有下列情形之一的，不得抵销：（一）债务人的债务人在破产申请受理后取得他人对债务人的债权的；（二）债权人已知债务人有不能清偿到期债务或者破产申请的事实，对债务人负担债务的；但是，债权人因为法律规定或者有破产申请一年前所发生的原因而负担债务的除外；（三）债务人的债务人已知债务人有不能清偿到期债务或者破产申请的事实，对债务人取得债权的；但是，债务人的债务人因为法律规定或者有破产申请一年前所发生的原因而取得债权的除外。"本题D选项属于上述第（一）规定的情形，因此茹洁公司不得主张抵销，依然要向利捷公司履行债务，所以D选项错误。

【答案】BC

3. 2014年6月经法院受理，甲公司进入破产程序。现查明，甲公司所占有的一台精密仪器，实为乙公司委托甲公司承运而交付给甲公司的。关于乙公司的取回权，下列哪一表述是错误的？

A. 取回权的行使，应在破产财产变价方案或和解协议、重整计划草案提交债权人会议表决之前

B. 乙公司未在规定期限内行使取回权，则其取回权即归于消灭

C. 管理人否认乙公司的取回权时，乙公司可以诉讼方式主张其权利

D. 乙公司未支付相关运输、保管等费用时，保管人可拒绝其取回该仪器

【考点】破产取回权

【解析】关于取回权，《企业破产法》第38条规定，人民法院受理破产申请后，债务人占有的不属于债务人的财产，该财产的权利人可以通过管理人取回。但是，本法另有规定的除外。《企业破产法解释（二）》第26条进一步规定，权利人依据企业破产法第38条的规定行使取回权，应当在破产财产变价方案或者和解协议、重整计划草案提交债权人会议表决前向管理人提出。权利人在上述期限后主张取回相关财产的，应当承担延迟行使取回权增加的相关费用。据此，A项正确。根据上述规定，如果乙公司未在规定期限内行使取回权，其取回权并不会灭失，但由此增加的费用需要由乙公司承担，故B项错误，当选。《企业破产法解释（二）》第27条第1款规定，权利人依据企业破产法第38条的规定向管理人主张取回相关财产，管理人不予认可，权利人以债务人为被告向人民法院提起诉讼请求行使取回权的，人民法院应予受理。据此，C项正确。《企业破产法解释（二）》第28条规定，权利人行使取回权时未依法向管理人支付相关的加工费、保管费、托运费、委托费、代销费等费用，管理人拒绝其取回相关财产的，人民法院应予支持。据此，D项正确。

【答案】B

4. 甲公司因不能清偿到期债务且明显缺乏清偿能力，遂于 2014 年 3 月申请破产，且法院已受理。经查，在此前半年内，甲公司针对若干债务进行了个别清偿。关于管理人的撤销权，下列哪些表述是正确的？

A. 甲公司清偿对乙银行所负的且以自有房产设定抵押担保的贷款债务的，管理人可以主张撤销

B. 甲公司清偿对丙公司所负的且经法院判决所确定的货款债务的，管理人可以主张撤销

C. 甲公司清偿对丁公司所负的为维系基本生产所需的水电费债务的，管理人不得主张撤销

D. 甲公司清偿对戊所负的劳动报酬债务的，管理人不得主张撤销

【考点】破产撤销权

【解析】《企业破产法解释（二）》第 14 条规定："债务人对以自有财产设定担保物权的债权进行的个别清偿，管理人依据企业破产法第三十二条的规定请求撤销的，人民法院不予支持。但是，债务清偿时担保财产的价值低于债权额的除外。"据此，管理人无权撤销债务人对以自有财产设定担保物权的债权进行的个别清偿，A 项错误。《企业破产法解释（二）》第 15 条规定："债务人经诉讼、仲裁、执行程序对债权人进行的个别清偿，管理人依据企业破产法第 32 条的规定请求撤销的，人民法院不予支持。但是，债务人与债权人恶意串通损害其他债权人利益的除外。"据此，管理人不得撤销债务人个别清偿的经法院判决所确定的债务，B 项错误。《企业破产法解释（二）》第 16 条规定："债务人对债权人进行的以下个别清偿，管理人依据企业破产法第三十二条的规定请求撤销的，人民法院不予支持：（一）债务人为维系基本生产需要而支付水费、电费等的；（二）债务人支付劳动报酬、人身损害赔偿金的；（三）使债务人财产受益的其他个别清偿。"据此，债务人清偿为维系基本生产所需的水电费和劳动报酬债务，管理人不得撤销，C、D 两项正确。

【答案】CD

5. 甲公司于 2012 年 12 月申请破产。法院受理后查明：在 2012 年 9 月，因甲公司无法清偿欠乙公司 100 万元的货款，而甲公司董事长汪某却有 150 万元的出资未缴纳，乙公司要求汪某承担偿还责任，汪某随后确实支付给乙公司 100 万元。下列哪一表述是正确的？

A. 就汪某对乙公司的支付行为，管理人不得主张撤销

B. 汪某目前尚未缴纳的出资额应为 150 万元

C. 管理人有义务要求汪某履行出资义务

D. 汪某就其未履行的出资义务，可主张诉讼时效抗辩

【考点】债务人财产的范围；破产撤销权

【解析】汪某对乙公司的支付行为，应当视为甲公司的清偿债务行为。《企业破产法》第 32 条："人民法院受理破产申请前六个月内，债务人有本法第 2 条第 1 款规定的情形，仍对个别债权人进行清偿的，管理人有权请求人民法院予以撤销。但是，个别清偿使债务人财产受益的除外。"本题中，甲公司 12 月份申请破产，甲公司在 9 月份对乙公司清偿 100 万，属于在人民法院受理破产申请前 6 个月内，仍对个别债权人清偿的行为，因此管理人有权请求法院予以撤销，故 A 项

错误。当然，本题有不严谨之处。具体而言，《企业破产法》第2条第1款规定："企业法人不能清偿到期债务，并且资产不足以清偿全部债务或者明显缺乏清偿能力的，依照本法规定清理债务。"题目虽然交待2012年9月甲公司无法清偿欠乙公司的货款，但是这只能说明甲公司不能清偿到期债务，并不能证明甲公司"资产不足以清偿全部债务或者明显缺乏清偿能力"，也就是说，我们不能得出甲公司已经具备破产原因的结论，因此管理人依据《企业破产法》第32条行使撤销权的条件尚未完全具备。当然，这是一道单选题，C项明显、确定地正确，是最佳答案，A项不能选。《企业破产法》第34条："因本法第31条、第32条或者第33条规定的行为而取得的债务人的财产，管理人有权追回。"《公司法》第28条第1款："股东应当按期足额缴纳公司章程中规定的各自所认缴的出资额。股东以货币出资的，应当将货币出资足额存入有限责任公司在银行开设的账户；以非货币财产出资的，应当依法办理其财产权的转移手续。"汪某向乙公司支付的100万元，属于以个人财产清偿公司债务，但是汪某尚有150万的出资未缴纳，因此这100万实际属于公司的财产，经管理人撤销后，汪某尚未缴纳的出资额应为50万元，故B项错误。《企业破产法》第35条："人民法院受理破产申请后，债务人的出资人尚未完全履行出资义务的，管理人应当要求该出资人缴纳所认缴的出资，而不受出资期限的限制。"故C项正确。《公司法解释（三）》第19条第1款："公司股东未履行或者未全面履行出资义务或者抽逃出资，公司或者其他股东请求其向公司全面履行出资义务或者返还出资，被告股东以诉讼时效为由进行抗辩的，人民法院不予支持。"因此，汪某就其未履行的出资义务不能主张诉讼时效抗辩，故D项错误。

【答案】C

6. 甲公司依据买卖合同，在买受人乙公司尚未付清全部货款的情况下，将货物发运给乙公司。乙公司尚未收到该批货物时，向法院提出破产申请，且法院已裁定受理。对此，下列哪些选项是正确的？

A. 乙公司已经取得该批货物的所有权

B. 甲公司可以取回在运货物

C. 乙公司破产管理人在支付全部价款情况下，可以请求甲公司交付货物

D. 货物运到后，甲公司对乙公司的价款债权构成破产债权

【考点】破产取回权

【解析】《企业破产法》第39条："人民法院受理破产申请时，出卖人已将买卖标的物向作为买受人的债务人发运，债务人尚未收到且未付清全部价款的，出卖人可以取回在运途中的标的物。但是，管理人可以支付全部价款，请求出卖人交付标的物。"由此可知，买受人乙公司未付清全部货款且未收到该批货物时，甲可取回货物，货物的所有权并没有转移，故A项错误，B项正确。《企业破产法》第18条第2款"管理人决定继续履行合同的，对方当事人应当履行……"甲公司与乙公司有买卖合同，甲公司有交付货物之义务，乙公司破产管理人在支付全部价款情况下，可以请求甲公司交付货物，甲公司必须履行否则构成违约。故C项正确。《企业破产法》第18条第1款："人民法院受理破产申请后，管理人对破产申请受理前成立而债务人和对方当事人均未履行完毕的合同有权决定解除或者继续履行，并通知对方当事人。管理人自破产申请受理之日起两个月内未

扫码听课

通知对方当事人，或者自收到对方当事人催告之日起三十日内未答复的，视为解除合同。"货物运到后，意味着甲公司与乙公司之间的合同继续履行，乙公司的欠款构成了甲公司对乙公司的破产债权，故 D 项正确。

【答案】BCD

7. 2010 年 8 月 1 日，某公司申请破产。8 月 10 日，法院受理并指定了管理人。该公司出现的下列哪一行为属于《企业破产法》中的欺诈破产行为，管理人有权请求法院予以撤销？

A. 2009 年 7 月 5 日，将市场价格 100 万元的仓库以 30 万元出售给母公司

B. 2009 年 10 月 15 日，将公司一辆价值 30 万元的汽车赠与甲

C. 2010 年 5 月 5 日，向乙银行偿还欠款 50 万元及利息 4 万元

D. 2010 年 6 月 10 日，以协议方式与债务人丙相互抵销 20 万元债务

【考点】破产撤销权

【解析】《企业破产法》第 31 条："人民法院受理破产申请前一年内，涉及债务人财产的下列行为，管理人有权请求人民法院予以撤销：（一）无偿转让财产的；（二）以明显不合理的价格进行交易的；（三）对没有财产担保的债务提供财产担保的；（四）对未到期的债务提前清偿的；（五）放弃债权的。"某公司 2009 年 7 月 5 日的行为属于低价交易行为，发生在法院受理破产申请前 1 年之前，时间超过了法律规定，管理人没有撤销权，故 A 项错误。2009 年 10 月 15 日，某公司将公司一辆价值 30 万元的汽车赠与甲的行为符合《企业破产法》第 31 条第 1 款第 1 项的规定，属于管理人可行使撤销权的情况，故 B 项正确。《企业破产法》第 32 条："人民法院受理破产申请前六个月内，债务人有本法第二条第一款规定的情形，仍对个别债权人进行清偿的，管理人有权请求人民法院予以撤销。但是，个别清偿使债务人财产受益的除外。"《企业破产法》第 2 条第 2 款："企业法人有前款规定情形，或者有明显丧失清偿能力可能的，可以依照本法规定进行重整。" C、D 两个选项均未交待该公司当时已经具备破产原因，因此管理人撤销权的条件尚未具备。此外，通常意义上的欺诈破产行为仅包括《企业破产法》第 31 条规定的 5 种可撤销行为和无效行为，而不包括《企业破产法》第 32 条规定的个别清偿行为。因此 C、D 不当选。

【答案】B

8. 甲是某有限公司的工人，2016 年 8 月 2 日，甲因工伤住院治疗，久治未愈，期间医疗费用、护理费等一直由该公司垫付。2017 年 9 月，该公司向甲支付 10 万元赔偿金后便不再垫付其后续的医疗费用。甲认为公司支付的赔偿金额过低，于 2017 年 10 月向法院提起诉讼，要求该公司支付医疗费、护理费、伤残补助金等共计 20 万元。2017 年 11 月，该公司经营不善，法院裁定受理其破产申请。对此，下列说法正确的是哪一项？

A. 管理人可以要求甲返还医疗费

B. 对于该公司向甲支付的赔偿金，管理人可向法院申请予以撤销

C. 甲经过申报债权后，有权参加债权人会议

D. 法院裁定受理某公司破产申请后，甲提起的诉讼应当中止审理

【考点】破产撤销权，债权申报，破产申请受理的法律效果

【解析】本题具有综合性。首先，《破产法》第 32 条规定："人民法院受理破

产申请前六个月内，债务人有本法第二条第一款规定的情形，仍对个别债权人进行清偿的，管理人有权请求人民法院予以撤销。但是，个别清偿使债务人财产受益的除外。"《破产法解释（二）》第16条规定："债务人对债权人进行的以下个别清偿，管理人依据企业破产法第三十二条的规定请求撤销的，人民法院不予支持：（一）债务人为维系基本生产需要而支付水费、电费等的；（二）债务人支付劳动报酬、人身损害赔偿金的；（三）使债务人财产受益的其他个别清偿。"本题中，公司虽然为甲代垫了医疗费、护理费，并支付了10万元赔偿金，但其属于《破产法解释（二）》第16条第（二）项规定的"人身损害赔偿金"范畴，是使债务人财产受益的个别清偿行为，是有效的清偿行为，故管理人无权撤销，A、B项错误。《破产法》第48条规定："债务人所欠职工的工资和医疗、伤残补助、抚恤费用，所欠的应当划入职工个人账户的基本养老保险、基本医疗保险费用，以及法律、行政法规规定应当支付给职工的补偿金，不必申报，由管理人调查后列出清单并予以公示。职工对清单记载有异议的，可以要求管理人更正；管理人不予更正的，职工可以向人民法院提起诉讼。"故甲的债权属于劳动债权，无须进行债权申报，C选项错误。《破产法》第20条规定："人民法院受理破产申请后，已经开始而尚未终结的有关债务人的民事诉讼或者仲裁应当中止；在管理人接管债务人的财产后，该诉讼或者仲裁继续进行。"由此可知，该公司被受理破产申请后，甲对该公司提起的诉讼尚未终结，应当依法予以中止，故D选项正确。

【答案】D

第四章　票据法

考点群	考查频率
票据特征	★★★
票据瑕疵	★
票据行为	★★
票据丧失和补救	★
汇票	★
本票和支票	★

考点群一　票据特征

1. 依票据法原理，票据具有无因性、设权性、流通性、文义性、要式性等特征。关于票据特征的表述，下列哪一选项是错误的？

A. 没有票据，就没有票据权利

B. 任何类型的票据都必须能够进行转让

C. 票据的效力不受票据赖以发生的原因行为的影响

D. 票据行为的方式若存在瑕疵，不影响票据的效力

【考点】票据的特征

【解析】票据具有设权性，票据属于设权证券。票据权利的产生，必须先作成证券。没有票据，就没有票据权利，A项正确。票据具有流通性，票据通常能够转让，本票、汇票、支票都是如此。就此而言，可以说"任何类型的票据"都能够进行转让，故B项正确。但需要注意的是，并非所有的票据都能够转让，《票据法》第27条第2款规定，出票人在汇票上记载"不得转让"字样的，汇票不得转让。从这个角度来看，B项表述过于绝对，有欠妥当。票据是无因证券。票据法律关系是一种单纯的金钱支付关系，不受基础关系是否存在及其效力的影响。即便票据行为的原因行为不成立、无效或者被撤销，票据效力也不受影响，故C项正确。票据是要式证券，各种票据行为如出票、背书、承兑、保证都必须严格按照《票据法》规定的程序与方式进行，否则会导致票据行为无效，甚至导致票据无效。如《票据法》第9条第2款规定，票据金额、日期、收款人名称不得更改，更改的票据无效。《票据法》第22条规定，汇票必须记载下列事项：（一）表明"汇票"的字样；（二）无条件支付的委托；（三）确定的金额；（四）付款人名称；（五）收款人名称；（六）出票日期；（七）出票人签章。汇票上未

扫码听课

记载前款规定事项之一的，汇票无效。据此，D 项错误，当选。

【答案】D

2. 甲公司为履行与乙公司的箱包买卖合同，签发一张以乙公司为收款人、某银行为付款人的汇票，银行也予以了承兑。后乙公司将该汇票背书赠与给丙。此时，甲公司发现乙公司的箱包为假冒伪劣产品。关于本案，下列哪一选项是正确的？

A. 该票据无效

B. 甲公司不能拒绝乙公司的票据权利请求

C. 丙应享有票据权利

D. 银行应承担票据责任

【考点】票据无因性，票据对人抗辩，票据权利的取得，汇票承兑

【解析】根据票据无因性原理，票据效力不受其赖以发生的原因行为的影响，因此，即使甲公司和乙公司之间的交易存在瑕疵，也不会影响票据的效力，所以 A 选项错误。虽然该汇票有效，但是基于甲公司和乙公司之间的原因关系瑕疵（箱包为假冒伪劣产品可以理解为欺诈，因此甲公司有权撤销合同；也可以理解为乙公司根本违约，因此甲公司有权解除合同），甲公司可以向乙公司主张票据抗辩，因此 B 选项错误。根据《票据法》第 11 条，因税收、继承、赠与可以依法无偿取得票据的，不受给付对价的限制。但是，所享有的票据权利不得优于其前手的权利。因此，乙公司将该汇票背书赠与给丙，虽然丙可以取得票据权利，但丙所享有的票据权利不得优于乙公司的票据权利。又由于甲公司有权向乙公司主张票据抗辩，所以甲公司也有权向丙主张票据抗辩。所以，虽然丙能够取得票据权利，但是其票据权利存在瑕疵。C 选项揭示了丙能够取得票据权利这一点，但是没有明确丙的票据权利存在瑕疵，因此不够准确。在单项选择题中，如果有更合适的选项，则 C 不当选。D 选项涉及承兑的意义。对汇票的付款人而言，一旦承兑，就负有到期付款的义务，所以银行应承担票据责任，D 选项确定无疑的正确，当选。

【答案】D

3. 甲公司向乙公司签发了一张付款人为丙银行的承兑汇票。丁向乙公司出具了一份担保函，承诺甲公司不履行债务时其承担连带保证责任。乙公司持票向丙银行请求付款，银行以出票人甲公司严重丧失商业信誉为由拒绝付款。对此，下列哪一表述是正确的？

A. 乙公司只能要求丁承担保证责任

B. 丙银行拒绝付款不符合法律规定

C. 乙公司应先向甲公司行使追索权，不能得到清偿时方能向丁追偿

D. 丁属于票据法律关系的非基本当事人

【考点】票据无因性

扫码听课

【解析】依据《票据法》第 46 条，保证人必须在汇票或者粘单上记载表明"保证"的字样。《票据法》第 61 条："汇票到期被拒绝付款的，持票人可以对背书人、出票人以及汇票的其他债务人行使追索权。汇票到期日前，有下列情形之一的，持票人也可以行使追索权：（一）汇票被拒绝承兑的；（二）承兑人或者付款人死亡、逃匿的；（三）承兑人或者付款人被依法宣告破产的或者因违法被责

令终止业务活动的。"依据上述规定，当持票人被拒绝付款的，其可以行使追索权，请求出票人、保证人等承担票据责任。因此乙既可以要求甲承担票据责任，也可以要求丁承担保证责任。故 A 项错误。值得注意的是，票据意义上的保证要求必须在票据上有表明保证的字样。本题中，丁并未在汇票中记载表明"保证"的字样，所出具的保函不构成汇票保证，而是民法意义上的保证。票据的无因性是指，票据法律关系是一种纯粹的金钱支付关系，票据持有人享有的权利只以符合票据法为必要，至于票据赖以发生的原因在所不问。即使原因关系无效或有瑕疵均不影响票据的效力。因此，银行作为付款人，其与出票人之间的资金法律关系不得对抗持票人的权利。丙银行不能以甲公司的信誉问题为由拒绝付款，B 项正确。《票据法》第 61 条第 1 款："汇票到期被拒绝付款的，持票人可以对背书人、出票人以及汇票的其他债务人行使追索权。"本题中，丁是民法上的保证人，其所出具的担保函并没有表明承担保证的方式，那么丁承担的是连带保证责任。故乙既可以对出票人甲行使追索权，也可以对丁行使，且顺序没有限制，C 项错误。票据关系的非基本当事人是相对于基本当事人而言的。票据关系的基本当事人，是指票据一经成立即已存在的当事人，包括出票人、收款人、付款人。非基本当事人，是指票据已经成立，通过各种票据行为而加入票据关系中的当事人，如背书人、保证人、参加付款人、预备付款人等。丁所出具的担保函不构成汇票保证，其不是汇票意义上的保证人而是民法意义上的保证人，因此不能认定丁为票据关系上的非基本当事人。故 D 项错误。

【答案】B

4. 潇湘公司为支付货款向楚天公司开具一张金额为 20 万元的银行承兑汇票，付款银行为甲银行。潇湘公司收到楚天公司货物后发现有质量问题，立即通知甲银行停止付款。另外，楚天公司尚欠甲银行贷款 30 万元未清偿。下列哪些说法是错误的？

A. 该汇票须经甲银行承兑后才发生付款效力

B. 根据票据的无因性原理，甲银行不得以楚天公司尚欠其贷款未还为由拒绝付款

C. 如甲银行在接到潇湘公司通知后仍向楚天公司付款，由此造成的损失甲银行应承担责任

D. 潇湘公司有权以货物质量瑕疵为由请求甲银行停止付款

【考点】票据的无因性

【解析】《票据法》第 44 条："付款人承兑汇票后，应当承担到期付款的责任。"该汇票经甲银行承兑后，甲银行有付款之义务，故 A 项正确，不当选，C 项错误，当选。《票据法》第 13 条："票据债务人不得以自己与出票人或者与持票人的前手之间的抗辩事由，对抗持票人。但是，持票人明知存在抗辩事由而取得票据的除外。票据债务人可以对不履行约定义务的与自己有直接债权债务关系的持票人，进行抗辩。本法所称抗辩，是指票据债务人根据本法规定对票据债权人拒绝履行义务的行为。"甲银行可以以楚天公司尚欠其贷款未还为由拒绝付款，因为甲银行与楚天公司存在直接的债权债务关系，这是行使票据抗辩之对人抗辩的行为，故 B 项说法错误，当选。楚天公司交付的货物质量瑕疵属于票据关系的基础关系，依据票据的无因性，潇湘公司不得请求甲银行拒绝付款，但是可以依

据民事合同要求楚天公司承担民事责任。故 D 选项错误，当选。

【答案】BCD

5. 甲公司为支付向乙有限公司采购商品的款项，向乙开具一张金额为 100 万元的银行承兑汇票，并向丙银行办理了承兑。2018 年 6 月乙又将该票据背书给丁公司，2018 年 7 月丁公司办公楼失火，该张票据被烧毁灭失，仅剩其留档复印件。甲公司、乙公司均在该复印件上签章，以证明彼此间的交易情况。对此，下列说法正确的是哪一项？

A. 丙银行无须承担票据责任

B. 丁公司向丙银行出具票据复印件提示付款，丙银行应当无条件付款

C. 丁公司可凭票据复印件向乙公司主张票据权利

D. 丁公司可凭票据复印件向甲公司主张票据权利

【考点】票据的要式性

【解析】《票据法》第 4 条规定："票据出票人制作票据，应当按照法定条件在票据上签章，并按照所记载的事项承担票据责任。持票人行使票据权利，应当按照法定程序在票据上签章，并出示票据。其他票据债务人在票据上签章的，按照票据所记载的事项承担票据责任。"在学理上，该条规定可以归纳为票据的要式性，其意义在于两点，一是票据的制作必须严格符合国家法律的规定，二是票据权利人行使票据权利应当出示合法有效的票据，票据在灭失之后，可以通过挂失止付、公示催告或提起民事诉讼来实现救济。本题中，票据原件烧毁，票据复印件并不具有票据效力，丁公司无法依该复印件行使票据权利，故 B、C、D 均为错误的判断。当然，丁公司作为失票人，可以依据《民事诉讼法》提起公示催告程序进行救济。

【答案】A

考点群二　票据瑕疵

1. 甲公司为清偿对乙公司的欠款，开出一张收款人是乙公司财务部长李某的汇票。李某不慎将汇票丢失，王某拾得后在汇票上伪造了李某的签章，并将汇票背书转让给外地的丙公司，用来支付购买丙公司电缆的货款，王某收到电缆后转卖得款，之后不知所踪。关于本案，下列哪些说法是正确的？

A. 甲公司应当承担票据责任　　　　B. 李某不承担票据责任

C. 王某应当承担票据责任　　　　　D. 丙公司应当享有票据权利

【考点】票据瑕疵

【解析】《票据法》第 14 条规定："票据上的记载事项应当真实，不得伪造、变造。伪造、变造票据上的签章和其他记载事项的，应当承担法律责任。票据上有伪造、变造的签章的，不影响票据上其他真实签章的效力。"《最高人民法院关于审理票据纠纷案件若干问题的规定》第 66 条规定："依照票据法第十四条、第一百零二条、第一百零三条的规定，伪造、变造票据者除应当依法承担刑事、行政责任外，给他人造成损失的，还应当承担民事赔偿责任。被伪造签章者不承担票据责任。"由此可知，本题中的票据效力不受伪造签章的影响，甲公司作为出

票人依然承担票据责任，所以 A 选项正确；善意第三人丙公司能够取得票据权利，所以 D 选项正确；伪造签章者承担民事责任及刑事责任，而不是票据责任，所以 C 选项错误；被伪造者李某可以主张瑕疵抗辩，不承担票据责任，所以 B 选项正确。

【答案】ABD

2. 甲公司签发一张汇票给乙，票面记载金额为 10 万元，乙取得汇票后背书转让给丙，丙取得该汇票后又背书转让给丁，但将汇票的记载金额由 10 万元变更为 20 万元。之后，丁又将汇票最终背书转让给戊。其中，乙的背书签章已不能辨别是在记载金额变更之前，还是在变更之后。下列哪些选项是正确的？

A. 甲应对戊承担 10 万元的票据责任

B. 乙应对戊承担 20 万元的票据责任

C. 丙应对戊承担 20 万元的票据责任

D. 丁应对戊承担 10 万元的票据责任

【考点】票据瑕疵

【解析】《票据法》第 14 条："票据上的记载事项应当真实，不得伪造、变造。伪造、变造票据上的签章和其他记载事项的，应当承担法律责任。票据上有伪造、变造的签章的，不影响票据上其他真实签章的效力。票据上其他记载事项被变造的，在变造之前签章的人，对原记载事项负责；在变造之后签章的人，对变造之后的记载事项负责；不能辨别是在票据被变造之前或者之后签章的，视同在变造之前签章。"甲在金额变造之前签章，对原金额即 10 万元承担责任；不能确定乙的签章是在变造前还是变造后，故依变造前的金额承担责任。所以，甲、乙应承担 10 万元的票据责任；丙、丁则承担变造后的 20 万元的票据责任。故 AC 正确，当选。

【答案】AC

扫码听课

考点群三　票据行为

1. 甲从乙处购置一批家具，给乙签发一张金额为 40 万元的汇票。乙将该汇票背书转让给丙。丙请丁在该汇票上为"保证"记载并签章，随后又将其背书转让给戊。戊请求银行承兑时，被银行拒绝。对此，下列哪一选项是正确的？

A. 丁可以采取附条件保证方式

B. 若丁在其保证中未记载保证日期，则以出票日期为保证日期

C. 戊只有在向丙行使追索权遭拒绝后，才能向丁请求付款

D. 在丁对戊付款后，丁只能向丙行使追索权

【考点】票据保证

【解析】票据保证不得附条件，附条件的，条件无效，保证有效，A 选项错误。票据保证未记载保证日期的，为确定票据保证的效力，保护票据交易安全，出票日期为保证日期。B 选项正确。票据保证为连带保证，基于票据法原理，所有在票据上签章的前手都是票据债务人，都需要承担连带责任，戊可以直接向保证人丁追索，C 选项错误。票据保证人清偿票据债务后，可向其所有前手追索，

扫码听课

D 选项错误。

【答案】B

2. 甲未经乙同意而以乙的名义签发一张商业汇票，汇票上记载的付款人为丙银行。丁取得该汇票后将其背书转让给戊。下列哪一说法是正确的？

A. 乙可以无权代理为由拒绝承担该汇票上的责任

B. 丙银行可以该汇票是无权代理为由而拒绝付款

C. 丁对甲的无权代理行为不知情时，丁对戊不承担责任

D. 甲未在该汇票上签章，故甲不承担责任

【考点】票据行为的代理；背书行为

【解析】《票据法》第5条第2款："没有代理权而以代理人名义在票据上签章的，应当由签章人承担票据责任；代理人超越代理权限的，应当就其超越权限的部分承担票据责任。"甲为无权代理人，应承担票据责任，乙可以拒绝承担票据责任，故 A 项正确，D 项错误。《最高人民法院关于审理票据纠纷案件若干问题的规定》第65条："具有下列情形之一的票据，未经背书转让的，票据债务人不承担票据责任；已经背书转让的，票据无效不影响其他真实签章的效力：（一）出票人签章不真实的；（二）出票人为无民事行为能力人的；（三）出票人为限制民事行为能力人的。"即使出票人乙的签章不真实，但丁的背书的签章真实，这种情况下，丙银行作为付款人，有见票无条件支付之义务，不能以该票据无权代理为由拒绝支付，故 B 项错误。《票据法》第37条："背书人以背书转让汇票后，即承担保证其后手所持汇票承兑和付款的责任。背书人在汇票得不到承兑或者付款时，应当向持票人清偿本法第七十条、第七十一条规定的金额和费用。"无论票据背书人丁对于甲的无权代理行为是否知情，都不影响对于被背书人戊承担保证汇票承兑和付款的责任，故 C 项错误。

【答案】A

3. 甲公司为支付货款向乙公司签发了一张金额为80万元的汇票。丙公司在汇票上作为保证人并签章。下列说法正确的是哪一项？

A. 丙公司未在汇票上记载被保证人的名称，则丙公司无需承担保证责任

B. 丙公司未在汇票上记载保证日期的，保证无效

C. 丙公司可以进行附条件保证

D. 丙公司与甲公司对持票人乙公司承担连带责任

【考点】票据保证

【解析】根据《票据法》第46条，保证人必须在汇票或者粘单上记载下列事项：（一）表明"保证"的字样；（二）保证人名称和住所；（三）被保证人的名称；（四）保证日期；（五）保证人签章。根据《票据法》第47条，保证人在汇票或者粘单上未记载前条第（三）项的，已承兑的汇票，承兑人为被保证人；未承兑的汇票，出票人为被保证人。保证人在汇票或者粘单上未记载前条第（四）项的，出票日期为保证日期。由此可知，未记载被保证人名称的，丙公司仍需承担保证责任，故 A 项错误。未记载保证日期的以出票日期为保证日期，保证仍然有效，故 B 项错误。又根据《票据法》第48条，保证不得附有条件；附有条件的，不影响对汇票的保证责任。故 C 项错误。《票据法》第50条规定："被保证的汇票，保证人应当与被保证人对持票人承担连带责任。汇票到期后得不到付款

的，持票人有权向保证人请求付款，保证人应当足额付款。"本题未交待汇票已经过承兑，故应推定出票人甲公司为被保证人，丙公司与甲公司应当对持票人乙公司承担连带责任，故 D 项正确。

【答案】 D

扫码听课

考点群四　票据的丧失与补救

1. 关于票据丧失时的法律救济方式，下列哪一说法是错误的？
A. 通知票据付款人挂失止付
B. 申请法院公示催告
C. 向法院提起诉讼
D. 不经挂失止付不能申请公示催告或者提起诉讼
【考点】 票据的丧失和补救
【解析】《票据法》第 15 条第 3 款："失票人应当在通知挂失止付后 3 日内，也可以在票据丧失后，依法向人民法院申请公示催告，或者向人民法院提起诉讼。"本题是法条的直接考察。故 D 项错误。需要注意的是，票据丧失后，挂失止付、公示催告和民事诉讼这三种救济方式之间并无必然的联系，失票人可以随意选择。但是，最为稳妥的救济方式是先申请挂失止付，然后申请公示催告或者提起诉讼。

【答案】 D

扫码听课

2. 甲向乙购买原材料，为支付货款，甲向乙出具金额为 50 万元的商业汇票一张，丙银行对该汇票进行了承兑。后乙不慎将该汇票丢失，被丁拾到。乙立即向付款人丙银行办理了挂失止付手续。下列哪些选项是正确的？
A. 乙因丢失票据而确定性地丧失了票据权利
B. 乙在遗失汇票后，可直接提起诉讼要求丙银行付款
C. 如果丙银行向丁支付了票据上的款项，则丙应向乙承担赔偿责任
D. 乙在通知挂失止付后十五日内，应向法院申请公示催告
【考点】 票据的丧失和补救
【解析】《票据法》第 15 条规定，票据丧失，失票人可以及时通知票据的付款人挂失止付，但是，未记载付款人或者无法确定付款人及其代理付款人的票据除外。收到挂失止付通知的付款人，应当暂停支付。失票人应当在通知挂失止付后 3 日内，也可以在票据丧失后，依法向人民法院申请公示催告，或者向人民法院提起诉讼。对于 A 项，票据丧失并不必然导致票据权利的丧失，失票人可以依据法律规定对自己的票据权利进行救济。故 A 项错误。对于 B 项，丙银行已经对汇票进行了承兑，确定地负有票据义务，故乙可以直接起诉要求丙银行付款，B 项正确。对于 C 项，乙在丢失票据后立即办理了挂失止付，如果丙银行向丁支付票款，则应当向乙承担责任，故 C 项正确。对于 D 项，乙应当在挂失止付后 3 日内申请公示催告，故 D 项错误。

扫码听课

【答案】 BC

3. 亿凡公司与五悦公司签订了一份买卖合同，由亿凡公司向五悦公司供货；

五悦公司经连续背书，交付给亿凡公司一张已由银行承兑的汇票。亿凡公司持该汇票请求银行付款时，得知该汇票已被五悦公司申请公示催告，但法院尚未作出除权判决。关于本案，下列哪一选项是正确的？

A. 银行对该汇票不再承担付款责任

B. 五悦公司因公示催告可行使票据权利

C. 亿凡公司仍享有该汇票的票据权利

D. 法院应作出判决宣告票据无效

【考点】公示催告程序

【解析】从题目交待的案情来看，五悦公司和亿凡公司之间票据背书应该发生在公示催告之前，亿凡公司基于连续背书享有票据权利，且不受公示催告程序影响，所以 C 项正确。在程序上，亿凡公司可以向法院申报权利，法院应当裁定终结公示催告程序，并通知五悦公司和银行，所以 D 项错误。公示催告开始之后，除权判决作出之前，法院会发出止付通知，银行应暂停付款，此时公示催告申请人还不能行使票据权利，所以 B 项错误。如果票据被判决无效，公示催告申请人可以持除权判决要求银行承担付款责任。如果票据未被除权判决，则合法持票人可以持票据要求银行承担付款责任。也就是说，无论票据是否被判决宣告无效，银行作为已经承兑的汇票的付款人，都应承担付款责任，所以 A 项错误。

【答案】C

考点群五　汇票

1. 关于汇票的表述，下列哪些选项是正确的？

A. 汇票可以质押，当持票人将汇票交付给债权人时质押生效

B. 如汇票上记载的付款人在承兑之前即已破产，出票人仍须承担付款责任

C. 汇票的出票人既可以是银行、公司，也可以是自然人

D. 如汇票上未记载出票日期，该汇票无效

【考点】汇票出票行为；汇票质押行为

【解析】《票据法》第 35 条第 2 款："汇票可以设定质押；质押时应当以背书记载'质押'字样。被背书人依法实现其质权时，可以行使汇票权利。"汇票质押必须在票据上背书记载"质押"字样，否则质押不生效，故 A 项错误。《票据法》第 61 条："汇票到期被拒绝付款的，持票人可以对背书人、出票人以及汇票的其他债务人行使追索权。汇票到期日前，有下列情形之一的，持票人也可以行使追索权：（一）汇票被拒绝承兑的；（二）承兑人或者付款人死亡、逃匿的；（三）承兑人或者付款人被依法宣告破产的或者因违法被责令终止业务活动的。"如果汇票到期被拒绝付款，或者在到期日前发生特定情形，也可以直接向出票人、背书人及其他债务人进行追索，故 B 项正确。《票据法》第 21 条："汇票的出票人必须与付款人具有真实的委托付款关系，并且具有支付汇票金额的可靠资金来源。不得签发无对价的汇票用以骗取银行或者其他票据当事人的资金。"汇票对于出票人和付款人，没有特别的限制，既可以是银行，也可以是公司、企业或者个人，故 C 项正确。《票据法》第 22 条："汇票必须记载下列事项：（一）表

明'汇票'的字样；（二）无条件支付的委托；（三）确定的金额；（四）付款人名称；（五）收款人名称；（六）出票日期；（七）出票人签章。汇票上未记载前款规定事项之一的，汇票无效。"可见，汇票未记载出票日期的，汇票无效，故 D 项正确。

【答案】BCD

2. 甲公司开具一张金额 50 万元的汇票，收款人为乙公司，付款人为丙银行。乙公司收到后将该汇票背书转让给丁公司。下列哪一说法是正确的？

A. 乙公司将票据背书转让给丁公司后即退出票据关系

B. 丁公司的票据债务人包括乙公司和丙银行，但不包括甲公司

C. 乙公司背书转让时不得附加任何条件

D. 如甲公司在出票时于汇票上记载有"不得转让"字样，则乙公司的背书转让行为依然有效，但持票人不得向甲行使追索权

【考点】汇票背书行为；汇票追索权

【解析】依据《票据法》第 27 条，持票人可以将汇票权利转让给他人或者将一定的汇票权利授予他人行使。背书人以背书转让汇票后，即承担保证其后手所持汇票承兑和付款的责任。因此，乙公司将票据背书转让给丁公司后并没有退出票据关系，故 A 项错误。《票据法》第 61 条第 1 款："汇票到期被拒绝付款的，持票人可以对背书人、出票人以及汇票的其他债务人行使追索权。"《票据法》第 68 条第 1 款："汇票的出票人、背书人、承兑人和保证人对持票人承担连带责任。"《票据法》第 37 条："背书人以背书转让汇票后，即承担保证其后手所持汇票承兑和付款的责任。背书人在汇票得不到承兑或者付款时，应当向持票人清偿本法第七十条、第七十一条规定的金额和费用。"出票人在汇票得不到承兑或者付款时，应当向持票人清偿票据法规定的金额和费用，丁公司的票据债务人包括乙公司和丙银行，也包括甲公司，故 B 项错误。《票据法》第 33 条："背书不得附有条件。背书时附有条件的，所附条件不具有汇票上的效力。"故 C 项正确。《票据法》第 27 条第 2 款："出票人在汇票上记载'不得转让'字样的，汇票不得转让。"甲公司作为出票人，在出票时于汇票上记载有"不得转让"字样，汇票不得转让，故 D 项错误。

【答案】C

考点群六　本票和支票

1. 关于支票的表述，下列哪些选项是正确的？

A. 现金支票在其正面注明后，可用于转账

B. 支票出票人所签发的支票金额不得超过其付款时在付款人处实有的存款金额

C. 支票上不得另行记载付款日期，否则该记载无效

D. 支票上未记载收款人名称的，该支票无效

【考点】支票

【解析】《票据法》第 83 条规定："支票可以支取现金，也可以转账，用于转

大咖点拨区

扫码听课

账时，应当在支票正面注明。支票中专门用于支取现金的，可以另行制作现金支票，现金支票只能用于支取现金。支票中专门用于转账的，可以另行制作转账支票，转账支票只能用于转账，不得支取现金。"A 错误。《票据法》第 87 条规定："支票的出票人所签发的支票金额不得超过其付款时在付款人处实有的存款金额。出票人签发的支票金额超过其付款时在付款人处实有的存款金额的，为空头支票。禁止签发空头支票。"空头支票，银行无法支付票面的金额，B 正确。《票据法》第 90 条规定："支票限于见票即付，不得另行记载付款日期。另行记载付款日期的，该记载无效。"C 正确。《票据法》第 86 条："支票上未记载收款人名称的，经出票人授权，可以补记。"支票属于典型支付票据，相当于付款凭证，具有更强的流通功能和支付功能，经出票人授权，收款人可以补记，D 错误。

【答案】BC

2. 东霖公司向忠谙公司购买一个元器件，应付价款 960 元。东霖公司为付款开出一张支票，因金额较小，财务人员不小心将票据金额仅填写了数码的"￥960 元"，没有记载票据金额的中文大写。忠谙公司业务员也没细看，拿到支票后就放入文件袋。关于该支票，下列哪些选项是正确的？

A. 该支票出票行为无效

B. 忠谙公司不享有票据权利

C. 东霖公司应承担票据责任

D. 该支票在使用前应补记票据金额的中文大写

【考点】支票

【解析】虽然确定的金额是支票的法定必要记载事项，法定必要记载事项欠缺可能导致支票无效，但是《票据法》第 85 条又规定："支票上的金额可以由出票人授权补记，未补记前的支票，不得使用。"由此可知，出票时未记载金额的支票不得使用，但是不影响出票行为的效力。举重以明轻，如果支票记载了规范的小写金额但是没有记载大写金额，更不影响其效力，只不过在使用之前应当补记规范的大写金额。所以，本题 A、B 项均错误，C、D 项正确。实际上，支票金额空白或者封顶的做法，在实务中是非常普遍的。本题也提示考生，仅仅机械记忆法条，或者仅仅依靠答题技巧，难以应对现代法律职业资格考试中等以上难度的题目，还需要理解法条背后的原理，并且关注实务。

【答案】CD

第五章　证券法

考点群	考查频率
证券原理	★
证券发行	★
上市公司收购	★★
信息披露	★★
证券投资基金	★★

考点群一　证券原理

扫码听课

1. 股票和债券是我国《证券法》规定的主要证券类型。关于股票与债券的比较，下列哪一表述是正确的？

A. 有限责任公司和股份有限公司都可以成为股票和债券的发行主体

B. 股票和债券具有相同的风险性

C. 债券的流通性强于股票的流通性

D. 股票代表股权，债券代表债权

【考点】债券与股票的联系和区别

【解析】股票，是指股份有限公司签发的证明股东权利和义务的要式有价证券。公司债券，是指公司依照法定程序发行、约定在一定期限还本付息的有价证券。股票和债券都是企业的筹资手段，股票只能由股份有限公司发行，有限责任公司不能发行，但是债券二者都可以发行。故 A 项错误。一般而言，股票的流通性要强于债券的流通性，但是股票的风险性要大于债券，故 B、C 项错误。股票和债券所代表的权利性质不同，股票是持有人对公司享有的权利，如分享利润等，而公司债券仅具有收取本金和利益的权利，不具有股票的权利。故 D 项正确。

【答案】D

2. 某证券公司在业务活动中实施了下列行为，其中哪些违反《证券法》规定？

A. 经股东会决议为公司股东提供担保

B. 为其客户买卖证券提供融资服务

C. 对其客户证券买卖的收益作出不低于一定比例的承诺

D. 接受客户的全权委托，代理客户决定证券买卖的种类与数量

【考点】证券公司行为禁止

扫码听课

【解析】《证券法》第 123 条第 2 款规定："证券公司除依照规定为其客户提供融资融券外，不得为其股东或者股东的关联人提供融资或者担保。"由此可知 A 选项应选。《证券法》第 120 条第 1 款规定："经国务院证券监督管理机构核准，取得经营证券业务许可证，证券公司可以经营下列部分或者全部证券业务：（一）证券经纪；（二）证券投资咨询；（三）与证券交易、证券投资活动有关的财务顾问；（四）证券承销与保荐；（五）证券融资融券；（六）证券做市交易；（七）证券自营；（八）其他证券业务。"由此可知，经过试点，证券融资融券业务已经成为证券公司法定业务之一，B 选项不应选。《证券法》第 135 条规定："证券公司不得对客户证券买卖的收益或者赔偿证券买卖的损失作出承诺。"由此可知 C 选项应选。《证券法》第 134 条第 1 款规定："证券公司办理经纪业务，不得接受客户的全权委托而决定证券买卖、选择证券种类、决定买卖数量或者买卖价格。"由此可知 D 选项应选。

【答案】ACD

考点群二　证券发行

扫码听课

1. 依据我国《证券法》的相关规定，关于证券发行的表述，下列哪一选项是正确的？

A. 所有证券必须公开发行，而不得采用非公开发行的方式

B. 发行人可通过证券承销方式发行，也可由发行人直接向投资者发行

C. 只有依法正式成立的股份公司才可发行股票

D. 国有独资公司均可申请发行公司债券

【考点】证券发行

【解析】《证券法》第 9 条第 2 款规定："有下列情形之一的，为公开发行：（一）向不特定对象发行证券；（二）向特定对象发行证券累计超过二百人，但依法实施员工持股计划的员工人数不计算在内；（三）法律、行政法规规定的其他发行行为。"除此之外，均为非公开发行。可见，证券的发行可以采取公开形式，也可以采取非公开形式，故 A 项错误。《证券法》第 26 条第 1 款规定："发行人向不特定对象发行的证券，法律、行政法规规定应当由证券公司承销的，发行人应当同证券公司签订承销协议。证券承销业务采取代销或者包销方式。"目前，公开发行证券应当依法采用承销方式，而不能直接向投资者发行，故 B 项错误。股票发行包括设立发行和增资发行两种，其中，设立发行是为了公开募集设立股份公司而发行股票，在股票发行时，公司尚未成立，故 C 项错误。《证券法》第 15 条第 1 款规定："公开发行公司债券，应当符合下列条件：（一）具备健全且运行良好的组织机构；（二）最近三年平均可分配利润足以支付公司债券一年的利息；（三）国务院规定的其他条件。"由此可知，2019 年 12 月 28 日修订《证券法》之后，我国大幅度放松了公开发行公司债券的条件，股份公司或有限公司（包括国有独资公司）符合条件的，均可公开发行公司债券，所以 D 项正确。

【答案】D

2. 为扩大生产规模，筹集公司发展所需资金，鄂神股份有限公司拟发行总值为 1 亿元的股票。下列哪一说法符合《证券法》的规定？

A. 根据需要可向特定对象公开发行股票

B. 董事会决定后即可径自发行

C. 可采取溢价发行方式

D. 不必将股票发行情况上报证券监管机构备案

【考点】股票发行

【解析】根据上题引用的《证券法》第 9 条第 2 款，向特定对象发行证券累计超过 200 人的也是公开发行。但是，关于公开发行股票，我国原来实行核准制，在 2019 年 12 月 28 日修订后实行注册制（但是具体范围、实施步骤，由国务院规定），A 项中"根据需要"是错误的说法。《公司法》第 37 条："股东会行使下列职权：……（七）对公司增加或者减少注册资本作出决议……"股票发行是增加公司资本的行为，应由股东会作出决议，故 B 项错误。《公司法》第 127 条："股票发行价格可以按票面金额，也可以超过票面金额，但不得低于票面金额。"故 C 项正确。《证券法》第 34 条规定："公开发行股票，代销、包销期限届满，发行人应当在规定的期限内将股票发行情况报国务院证券监督管理机构备案。"公开发行股票，必须经证监会备案。故 D 项错误。

【答案】C

大咖点拨区

扫码听课

考点群三 上市公司收购

1. 甲在证券市场上陆续买入力扬股份公司的股票，持股达 6% 时才公告，被证券监督管理机构以信息披露违法为由处罚。之后甲欲继续购入力扬公司股票，力扬公司的股东乙、丙反对，持股 4% 的股东丁同意。对此，下列哪些说法是正确的？

A. 甲的行为已违法，故无权再买入力扬公司股票

B. 乙可邀请其他公司对力扬公司展开要约收购

C. 丙可主张甲已违法，故应撤销其先前购买股票的行为

D. 丁可与甲签订股权转让协议，将自己所持全部股份卖给甲

【考点】上市公司收购

【解析】根据《证券法》第 117 条，证券交易的基本原理之一是，按照依法制定的交易规则进行的交易，原则上不得改变其交易结果，除非出现了"不可抗力、意外事件、重大技术故障、重大人为差错等突发性事件"。也就是说，民法上民事法律行为无效、可撤销、效力待定等规则，都无法正常适用于证券交易行为，这是证券交易行为与一般民事法律行为的重大区别之一。本题中，虽然甲违反了信息披露的要求，应当受到处罚，但是甲在证券市场上依法定规则完成的交易，效力不受影响，也不得改变其结果，同时也不影响甲继续交易该股票的权利，所以 A、C 项错误。收购上市公司的方式包括要约收购、协议收购及其他合法方式，D 项属于协议收购，是正确的说法。此外，投资者可以独立收购，也可以通过协议或其他安排与其他人共同收购上市公司，所以 B 项正确。

扫码听课

【答案】 BD

2. 吉达公司是一家上市公司，公告称其已获得某地块的国有土地使用权。嘉豪公司资本雄厚，看中了该地块的潜在市场价值，经过细致财务分析后，拟在证券市场上对吉达公司进行收购。下列哪些说法是正确的？

A. 若收购成功，吉达公司即丧失上市资格

B. 若收购失败，嘉豪公司仍有权继续购买吉达公司的股份

C. 嘉豪公司若采用要约收购则不得再与吉达公司的大股东协议购买其股份

D. 待嘉豪公司持有吉达公司已发行股份30%时，应向其全体股东发出不得变更的收购要约

【考点】 上市公司收购

【解析】 上市公司收购，包括全部收购和部分收购。若为部分收购，收购完成后有三种可能的结果：一是股权分布仍然符合上市条件，该上市公司仍然具备上市公司资格；二是股权分布不符合上市条件，该上市公司的股票应当由证券交易所依法终止上市交易，即丧失上市资格；三是通过股东大会决议将该上市公司解散。若为全部收购，有两种可能的结果：一是因为被收购公司不再具备股份有限公司条件（仅剩下一个股东），需要依法变更企业形式（变更为一人有限公司）；二是收购人将被收购公司解散。所以A选项错误。收购上市公司没有次数的限制，除要约收购之外也没有期限的限制，所以B选项正确。《证券法》第70条规定："采取要约收购方式的，收购人在收购期限内，不得卖出被收购公司的股票，也不得采取要约规定以外的形式和超出要约的条件买入被收购公司的股票。"此即要约收购的排他性，所以C选项正确。《证券法》第68条规定："在收购要约确定的承诺期限内，收购人不得撤销其收购要约。收购人需要变更收购要约的，应当及时公告，载明具体变更事项，且不得存在下列情形：（一）降低收购价格；（二）减少预定收购股份数额；（三）缩短收购期限；（四）国务院证券监督管理机构规定的其他情形。"由此可知收购要约不得撤销，但是可以变更，所以D选项错误。

【答案】 BC

考点群四　信息披露

1. 甲公司持有乙股份公司（上市公司）6.4%股份，为乙公司第四大股东，2016年11月15日，甲公司减持套现2.9%乙公司股份，3个月后，乙公司股价上扬，甲公司又增持1.9%的乙公司股份。乙公司发行的所有股份均为有表决权股份。下列哪些说法是正确的？

A. 就增持事项，甲公司在3日内向证券监管机构和证券交易所作出书面报告，通知乙公司，并予公告

B. 甲公司在增持后的3日内不得再行买卖乙公司的股票

C. 就减持事项，甲公司在3日内向证券监管机构和证券交易所作出书面报告，通知乙公司，并予公告

D. 就减持事项，乙公司应当立即向证券监管机构和证券交易所报送临时报

告，并予公告

【考点】举牌制度，临时报告

【解析】本题较难。解答本题，首先要完成简单的数学运算。甲公司减持套现，是从持股 6.4% 减为 3.5%；甲公司后来的增持，是从持股 3.5% 增持到 5.4%；二者均跨越证券法上一个重要的数字 5%。

关于增持股份。《证券法》第 63 条第 1 款规定："通过证券交易所的证券交易，投资者持有或者通过协议、其他安排与他人共同持有一个上市公司已发行的有表决权股份达到百分之五时，应当在该事实发生之日起三日内，向国务院证券监督管理机构、证券交易所作出书面报告，通知该上市公司，并予公告，在上述期限内不得再行买卖该上市公司的股票，但国务院证券监督管理机构规定的情形除外。"甲公司的增持行为，触及 5% 的"举牌线"，甲公司应当进行信息披露，暂停交易，A、B 项正确。

关于减持股份。《证券法》第 63 条第 2 款规定："投资者持有或者通过协议、其他安排与他人共同持有一个上市公司已发行的有表决权股份达到百分之五后，其所持该上市公司已发行的有表决权股份比例每增加或者减少百分之五，应当依照前款规定进行报告和公告，在该事实发生之日起至公告后三日内，不得再行买卖该上市公司的股票，但国务院证券监督管理机构规定的情形除外。"第 3 款规定："投资者持有或者通过协议、其他安排与他人共同持有一个上市公司已发行的有表决权股份达到百分之五后，其所持该上市公司已发行的有表决权股份比例每增加或者减少百分之一，应当在该事实发生的次日通知该上市公司，并予公告。"由此可知，关于甲公司的减持行为，由于减持比例未达到 5%，所以不必像增持那样披露；又由于减持比例达到了 1%，所以应在该事实发生的次日通知该上市公司，并予公告，但是不必向国务院证券监督管理机构、证券交易所作出书面报告，所以 C 项错误。

关于信息披露。根据《证券法》第 80 条，持有公司百分之五以上股份的股东或者实际控制人持有股份或者控制公司的情况发生较大变化，属于临时报告事项，公司应当立即将有关该重大事件的情况向国务院证券监督管理机构和证券交易场所报送临时报告，并予公告，说明事件的起因、目前的状态和可能产生的法律后果。但这里的公司应当是指乙公司，而非甲公司，所以 D 项正确。

【答案】ABD

考点群五　证券投资基金

1. 某基金管理公司在 2003 年曾公开发售一只名为"基金利达"的封闭式基金。该基金原定封闭期 15 年，现即将到期，拟转换为开放式基金继续运行。关于该基金的转换，下列哪一选项是正确的？

A. 须经国务院证券监督管理机构核准

B. 转换后该基金应保持一定比例的现金或政府债券

C. 基金份额持有人大会就该转换事宜的决定应经有效表决权的 1/2 以上通过

D. 转换后基金份额持有人有权查阅或复制该基金的相关会计账簿等财务资料

大咖点拨区

扫码听课

【考点】基金的转换，开放式基金的投资，基金份额持有人的权利

【解析】关于基金的转换，《证券投资基金法》第78条规定："按照基金合同的约定或者基金份额持有人大会的决议，基金可以转换运作方式或者与其他基金合并。"也就是说，封闭式基金转换为开放式基金，不必经证监会核准，所以 A 项错误。《证券投资基金法》第86条第3款规定："基金份额持有人大会就审议事项作出决定，应当经参加大会的基金份额持有人所持表决权的二分之一以上通过；但是，转换基金的运作方式、更换基金管理人或者基金托管人、提前终止基金合同、与其他基金合并，应当经参加大会的基金份额持有人所持表决权的三分之二以上通过。"所以 C 项错误。《证券投资基金法》第46条规定了基金份额持有人的权利，包括有权查阅或者复制公开披露的基金信息资料，但是并未赋予其查阅或复制该基金的相关会计账簿等财务资料的权利，所以 D 项错误。《证券投资基金法》第68条规定："开放式基金应当保持足够的现金或者政府债券，以备支付基金份额持有人的赎回款项。基金财产中应当保持的现金或者政府债券的具体比例，由国务院证券监督管理机构规定。"所以 B 项正确。

【答案】B

扫码听课

2. 赢鑫投资公司业绩骄人。公司拟开展非公开募集基金业务，首期募集1000万元。李某等老客户知悉后纷纷表示支持，愿意将自己的资金继续交其运作。关于此事，下列哪一选项是正确的？

A. 李某等合格投资者的人数可以超过 200 人

B. 赢鑫公司可在全国性报纸上推介其业绩及拟募集的基金

C. 赢鑫公司可用所募集的基金购买其他的基金份额

D. 赢鑫公司就其非公开募集基金业务应向中国证监会备案

【考点】非公开募集基金

【解析】本题综合考查非公开募集基金的基本规则。A 选项涉及募集对象问题，《证券投资基金法》第87条规定："非公开募集基金应当向合格投资者募集，合格投资者累计不得超过二百人。"所以 A 选项错误。《证券投资基金法》第91条规定："非公开募集基金，不得向合格投资者之外的单位和个人募集资金，不得通过报刊、电台、电视台、互联网等公众传播媒体或者讲座、报告会、分析会等方式向不特定对象宣传推介。"所以 B 选项错误。《证券投资基金法》第94条第2款规定："非公开募集基金财产的证券投资，包括买卖公开发行的股份有限公司股票、债券、基金份额，以及国务院证券监督管理机构规定的其他证券及其衍生品种。"所以 C 选项正确。《证券投资基金法》第89条规定："担任非公开募集基金的基金管理人，应当按照规定向基金行业协会履行登记手续，报送基本情况。"第94条第1款规定："非公开募集基金募集完毕，基金管理人应当向基金行业协会备案。"所以 D 选项错误。

【答案】C

3. 张某手头有一笔闲钱欲炒股，因对炒股不熟便购买了某证券投资基金。关于张某作为基金份额持有人所享有的权利，下列哪些表述是正确的？

A. 按份额享有基金财产收益

B. 参与分配清算后的剩余基金财产

C. 可回赎但不能转让所持有的基金份额

扫码听课

D. 可通过基金份额持有人大会来更换基金管理人

【考点】证券投资基金份额持有人的权利

【解析】《证券投资基金法》第 46 条："基金份额持有人享有下列权利：（一）分享基金财产收益；（二）参与分配清算后的剩余基金财产；（三）依法转让或者申请赎回其持有的基金份额；（四）按照规定要求召开基金份额持有人大会或者召集基金份额持有人大会；（五）对基金份额持有人大会审议事项行使表决权；（六）对基金管理人、基金托管人、基金服务机构损害其合法权益的行为依法提起诉讼；（七）基金合同约定的其他权利。公开募集基金的基金份额持有人有权查阅或者复制公开披露的基金信息资料；非公开募集基金的基金份额持有人对涉及自身利益的情况，有权查阅基金的财务会计账簿等财务资料。"可知 C 错误，ABD 三项正确。

【答案】ABD

4. 华新基金管理公司是信泰证券投资基金（信泰基金）的基金管理人。华新公司的下列哪些行为是不符合法律规定的？

A. 从事证券投资时，将信泰基金的财产独立于自己固有的财产

B. 以信泰基金的财产为公司大股东鑫鑫公司提供担保

C. 就其管理的信泰基金与其他基金的财产，规定不同的基金收益条款

D. 向信泰基金份额持有人承诺年收益率不低于 12%

【考点】基金管理人行为之禁止；基金财产使用范围

【解析】《证券投资基金法》第 5 条第 2 款："基金财产独立于基金管理人、基金托管人的固有财产。基金管理人、基金托管人不得将基金财产归入其固有财产。"故 A 项正确。依据《证券投资基金法》第 73 条："基金财产不得用于下列投资或者活动：……（二）违反规定向他人贷款或者提供担保……"信泰基金的财产为公司大股东鑫鑫公司提供担不符合法律规定，故 B 项错误，当选。《证券投资基金法》第 20 条："公开募集基金的基金管理人及其董事、监事、高级管理人员和其他从业人员不得有下列行为：……（二）不公平地对待其管理的不同基金财产；……（四）向基金份额持有人违规承诺收益或者承担损失……"可见，就其管理的信泰基金与其他基金的财产规定不同的基金收益条款，违反公平对待原则。故 C 项错误，当选。向信泰基金份额持有人承诺年收益率不低于 12%，违规承诺收益，故 D 项错误，当选。

【答案】BCD

第六章　保险法

考点群	考查频率
保险合同的订立和效力	★
投保人告知义务好保险人说明义务	★★★
保险合同的解除	★
财产保险合同	★★
人身保险合同	★★★

考点群一　保险合同的订立和效力

1. 甲公司代理人谢某代投保人何某签字，签订了保险合同，何某也依约交纳了保险费。在保险期间内发生保险事故，何某要求甲公司承担保险责任。下列哪一表述是正确的？

A. 谢某代签字，应由谢某承担保险责任

B. 甲公司承保错误，无须承担保险责任

C. 何某已经交纳了保险费，应由甲公司承担保险责任

D. 何某默认谢某代签字有过错，应由何某和甲公司按过错比例承担责任

【考点】保险合同的订立

【解析】《保险法解释（二）》第3条第1款规定，投保人或者投保人的代理人订立保险合同时没有亲自签字或者盖章，而由保险人或者保险人的代理人代为签字或者盖章的，对投保人不生效。但投保人已经交纳保险费的，视为其对代签字或者盖章行为的追认。本题中，甲公司代理人谢某代替投保人何某签字，一开始对投保人不生效；但投保人何某交纳了保险费，说明其认可保险合同，故保险合同成立并且生效。《保险法》第14条规定，保险合同成立后，投保人按照约定交付保险费，保险人按照约定的时间开始承担保险责任。据此，保险事故发生后，应当由甲公司承担责任，C项正确。本题中，保险合同有效成立，谢某及甲公司都无缔约过失，不存在缔约过失责任问题，故A、B、D均错误。

【答案】C

2. 甲公司将其财产向乙保险公司投保。因甲公司要向银行申请贷款，乙公司依甲公司指示将保险单直接交给银行。下列哪一表述是正确的？

A. 因保险单未送达甲公司，保险合同不成立

B. 如保险单与投保单内容不一致，则应以投保单为准

C. 乙公司同意承保时，保险合同成立

扫码听课

扫码听课

D. 如甲公司未缴纳保险费，则保险合同不成立

【考点】 保险合同的订立

【解析】《保险法》第13条第1款："投保人提出保险要求，经保险人同意承保，保险合同成立。保险人应当及时向投保人签发保险单或者其他保险凭证。"可见，保险合同的成立与保险单的交付无关，故A项错误。本题中，甲公司提出投保要求，乙公司同意承保，保险合同成立，故C项正确。《保险法解释（二）》第14条："保险合同中记载的内容不一致的，按照下列规则认定：（一）投保单与保险单或者其他保险凭证不一致的，以投保单为准。但不一致的情形系经保险人说明并经投保人同意的，以投保人签收的保险单或者其他保险凭证载明的内容为准……"一般，保险单与投保单不同的，以投保单为准，但是经保险人说明并且经投保人同意，以保险单为准，故B项错误。《保险法》第14条："保险合同成立后，投保人按照约定交付保险费，保险人按照约定的时间开始承担保险责任。"一般而言，保险合同成立后，投保人按照约定交付保险费，投保人未缴纳保险费，并不影响保险合同的成立，故D项错误。

【答案】 C

考点群二 投保人告知义务

1. 甲以自己为被保险人向某保险公司投保健康险，指定其子乙为受益人，保险公司承保并出具保单。两个月后，甲突发心脏病死亡。保险公司经调查发现，甲两年前曾做过心脏搭桥手术，但在填写投保单以及回答保险公司相关询问时，甲均未如实告知。对此，下列哪一表述是正确的？

A. 因甲违反如实告知义务，故保险公司对甲可主张违约责任

B. 保险公司有权解除保险合同

C. 保险公司即使不解除保险合同，仍有权拒绝乙的保险金请求

D. 保险公司虽可不必支付保险金，但须退还保险费

【考点】 告知义务

【解析】《保险法》第16条规定："订立保险合同，保险人就保险标的或者被保险人的有关情况提出询问的，投保人应当如实告知。投保人故意或者因重大过失未履行前款规定的如实告知义务，足以影响保险人决定是否同意承保或者提高保险费率的，保险人有权解除合同。前款规定的合同解除权，自保险人知道有解除事由之日起，超过三十日不行使而消灭。自合同成立之日起超过二年的，保险人不得解除合同；发生保险事故的，保险人应当承担赔偿或者给付保险金的责任。投保人故意不履行如实告知义务的，保险人对于合同解除前发生的保险事故，不承担赔偿或者给付保险金的责任，并不退还保险费。投保人因重大过失未履行如实告知义务，对保险事故的发生有严重影响的，保险人对于合同解除前发生的保险事故，不承担赔偿或者给付保险金的责任，但应当退还保险费。保险人在合同订立时已经知道投保人未如实告知的情况的，保险人不得解除合同；发生保险事故的，保险人应当承担赔偿或者给付保险金的责任。保险事故是指保险合同约定的保险责任范围内的事故。"本题中，甲故意违反告知义务，保险公司有

大咖点拨区

扫码听课

大咖点拨区

扫码听课

权解除保险合同，不承担保险责任，并且不退保费，B选项正确，D选项错误。需要注意的是，违反告知义务并不构成违约，所以A选项错误。此外，《保险法解释（二）》第8条规定："保险人未行使合同解除权，直接以存在保险法第十六条第四款、第五款规定的情形为由拒绝赔偿的，人民法院不予支持。但当事人就拒绝赔偿事宜及保险合同存续另行达成一致的情况除外。"也就是说，保险公司只有解除保险合同，才能拒绝被保险人的保险金请求权，所以C选项错误。

【答案】B

2. 关于投保人在订立保险合同时的告知义务，下列哪些表述是正确的？

A. 投保人的告知义务，限于保险人询问的范围和内容

B. 当事人对询问范围及内容有争议的，投保人负举证责任

C. 投保人未如实告知投保单询问表中概括性条款时，则保险人可以此为由解除合同

D. 在保险合同成立后，保险人获悉投保人未履行如实告知义务，但仍然收取保险费，则保险人不得解除合同

【考点】告知义务

【解析】《保险法解释（二）》第6条第1款规定，投保人的告知义务限于保险人询问的范围和内容。当事人对询问范围及内容有争议的，保险人负举证责任。据此，A项正确，B项错误，不是投保人而是保险人。《保险法解释（二）》第6条第2款规定，保险人以投保人违反了对投保单询问表中所列概括性条款的如实告知义务为由请求解除合同的，人民法院不予支持。但该概括性条款有具体内容的除外。据此，C项错误。《保险法解释（二）》第7条规定，保险人在保险合同成立后知道或者应当知道投保人未履行如实告知义务，仍然收取保险费，又依照保险法第十六条第二款的规定主张解除合同的，人民法院不予支持。据此，D项正确。

【答案】AD

3. 2016年3月，张某向甲保险公司投保重大疾病险，但投保时隐瞒了其患有乙肝的事实。在保险合同订立前，甲保险公司曾要求张某到安康医院体检，并提交体检报告。因安康医院工作人员的失误，未能诊断出张某患有乙肝。2017年4月，张某因乙肝住院治疗，花去医疗费等6.3万元。2017年9月，甲保险公司得知张某隐瞒病情投保的事实。下列哪些说法是正确的？

A. 若张某投保时，体检报告明确显示其患有乙肝，则甲保险公司不能拒赔

B. 甲保险公司发现隐瞒事实一个月后无权解除保险合同

C. 甲保险公司可以在不解除保险合同的情况下，拒绝赔付

D. 若甲保险公司解除保险合同，应当向张某退还保费

【考点】告知义务

【解析】《保险法解释（三）》第5条第2款规定："保险人知道被保险人的体检结果，仍以投保人未就相关情况履行如实告知义务为由要求解除合同的，人民法院不予支持。"这是"弃权与禁止反言原则"的体现。本题中，若张某投保时，提交给保险公司的体检报告明确显示其患有乙肝，保险公司已经知道该情况，仍然承保订立合同，在事故发生后甲保险公司不能主张解除合同而拒赔。故A项正确。《保险法》第16条第2款、第3款规定："投保人故意或者因重大过失未履

扫码听课

行前款规定的如实告知义务，足以影响保险人决定是否同意承保或者提高保险费率的，保险人有权解除合同。前款规定的合同解除权，自保险人知道有解除事由之日起，超过三十日不行使而消灭。自合同成立之日起超过二年的，保险人不得解除合同；发生保险事故的，保险人应当承担赔偿或给付保险金的责任。"由此可知，保险人解除权的除斥期间为 30 天，故 B 选项正确。《保险法解释（二）》第 8 条规定："保险人未行使合同解除权，直接以存在保险法第十六条第四款、第五款规定的情形为由拒绝赔偿的，人民法院不予支持。但当事人就拒绝赔偿事宜及保险合同存续另行达成一致的情况除外。"也就是说，甲保险公司不得在不解除保险合同的情况下拒绝赔付，故 C 选项错误。《保险法》第 16 条第 4 款、第 5 款规定："投保人故意不履行如实告知义务的，保险人对于合同解除前发生的保险事故，不承担赔偿或者给付保险金的责任，并不退还保险费。投保人因重大过失未履行如实告知义务，对保险事故的发生有严重影响的，保险人对于合同解除前发生的保险事故，不承担赔偿或者给付保险金的责任，但应当退还保险费。"本题中，张某投保时故意隐瞒自己患乙肝的事实，因此保险人有权解除合同，并且不承担赔偿责任，不退还保险费，故 D 选项错误。

【答案】AB

4. 赵璇于 2018 年 3 月购买了一辆集装箱半挂车从事农产品运输，保险公司销售员小张上门向其推销车辆商业险，赵璇遂通过小张购买了该保险，并在纸质版保险合同中免责条款落款处手写上"知悉全部保险条款及免责情形"并签名，保险期间为一年。2018 年 12 月，徐爽为从事家具运输从赵璇处购得该车，12 月当月便发生车辆事故。交管部门勘查发现事故属于违反安全装载规定所导致，保险公司认为此种情形属于保险条款上列明的免责条款不予赔偿，可事实是赵璇出售该车时只通知了保险公司，忘记将保险条款交付给徐爽，徐爽也未见过保险条款。关于本案，下列哪一选项是正确的？

A. 赵璇有义务向徐爽明确说明该免责条款的内容

B. 保险公司对此不应承担保险责任

C. 对于保险公司的不予赔付，徐爽可主张该免责条款对其无效

D. 赵璇可主张该免责条款对其无效

【考点】保险人说明义务

【解析】从案情可知，保险公司已经就免责条款向赵璇履行了说明义务，所以赵璇无权主张该免责条款对其无效，D 选项错误。问题是，当赵璇将保险标的转让给徐爽时，保险公司是否需要再向徐爽履行说明义务？答案是否定的。《保险法解释（四）》第 2 条规定，保险人已向投保人履行了保险法规定的提示和明确说明义务，保险标的受让人以保险标的转让后保险人未向其提示或者明确说明为由，主张免除保险人责任的条款不成为合同内容的，人民法院不予支持。所以，C 选项也是错误的。既然该免责条款生效，而此次事故确实属于免责范围，那么保险公司有权主张拒赔，所以 B 选项是正确的。保险法并未规定，在保险标的转让时，转让方有义务向受让方履行免责条款的说明义务，从民法角度也无法推出这一结论，所以 A 选项错误。当然，从民法角度讲，转让方有义务向受让方交付保险单证，这是从给付义务的一种。

【答案】B

考点群三　保险合同的解除

1. 依据《保险法》规定，保险合同成立后，保险人原则上不得解除合同。下列哪些情形下保险人可以解除合同？

A. 人身保险中投保人在交纳首期保险费后未按期交纳后续保费

B. 投保人虚报被保险人年龄，保险合同成立已1年6个月

C. 投保人在投保时故意未告知投保汽车曾遇严重交通事故致发动机受损的事实

D. 投保人未履行对保险标的安全维护之责任

【考点】保险合同的解除

【解析】《保险法》第36条："合同约定分期支付保险费，投保人支付首期保险费后，除合同另有约定外，投保人自保险人催告之日起超过三十日未支付当期保险费，或者超过约定的期限六十日未支付当期保险费的，合同效力中止，或者由保险人按照合同约定的条件减少保险金额。被保险人在前款规定期限内发生保险事故的，保险人应当按照合同约定给付保险金，但可以扣减欠交的保险费。"可见，人身保险中投保人在交纳首期保险费后未按期交纳后续保费，合同效力中止，保险人不享有解除合同权。故A项错误。《保险法》第32条第1款："投保人申报的被保险人年龄不真实，并且其真实年龄不符合合同约定的年龄限制的，保险人可以解除合同，并按照合同约定退还保险单的现金价值。"B项仅仅说明"投保人虚报被保险人年龄"，未明确被保险人真实年龄是否符合合同约定的年龄限制，所以条件不充分，故存疑。当年官方公布的答案认为，B项是正确的，特此说明。《保险法》第16条第2款："投保人故意或者因重大过失未履行前款规定的如实告知义务，足以影响保险人决定是否同意承保或者提高保险费率的，保险人有权解除合同。"可知，投保人在投保时故意未告知投保汽车曾遇严重交通事故致发动机受损的事实，保险人有权解除合同，故C项正确。依据《保险法》第51条第3款"投保人、被保险人未按照约定履行其对保险标的的安全应尽责任的，保险人有权要求增加保险费或者解除合同。"因此，投保人未履行对保险标的安全维护之责任，保险人可以解除合同。故D项正确。

【答案】BCD

2. 杨某为全家人投保了人身保险同时也为全部家庭财产投保了财产险，在两份保险合同的存续期间，保险公司在下列哪一情况下不享有解除保险合同的权利？

A. 杨某全家的人身保险合同中都是约定采用分期交纳保险费的方式，但是杨某在支付首期保险费后已超过合同约定的期限2年半未缴纳第2期的保险费

B. 杨某的房屋在保险合同成立后，由于周边环境的改变，出现危险程度显著增加的情形

C. 财产保险中保险事故发生后杨某不积极进行施救的

D. 人身保险中杨某为其母亲申报的年龄不真实，合同成立3个月后保险公司发现被保险人杨某的母亲的真实年龄不符合合同约定的年龄限制

【考点】 保险合同的解除

【解析】《保险法》第 36 条规定："合同约定分期支付保险费，投保人支付首期保险费后，除合同另有约定外，投保人自保险人催告之日起超过三十日未支付当期保险费，或者超过约定的期限六十日未支付当期保险费的，合同效力中止，或者由保险人按照合同约定的条件减少保险金额。被保险人在前款规定期限内发生保险事故的，保险人应当按照合同约定给付保险金，但可以扣减欠交的保险费。"《保险法》第 37 条第 1 款规定："合同效力依照本法第三十六条规定中止的，经保险人与投保人协商并达成协议，在投保人补交保险费后，合同效力恢复。但是，自合同效力中止之日起满二年双方未达成协议的，保险人有权解除合同。"在 A 项中，合同效力中止已满 2 年，在双方未达成协议的情况下，保险人有权解除合同，故 A 项不当选。《保险法》第 52 条第 1 款规定："在合同有效期内，保险标的的危险程度显著增加的，被保险人应当按照合同约定及时通知保险人，保险人可以按照合同约定增加保险费或者解除合同。保险人解除合同的，应当将已收取的保险费，按照合同约定扣除自保险责任开始之日起至合同解除之日止应收的部分后，退还投保人。"因此，在 B 项的情形下，保险公司也享有解除权，故 B 项不当选。《保险法》第 57 条规定："保险事故发生时，被保险人应当尽力采取必要的措施，防止或者减少损失。保险事故发生后，被保险人为防止或者减少保险标的的损失所支付的必要的、合理的费用，由保险人承担；保险人所承担的费用数额在保险标的损失赔偿金额以外另行计算，最高不超过保险金额的数额。"可见，法律虽然要求保险事故发生时被保险人尽力采取必要的措施防止或者减少损失，但是在这种情况下并未给予保险人解除合同的权利，故 C 项当选。《保险法》第 32 条第 1 款规定："投保人申报的被保险人年龄不真实，并且其真实年龄不符合合同约定的年龄限制的，保险人可以解除合同，并按照合同约定退还保险单的现金价值。保险人行使合同解除权，适用本法第十六条第三款、第六款的规定。"选项 D 中，在保险合同成立后 2 年内，保险公司发现杨某虚报其母亲真实年龄，并且其真实年龄不符合合同约定的年龄限制的情形下，保险公司有解除合同的权利，D 项不当选。

【答案】 C

考点群四　财产保险合同

1. 姜某的私家车投保商业车险，年保险费为 3000 元。姜某发现当网约车司机收入不错，便用手机软件接单载客，后辞职专门跑网约车。某晚，姜某载客途中与他人相撞，造成车损 10 万元。姜某向保险公司索赔，保险公司调查后拒赔。关于本案，下列哪一选项是正确的？

A. 保险合同无效

B. 姜某有权主张约定的保险金

C. 保险公司不承担赔偿保险金的责任

D. 保险公司有权解除保险合同并不退还保险费

【考点】 危险程度增加的通知义务

【解析】《保险法》第52条规定："在合同有效期内，保险标的的危险程度显著增加的，被保险人应当按照合同约定及时通知保险人，保险人可以按照合同约定增加保险费或者解除合同。保险人解除合同的，应当将已收取的保险费，按照合同约定扣除自保险责任开始之日起至合同解除之日止应收的部分后，退还投保人。被保险人未履行前款规定的通知义务的，因保险标的的危险程度显著增加而发生的保险事故，保险人不承担赔偿保险金的责任。"本题中，姜某投保时车辆用途为非营运，但在保险合同有效期内转变为营运，导致危险程度显著增加，但姜某未履行通知义务，对于营运中发生的保险事故，保险公司不承担赔偿保险金的责任，所以C项正确，B项错误。根据上述规定，若姜某通知保险公司，可以按照合同约定增加保险费或者解除合同，但姜某未通知保险公司，故不享有合同解除权；即便后来保险公司得知危险程度显著增加的事实并有权解除合同，也应当将已收取的保险费，按照合同约定扣除自保险责任开始之日起至合同解除之日止应收的部分后，退还投保人，所以D项错误。保险标的危险程度显著增加，不影响保险合同的效力，所以A项错误。

【答案】C

2. 甲公司投保了财产损失险的厂房被烧毁，甲公司伪造证明，夸大此次火灾的损失，向保险公司索赔100万元，保险公司为查清此事，花费5万元。关于保险公司的权责，下列哪些选项是正确的？

A. 应当向甲公司给付约定的保险金

B. 有权向甲公司主张5万元花费损失

C. 有权拒绝向甲公司给付保险金

D. 有权解除与甲公司的保险合同

【考点】财产保险理赔，保险合同解除

【解析】《保险法》第27条第3款规定："保险事故发生后，投保人、被保险人或者受益人以伪造、变造的有关证明、资料或者其他证据，编造虚假的事故原因或者夸大损失程度的，保险人对其虚报的部分不承担赔偿或者给付保险金的责任。"由此可知，保险公司仍然应当承担约定的保险责任，而不能以此为由拒赔，所以A选项正确，C选项错误。《保险法》第15条规定："除本法另有规定或者保险合同另有约定外，保险合同成立后，投保人可以解除合同，保险人不得解除合同。"《保险法》并未规定此种情形下保险人有权解除合同，因此D选项错误。《保险法》第64条规定："保险人、被保险人为查明和确定保险事故的性质、原因和保险标的的损失程度所支付的必要的、合理的费用，由保险人承担。"《保险法》第27条第4款规定："投保人、被保险人或者受益人有前三款规定行为之一，致使保险人支付保险金或者支出费用的，应当退回或者赔偿。"由此可知，保险人为查清此事所花费的5万元应当由被保险人赔偿，所以B选项正确。

【答案】AB

3. 甲参加乙旅行社组织的沙漠一日游，乙旅行社为此向红星保险公司购买了旅行社责任保险。丙客运公司受乙旅行社之托，将甲运送至沙漠，丙公司为此向白云保险公司购买了承运人责任保险。丙公司在运送过程中发生交通事故，致甲死亡，丙公司负事故全责。甲的继承人为丁。在通常情形下，下列哪些表述是正确的？

扫码听课

扫码听课

A. 乙旅行社有权要求红星保险公司直接对丁支付保险金

B. 丙公司有权要求白云保险公司直接对丁支付保险金

C. 丁有权直接要求红星保险公司支付保险金

D. 丁有权直接要求白云保险公司支付保险金

【考点】 责任保险

【解析】 从民法角度讲，对甲的死亡后果，乙旅行社应承担违约责任、丙客运公司应承担侵权责任，而赔偿请求权的主体为甲的继承人丁，这是分析本案的前提。就责任保险的赔偿方式而言，《保险法》第65条第1款、第2款："保险人对责任保险的被保险人给第三者造成的损害，可以依照法律的规定或者合同的约定，直接向该第三者赔偿保险金。责任保险的被保险人给第三者造成损害，被保险人对第三者应负的赔偿责任确定的，根据被保险人的请求，保险人应当直接向该第三者赔偿保险金。被保险人怠于请求的，第三者有权就其应获赔偿部分直接向保险人请求赔偿保险金。"也就是说，在责任保险中，除了被保险人先赔偿第三者、保险人再赔偿被保险人之外，还可以由被保险人请求保险人直接向第三者赔偿保险金，即乙旅行社有权要求红星保险公司直接对丁支付保险金，丙公司有权要求白云保险公司直接对丁支付保险金，所以A、B项是正确的。但是，如果第三者直接请求保险人赔偿保险金，还需要一个条件"被保险人怠于请求保险人直接向第三者赔偿保险金"，这个条件在题目中并未提及，而且也不属于题目所说的"通常情形"，所以C、D选项不正确。

【答案】 AB

4. 潘某请好友刘某观赏自己收藏的一件古玩，不料刘某一时大意致其落地摔毁。后得知，潘某已在甲保险公司就该古玩投保了不足额财产险。关于本案，下列哪些表述是正确的？

A. 潘某可请求甲公司赔偿全部损失

B. 若刘某已对潘某进行全部赔偿，则甲公司可拒绝向潘某支付保险赔偿金

C. 甲公司对潘某赔偿保险金后，在向刘某行使保险代位求偿权时，既可以自己的名义，也可以潘某的名义

D. 若甲公司支付的保险金不足以弥补潘某的全部损失，则就未取得赔偿的部分，潘某对刘某仍有赔偿请求权

【考点】 代位求偿权；不足额保险

【解析】 不足额保险，保险公司按照保险价值和保险金额的比例赔偿，而不赔偿全部损失，A选项错误。因第三者侵权而发生保险事故的，受害人可基于侵权向第三者主张权利，也可以基于保险合同向保险公司主张权利，构成请求权竞合。受害人基于侵权实现请求权目的的，其对保险公司的请求权消灭，如刘某已经对潘某足额赔偿，潘某的目的已经实现，保险公司可拒付保险赔偿金。B选项正确。保险公司的代位权是法定自动的代位权，应以自己的名义起诉，C选项错误。在请求权竞合中，请求权目的未完全实现的，权利人可继续主张其他请求权，因此，保险公司支付的保险金不足以弥补潘某的损失，潘某可就该不足部分，向刘某主张权利，D选项正确。

【答案】 BD

考点群五　人身保险合同

1. 李某于 2000 年为自己投保，约定如其意外身故则由妻子王某获得保险金 20 万元，保险期间为 10 年。2009 年 9 月 1 日起李某下落不明，2014 年 4 月法院宣告李某死亡。王某起诉保险公司主张该保险金。关于本案，下列哪些选项是正确的？

A. 保险合同应无效

B. 王某有权主张保险金

C. 李某死亡日期已超保险期间，故保险公司不承担保险责任

D. 如李某确系 2009 年 9 月 1 日下落不明，则保险公司应承担保险责任

【考点】死亡保险，宣告死亡

【解析】首先，本题是一个普通的意外伤害保险，被保险人指定其妻为身故受益人，完全符合保险法的规定，该保险合同有效，所以 A 项错误。关于宣告死亡是否属于死亡保险的保险事故，以及保险人是否承担保险责任问题，《保险法解释（三）》第 24 条规定："投保人为被保险人订立以死亡为给付保险金条件的人身保险合同，被保险人被宣告死亡后，当事人要求保险人按照保险合同约定给付保险金的，人民法院应予支持。被保险人被宣告死亡之日在保险责任期间之外，但有证据证明下落不明之日在保险责任期间之内，当事人要求保险人按照保险合同约定给付保险金的，人民法院应予支持。"由此可知，B、D 项正确，C 项错误。

【答案】BD

2. 杨某为其妻王某购买了某款人身保险，该保险除可获得分红外，还约定若王某意外死亡，则保险公司应当支付保险金 20 万元。关于该保险合同，下列哪一说法是正确的？

A. 若合同成立 2 年后王某自杀，则保险公司不支付保险金

B. 王某可让杨某代其在被保险人同意处签字

C. 经王某口头同意，杨某即可将该保险单质押

D. 若王某现为无民事行为能力人，则无需经其同意该保险合同即有效

【考点】死亡保险的限制，自杀条款

【解析】被保险人自杀是保险人法定免责事由之一。《保险法》第 44 条规定："以被保险人死亡为给付保险金条件的合同，自合同成立或者合同效力恢复之日起二年内，被保险人自杀的，保险人不承担给付保险金的责任，但被保险人自杀时为无民事行为能力人的除外。"若被保险人在保险合同成立两年以后自杀，则保险人不得以此免责，所以 A 选项错误。《保险法》第 34 条第 1 款规定："以死亡为给付保险金条件的合同，未经被保险人同意并认可保险金额的，合同无效。"《保险法解释（三）》第 1 条进一步明确："当事人订立以死亡为给付保险金条件的合同，根据保险法第三十四条的规定，'被保险人同意并认可保险金额'可以采取书面形式、口头形式或者其他形式；可以在合同订立时作出，也可以在合同订立后追认。"若为书面同意，当然可以委托他人代其签名，所以 B 选项正确。

《保险法》第 34 条第 2 款规定："按照以死亡为给付保险金条件的合同所签发的保险单，未经被保险人书面同意，不得转让或者质押。"所以 C 选项错误。《保险法》第 33 条规定："投保人不得为无民事行为能力人投保以死亡为给付保险金条件的人身保险，保险人也不得承保。父母为其未成年子女投保的人身保险，不受前款规定限制。但是，因被保险人死亡给付的保险金总和不得超过国务院保险监督管理机构规定的限额。"所以 D 选项错误。

【答案】B

3. 甲公司交纳保险费为其员工张某投保人身保险，投保单由保险公司业务员代为填写和签字。保险期间内，张某找到租用甲公司槽罐车的李某催要租金。李某与张某发生争执，张某打碎车窗玻璃，并挡在槽罐车前。李某怒将张某撞死。关于保险受益人针对保险公司的索赔理由的表述，下列哪些选项是正确的？

A. 投保单虽是保险公司业务员代为填写和签字，但甲公司交纳了保险费，因此保险合同成立

B. 张某的行为不构成犯罪，保险公司不得以此为由主张免责

C. 张某的行为属于合法的自助行为，保险公司应予理赔

D. 张某的死亡与张某的行为并无直接因果关系，保险公司应予理赔

【考点】保险合同的订立；人身保险合同的免责事由

【解析】《保险法解释（二）》第 3 条第 1 款："投保人或者投保人的代理人订立保险合同时没有亲自签字或者盖章，而由保险人或者保险人的代理人代为签字或者盖章的，对投保人不生效。但投保人已经交纳保险费的，视为其对代签字或者盖章行为的追认。"本题中，虽然由保险公司业务员代为填写和签字保单，但是甲公司为张某交纳了保费，保险合同成立。故 A 项正确。《保险法》第 45 条："因被保险人故意犯罪或者抗拒依法采取的刑事强制措施导致其伤残或者死亡的，保险人不承担给付保险金的责任。投保人已交足二年以上保险费的，保险人应当按照合同约定退还保险单的现金价值。"由此可知，张某为了催要租金，采取打碎玻璃挡在车前的行为，并不具有严重的社会危害性，不构成犯罪，保险公司应当承担保险责任，故 B 项正确。自助行为是指，权利人在受到不法侵害时，因情况紧急来不及请求国家机关救助，依靠自己的力量对他人财产和自由加以扣押或者约束的行为。本题中张某的行为不是在情况紧急的时候实施，不能算作自助行为，故 C 项错误。依据《保险法》第 44 条第 1 款："以被保险人死亡为给付保险金条件的合同，自合同成立或者合同效力恢复之日起二年内，被保险人自杀的，保险人不承担给付保险金的责任，但被保险人自杀时为无民事行为能力人的除外。"和《保险法》第 45 条，可知张某因李某而导致死亡，张某的行为本身不属于自杀，也不属于故意犯罪，保险公司不能免责，故 D 项正确。

【答案】ABD

4. 甲向某保险公司投保人寿保险，指定其秘书乙为受益人。保险期间内，甲、乙因交通事故意外身亡，且不能确定死亡时间的先后。该起交通事故由事故责任人丙承担全部责任。现甲的继承人和乙的继承人均要求保险公司支付保险金。下列哪一选项是正确的？

A. 保险金应全部交给甲的继承人

B. 保险金应全部交给乙的继承人

C. 保险金应由甲和乙的继承人平均分配

D. 某保险公司承担保险责任后有权向丙追偿

【考点】人身保险金的给付；人身保险代为求偿权的禁止

【解析】《保险法》第42条第2款规定，受益人与被保险人在同一事件中死亡，且不能确定死亡先后顺序的，推定受益人死亡在先。该条第1款第（二）项规定，受益人先于被保险人死亡，没有其他受益人的，保险金作为被保险人的遗产，由保险人依照《民法典》的规定履行给付保险金的义务。本题正确选项为A。因为本案中，被保险人甲与受益人乙在同一交通事故中意外身亡，根据《保险法》的规定，推定受益人乙死亡在先，因此，保险金应作为甲的遗产，由甲的继承人继承。

【答案】A

5. 2007年7月，陈某为其母投保人身保险时，为不超过保险公司规定的承保年龄，在申报被保险人年龄时故意少报了2岁。2009年9月保险公司发现了此情形。对此，下列哪些选项是正确的？

A. 保险公司有权解除保险合同，但需退还投保人已交的保险费

B. 保险公司无权解除保险合同

C. 如此时发生保险事故，保险公司不承担给付保险金的责任

D. 保险人有权要求投保人补交少交的保险费，但不能免除其保险责任

【考点】年龄误告条款

【解析】关于人身保险合同中投保人故意隐瞒年龄的后果，《保险法》第32条规定，投保人申报的被保险人年龄不真实，并且其真实年龄不符合合同约定的年龄限制的，保险人可以解除合同，并按照合同约定退还保险单的现金价值。保险人行使合同解除权，适用本法第十六条第三款、第六款的规定。投保人申报的被保险人年龄不真实，致使投保人支付的保险费少于应付保险费的，保险人有权更正并要求投保人补交保险费，或者在给付保险金时按照实付保险费与应付保险费的比例支付。投保人申报的被保险人年龄不真实，致使投保人支付的保险费多于应付保险费的，保险人应当将多收的保险费退还投保人。出于对投保人利益的保护，法律对于保险人在上述情形下的合同解除权进行了一定的限制，《保险法》第16条第3款规定，合同解除权自保险人知道有解除事由之日起，超过三十日不行使而消灭。自合同成立之日起超过二年的，保险人不得解除合同；发生保险事故的，保险人应当承担赔偿或者给付保险金的责任。《保险法》第16条第6款规定，保险人在合同订立时已经知道投保人未如实告知的情况的，保险人不得解除合同；发生保险事故的，保险人应当承担赔偿或者给付保险金的责任。因此，投保人在人身保险合同中故意隐瞒年龄的后果仅限于两种：一是保险人在合同成立之日起未逾2年发现此情况，保险人可以解除合同，并按照合同约定返还保单的现金价值；二是如果已逾2年发现此情况的，保险人只能更正，并按情况要求投保人补交或者退还一部分的保费。故AC错误，BD正确。

【答案】BD

6. 甲为妻子乙投保了以其死亡为给付保险金条件的人身保险，并指定其子小甲为受益人。甲投保时并未征得乙同意，但在后来保险公司回访时，乙称对于保险合同的内容已知情且对保险金额予以认可。2017年甲与乙离婚，小甲由乙抚

养。2017 年 12 月，在一次交通事故中，乙与小甲死亡，且不能确定死亡先后顺序。对此，下列说法正确的是？

A. 保险合同有效，保险金归甲所有

B. 保险合同有效，保险金归小甲的继承人

C. 保险合同有效，保险金归乙的继承人

D. 因投保时未征得乙同意，故该保险合同无效，保险公司无须赔偿

【考点】人身保险金的给付，死亡保险的限制

【解析】解答本题，首先需要判断该保险合同效力。根据《保险法》第 34 条，死亡保险须经被保险人同意并认可保险金额。这里的"被保险人同意并认可保险金额"应采用较为宽松的认定标准，对此，《保险法解释（三）》第 1 条第 1 款规定："当事人订立以死亡为给付保险金条件的合同，根据保险法第三十四条的规定，被保险人同意并认可保险金额可以采取书面形式、口头形式或者其他形式；可以在合同订立时作出，也可以在合同订立后追认。"本题中，乙作为被保险人，在保险公司回访时承认对于保险合同的内容已知情且对保险金额予以认可，可以视为对死亡险合同在订立后进行追认，保险合同有效，故 D 选项错误。其次，要分析保险金的归属。根据《保险法》第 42 条，受益人与被保险人在同一事件中死亡，且不能确定死亡先后顺序的，推定受益人死亡在先。本题中，在这次交通事故中，被保险人乙与受益人小甲均死亡，且不能确定死亡先后顺序，则应推测受益人小甲先死，保险金由被保险人乙的继承人依法继承，故 A、B 项错误，C 项正确。

【答案】C

7. 甲为其妻乙投保人寿保险，指定受益人为他们的儿子丙，缴费期 10 年。缴费 5 年后，甲失业，无力缴付剩余保费，打算解除保险合同。下列哪一说法是正确的？

A. 甲解除保险合同须经乙同意

B. 甲解除保险合同须经丙同意

C. 若甲解除保险合同则保单现金价值归甲

D. 若甲解除保险合同则保单现金价值归丙

【考点】人身保险合同的解除

【解析】在人身保险合同关系中，投保人为当事人，被保险人和受益人为关系人，故投保人有权解除合同，且无须经被保险人或受益人同意。当然，为了避免投保人解除保险合同损害被保险人或受益人的利益，被保险人或受益人可以介入，具体而言，《保险法解释（三）》第 17 条规定："投保人解除保险合同，当事人以其解除合同未经被保险人或者受益人同意为由主张解除行为无效的，人民法院不予支持，但被保险人或者受益人已向投保人支付相当于保险单现金价值的款项并通知保险人的除外。"由此可知，A、B 选项均错误。关于保单现金价值，《保险法》第 47 条规定："投保人解除合同的，保险人应当自收到解除合同通知之日起三十日内，按照合同约定退还保险单的现金价值。"保单现金价值是投保人所缴保费形成的，故归属于投保人，C 选项正确，D 选项错误。

【答案】C

第七章　个人独资企业法、外商投资法和海商法

考点群	考查频率
个人独资企业法	★
外商投资法	★
海商法	★

考点群一　个人独资企业法

扫码听课

1. "李老汉私房菜"是李甲投资开设的个人独资企业。关于该企业遇到的法律问题，下列哪一选项是正确的？

A. 如李甲在申请企业设立登记时，明确表示以其家庭共有财产作为出资，则该企业是以家庭成员为全体合伙人的普通合伙企业

B. 如李甲一直让其子李乙负责企业的事务管理，则应认定为以家庭共有财产作为企业的出资

C. 如李甲决定解散企业，则在解散后5年内，李甲对企业存续期间的债务，仍应承担偿还责任

D. 如李甲死后该企业由其子李乙与其女李丙共同继承，则该企业必须分立为两家个人独资企业

【考点】个人独资企业的出资、经营管理、解散、继承。

【解析】本题具有一定的综合性，将个人独资企业法的重要内容一网打尽。A项明显错误，这是一家个人独资企业，即使设立时明确以家庭共有财产出资，也只是导致出资人以家庭共有财产对外承担责任，而不影响该企业的性质和组织形式。B项也是错误的，是否以家庭共有财产出资，主要是看出资财产原来的归属情况，而不是个人独资企业的经营管理情况。C项是正确的，《个人独资企业法》第28条规定："个人独资企业解散后，原投资人对个人独资企业存续期间的债务仍应承担偿还责任，但债权人在五年内未向债务人提出偿债请求的，该责任消灭。"D项也是错误的，《个人独资企业法》第17条规定："个人独资企业投资人对本企业的财产依法享有所有权，其有关权利可以依法进行转让或继承。"当继承人不止一个时，继承人之间可以通过权益转让、变更企业组织形式等方式处理，而非必须分立为两家个人独资企业。

【答案】C

2. 为开拓市场需要，个人独资企业主曾水决定在某市设立一个分支机构，委托朋友霍火为分支机构负责人。关于霍火的权利和义务，下列哪一表述是正确的？

A. 应承担该分支机构的民事责任

B. 可以从事与企业总部相竞争的业务

C. 可以将自己的货物直接出卖给分支机构

D. 经曾水同意可以分支机构财产为其弟提供抵押担保

【考点】　个人独资企业的分支机构

【解析】《个人独资企业法》第14条第3款："分支机构的民事责任由设立该分支机构的个人独资企业承担。"可见，分支机构的民事责任应由个人独资企业或投资人承担，故A项错误。《个人独资企业法》第20条第1款第（六）项："投资人委托或者聘用的管理个人独资企业事务的人员不得有下列行为：……（六）未经投资人同意，从事与本企业相竞争的业务……"委托的管理人霍火从事第（六）项活动时必须经投资人曾水同意方可，否则行为无效，故B项错误。《个人独资企业法》第20条第1款第（七）项："……未经投资人同意，同本企业订立合同或者进行交易；……"因此霍火与本企业进行交易必须经过曾水同意，故C项错误。《个人独资企业法》第20条第1款第（五）项："投资人委托或者聘用的管理个人独资企业事务的人员不得有下列行为：……（五）擅自以企业财产提供担保；……"可见，经过曾水允许可以以分支机构财产担保，故D项正确。

【答案】　D

大咖点拨区

扫码听课

3. 关于合伙企业与个人独资企业的表述，下列哪一选项是正确的？

A. 二者的投资人都只能是自然人

B. 二者的投资人都一律承担无限责任

C. 个人独资企业可申请变更登记为普通合伙企业

D. 合伙企业不能申请变更登记为个人独资企业

【考点】　个人独资企业与合伙企业的关系

【解析】《合伙企业法》第2条第1款："本法所称合伙企业，是指自然人、法人和其他组织依照本法在中国境内设立的普通合伙企业和有限合伙企业。"《个人独资企业法》第2条："本法所称个人独资企业，是指依照本法在中国境内设立，由一个自然人投资，财产为投资人个人所有，投资人以其个人财产对企业债务承担无限责任的经营实体。"合伙企业的投资人既可以是自然人也可以是法人及其他组织，而个人独资企业的投资人只能是自然人个人。故A项错误。根据《合伙企业法》第2条和《个人独资企业法》第2条的规定，合伙企业的投资人因合伙人责任承担的不同分为普通合伙人和有限合伙人，普通合伙人对合伙企业债务承担无限连带责任，而有限合伙人以其认缴的出资额为限对合伙企业债务承担有限责任。个人独资企业投资人承担的是无限责任，故B项错误。《合伙企业法》第14条："设立合伙企业，应当具备下列条件：（一）有二个以上合伙人。合伙人为自然人的，应当具有完全民事行为能力；（二）有书面合伙协议；（三）有合伙人认缴或者实际缴付的出资；（四）有合伙企业的名称和生产经营场所；（五）法律、行政法规规定的其他条件。"《个人独资企业法》第8条："设立个人独资企业应当具备下列条件：（一）投资人为一个自然人；（二）有合法的企业名称；

扫码听课

（三）有投资人申报的出资；（四）有固定的生产经营场所和必要的生产经营条件；（五）有必要的从业人员。"可见，企业采取何种组织形式经营是由投资人自己决定的，不管个人独资企业变更为普通合伙企业还是普通合伙企业变更为个人独资企业，只要符合法律规定的条件即可申请变更，故 C 项正确，D 项错误。

【答案】C

考点群二　外商投资法

扫码听课

1. 2020 年 3 月，德国甲公司与法国乙公司拟在上海共同设立一家外商投资企业，其经营范围不涉及负面清单。根据《外商投资法》，下列哪一判断是错误的？

A. 国家对该外商投资企业给予国民待遇

B. 该外商投资企业可以注册为有限合伙企业

C. 该外商投资企业的注册资本只能用人民币表示

D. 该外商投资企业的德国籍职工的工资收入可以依法自由汇出

【考点】外商投资企业

【解析】关于负面清单制度，负面清单，是指国家规定在特定领域对外商投资实施的准入特别管理措施。负面清单规定禁止投资的领域，外国投资者不得投资。负面清单规定限制投资的领域，外国投资者进行投资应当符合负面清单规定的股权要求、高级管理人员要求等限制性准入特别管理措施。国家对负面清单之外的外商投资，给予国民待遇。依此，A 项正确。

关于外商投资企业的组织形式，自 2020 年 1 月 1 日《外商投资法》施行之日起，原有的《中华人民共和国中外合资经营企业法》、《中华人民共和国外资企业法》、《中华人民共和国中外合作经营企业法》废止，外商投资企业的组织形式、组织机构及其活动准则，适用《中华人民共和国公司法》、《中华人民共和国合伙企业法》等法律的规定。依此，B 项正确。

关于外商投资企业的注册资本，可以用人民币表示，也可以用可自由兑换货币表示，所以 C 项错误，当选。

外国投资者在中国境内的出资、利润、资本收益、资产处置所得、取得的知识产权许可使用费、依法获得的补偿或者赔偿、清算所得等，可以依法以人民币或者外汇自由汇入、汇出，任何单位和个人不得违法对币种、数额以及汇入、汇出的频次等进行限制。外商投资企业的外籍职工和香港、澳门、台湾职工的工资收入和其他合法收入，可以依法自由汇出。所以，D 项正确。

【答案】C

考点群三　海商法

1. 南岳公司委托江北造船公司建造船舶一艘。船舶交付使用时南岳公司尚欠江北公司费用 200 万元。南岳公司以该船舶抵押向银行贷款 500 万元。后该船舶不慎触礁，需修理费 50 万元，有多名船员受伤，需医药费等 40 万元。如以该船舶的价值清偿上述债务，下列哪些表述是正确的？

    A. 修船厂的留置权优先于银行的抵押权

    B. 船员的赔偿请求权优先于修船厂的留置权

    C. 造船公司的造船费用请求权优先于银行的抵押权

    D. 银行的抵押权优先于修船厂的留置权

【考点】 船舶担保物权

【解析】《海商法》第 25 条："船舶优先权先于船舶留置权受偿，船舶抵押权后于船舶留置权受偿。前款所称船舶留置权，是指造船人、修船人在合同另一方未履行合同时，可以留置所占有的船舶，以保证造船费用或者修船费用得以偿还的权利。船舶留置权在造船人、修船人不再占有所造或者所修的船舶时消灭。"《海商法》第 22 条："下列各项海事请求具有船舶优先权：（一）船长、船员和在船上工作的其他在编人员根据劳动法律、行政法规或者劳动合同所产生的工资、其他劳动报酬、船员遣返费用和社会保险费用的给付请求；（二）在船舶营运中发生的人身伤亡的赔偿请求；（三）船舶吨税、引航费、港务费和其他港口规费的缴付请求；（四）海难救助的救助款项的给付请求；（五）船舶在营运中因侵权行为产生的财产赔偿请求。"本题中，船员的赔偿请求权属于优先权，优先于留置权受偿，留置权优先于抵押权受偿，所以 A、B 项正确，D 项错误。造船公司已经丧失对船舶的占有，不再享有留置权，造船费用为普通债权，不能优先于抵押权，所以 C 项错误。

【答案】 AB

大咖点拨区

经济法

第一章　竞争法

考点群	考查频率
垄断协议	★★★
滥用市场支配地位	★
经营者集中	★★
行政垄断	★
反垄断执法	★
不正当竞争行为	★★★

考点群一　垄断协议

扫码听课

1. 某景区多家旅行社、饭店、商店和客运公司共同签订《关于加强服务协同提高服务水平的决定》，约定了统一的收费方式、服务标准和收入分配方案。有人认为此举构成横向垄断协议。根据《反垄断法》，下列哪一说法是正确的？

A. 只要在一个竞争性市场中的经营者达成协调市场行为的协议，就违反该法

B. 只要经营者之间的协议涉及商品或服务的价格、标准等问题，就违反该法

C. 如经营者之间的协议有利于提高行业服务质量和经济效益，就不违反该法

D. 如经营者之间的协议不具备排除、限制竞争的效果，就不违反该法

【考点】横向垄断协议

【解析】垄断行为的本质特征是排除或限制竞争，其中，垄断协议是指排除、限制竞争的协议、决定或者其他协同行为。不管以何种形式、采取何种手段，如果不具备排除、限制竞争的效果，就不可能构成垄断协议，也不为反垄断法所禁止，所以A、B项错误，D项正确。同时，《反垄断法》第15条规定："经营者能够证明所达成的协议属于下列情形之一的，不适用本法第十三条、第十四条的规定：（一）为改进技术、研究开发新产品的；（二）为提高产品质量、降低成本、增进效率，统一产品规格、标准或者实行专业化分工的；（三）为提高中小经营者经营效率，增强中小经营者竞争力的；（四）为实现节约能源、保护环境、救灾救助等社会公共利益的；（五）因经济不景气，为缓解销售量严重下降或者生产明显过剩的；（六）为保障对外贸易和对外经济合作中的正当利益的；（七）法律和国

务院规定的其他情形。属于前款第一项至第五项情形，不适用本法第十三条、第十四条规定的，经营者还应当证明所达成的协议不会严重限制相关市场的竞争，并且能够使消费者分享由此产生的利益。"这就意味着，经营者之间达成的协议，即使存在一些有利后果或者合理理由，也并不必然得到豁免，经营者还应当证明所达成的协议不会严重限制相关市场的竞争，并且能够使消费者分享由此产生的利益，否则仍然构成反垄断法所禁止的垄断协议，所以 C 项错误。

【答案】 D

2. 某县会计师行业自律委员会成立之初，达成统筹分配当地全行业整体收入的协议，要求当年市场份额提高的会员应分出自己的部分收入，补贴给市场份额降低的会员。事后，有会员向省级市场监督管理部门书面投诉。关于此事，下列哪些说法是正确的？

A. 该协议限制了当地会计师行业的竞争，具有违法性
B. 抑强扶弱有利于培育当地会计服务市场，法律不予禁止
C. 此事不能由省级市场监督管理部门受理，应由该委员会成员自行协商解决
D. 即使该协议尚未实施，如构成违法，也可予以查处

【考点】 横向垄断协议

【解析】 A、B 选项涉及横向垄断协议的认定。根据《反垄断法》第 13 条，横向垄断协议是指具有竞争关系的经营者达成的排除、限制竞争的协议、决定或者其他协同行为。它既可以由经营者自发达成，也可以在行业协会的组织下达成，具体情形包括六种：（一）固定或者变更商品价格；（二）限制商品的生产数量或者销售数量；（三）分割销售市场或者原材料采购市场；（四）限制购买新技术、新设备或者限制开发新技术、新产品；（五）联合抵制交易；（六）国务院反垄断执法机构认定的其他垄断协议。本题中，某县会计师行业自律委员会统筹分配当地全行业整体收入，分割了销售市场，限制了经营者之间的竞争，又不具备法定的豁免事由，因此构成横向垄断协议，违反了《反垄断法》，故 A 选项正确，B 选项错误。C 选项涉及反垄断执法机制。《反垄断法》第 10 条规定："国务院规定的承担反垄断执法职责的机构（以下统称国务院反垄断执法机构）依照本法规定，负责反垄断执法工作。国务院反垄断执法机构根据工作需要，可以授权省、自治区、直辖市人民政府相应的机构，依照本法规定负责有关反垄断执法工作。"国家市场监督管理总局是国务院反垄断执法机构之一，根据工作需要可以授权省级市场监督管理部门负责有关反垄断执法工作，所以 C 选项错误。D 选项涉及横向垄断协议的后果。《反垄断法》第 46 条第 1 款规定："经营者违反本法规定，达成并实施垄断协议的，由反垄断执法机构责令停止违法行为，没收违法所得，并处上一年度销售额百分之一以上百分之十以下的罚款；尚未实施所达成的垄断协议的，可以处五十万元以下的罚款。"由此可见，达成垄断协议，即使尚未实施，也可以处罚，所以 D 选项正确。

【答案】 AD

3. 某市甲、乙、丙三大零售企业达成一致协议，拒绝接受产品供应商丁的供货。丙向反垄断执法机构举报并提供重要证据，经查，三企业构成垄断协议行为。关于三企业应承担的法律责任，下列哪些选项是正确的？

A. 该执法机构应责令三企业停止违法行为，没收违法所得，并处以相应罚款

B. 丙企业举报有功，可酌情减轻或免除处罚

C. 如丁因垄断行为遭受损失的，三企业应依法承担民事责任

D. 如三企业行为后果极为严重，应追究其刑事责任

【考点】 横向垄断协议的法律后果

【解析】 本题甲、乙、丙三大零售企业达成了"联合抵制交易"的横向垄断协议，依法应承担民事责任和行政责任。关于行政责任，《反垄断法》第46条规定："经营者违反本法规定，达成并实施垄断协议的，由反垄断执法机构责令停止违法行为，没收违法所得，并处上一年度销售额百分之一以上百分之十以下的罚款；尚未实施所达成的垄断协议的，可以处五十万元以下的罚款。经营者主动向反垄断执法机构报告达成垄断协议的有关情况并提供重要证据的，反垄断执法机构可以酌情减轻或者免除对该经营者的处罚。行业协会违反本法规定，组织本行业的经营者达成垄断协议的，反垄断执法机构可以处五十万元以下的罚款；情节严重的，社会团体登记管理机关可以依法撤销登记。"由此可知A、B两个选项正确。关于民事责任，《反垄断法》第50条规定："经营者实施垄断行为，给他人造成损失的，依法承担民事责任。"这里的"他人"，既包括竞争对手，也应包括达成垄断协议的经营者，所以C是正确的。《刑法》和《反垄断法》并未规定垄断行为构成犯罪，依据罪刑法定原则，追究三家企业刑事责任的说法错误，所以D错误。

【答案】 ABC

4. 某省L市旅游协会为防止零团费等恶性竞争，召集当地旅行社商定对游客统一报价，并根据各旅行社所占市场份额，统一分配景点返佣、古城维护费返佣等收入。此计划实施前，甲旅行社主动向反垄断执法机构报告了这一情况并提供了相关证据。关于本案，下列哪些判断是错误的？

A. 旅游协会的行为属于正当的行业自律行为

B. 由于尚未实施，旅游协会的行为不构成垄断行为

C. 如构成垄断行为，L市发改委可对其处以50万元以下的罚款

D. 如构成垄断行为，对甲旅行社可酌情减轻或免除处罚

【考点】 横向垄断协议的认定和法律后果

【解析】 本题中，旅游协会组织旅行社达成了"固定商品价格"和"划分销售市场"的横向垄断协议，该行为不是正当的行业自律行为，而且，该行为即使尚未实施也构成垄断，所以A和B是错误的。在此情形下，旅行社应承担民事责任和行政责任，旅游协会应承担行政责任。就旅游协会而言，反垄断执法机构可以处50万元以下的罚款，但是只能由国务院反垄断执法机构或者其授权的省、自治区、直辖市人民政府相应机构来处罚，省辖市人民政府有关部门没有执法权，所以C是错误的。经营者主动向反垄断执法机构报告达成垄断协议的有关情况并提供重要证据的，反垄断执法机构可以酌情减轻或者免除对该经营者的处罚，所以D是正确的。

【答案】 ABC

5. 某品牌白酒市场份额较大且知名度较高，因销量急剧下滑，生产商召集经销商开会，令其不得低于限价进行销售，对违反者将扣除保证金、减少销售配额直至取消销售资格。关于该行为的性质，下列哪一判断是正确的？

A. 维护品牌形象的正当行为　　　　B. 滥用市场支配地位的行为

扫码听课

扫码听课

C. 价格同盟行为   D. 纵向垄断协议行为

【考点】 纵向垄断协议

【解析】 在市场经济活动中，经销商有一定的自主定价权，如果生产厂商要求其下游的经销商转售其商品时不得低于某一价格，必然会推高商品价格，这不仅会损害消费者的权益，还会侵害其他厂家的利益，所以不可能是维护品牌形象的正当行为。故 A 项错误。滥用市场支配地位行为是指具有市场支配地位的企业，利用其市场支配地位危害竞争，损害竞争对手和社会公共利益及其他私人利益的行为，往往是指某一个企业的不正当行为，而不涉及与其他企业的联合。题干并没有明确指出生产商具有法律所规定的具有市场支配地位的条件，所以也无从推定生产商实施了滥用市场支配地位的行为，故 B 项错误。价格同盟是横向垄断协议的一种形式，是指两个或两个以上因经营同类产品或服务而在生产或销售过程中处于同一经营阶段的同业竞争者之间的垄断协议。本题中是生产商与经销商的联盟，不是横向的价格联盟。故 C 错误。纵向垄断协议，是指虽然在同一产业中，但处于不同经济阶段且有买卖关系的企业间所订立的旨在排除和限制其他竞争者的经营活动的协议。《反垄断法》第 14 条规定："禁止经营者与交易相对人达成下列垄断协议：（一）固定向第三人转售商品的价格；（二）限定向第三人转售商品的最低价格；（三）国务院反垄断执法机构认定的其他垄断协议。"本题中，生产者与经销商属于纵向关系，两者开会限定销售价格满足第（二）项的规定，故构成纵向价格垄断协议。故 D 项正确。

【答案】 D

考点群二　滥用市场支配地位

1. 关于市场支配地位，下列哪些说法是正确的？
A. 有市场支配地位而无滥用该地位的行为者，不为《反垄断法》所禁止
B. 市场支配地位的认定，只考虑经营者在相关市场的市场份额
C. 其他经营者进入相关市场的难易程度，不影响市场支配地位的认定
D. 一个经营者在相关市场的市场份额达到二分之一的，推定为有市场支配地位

扫码听课

【考点】 滥用市场支配地位

【解析】《反垄断法》第 6 条规定，具有市场支配地位的经营者，不得滥用市场支配地位，排除、限制竞争。据此可知，《反垄断法》并不禁止经营者具有市场支配地位，但是禁止具有市场支配地位的经营者滥用其市场支配地位。本题 A 项"有市场支配地位而无滥用该地位的行为者"《反垄断法》并不禁止。故 A 项正确，当选。市场支配地位的认定，除了考虑经营者在相关市场的市场份额外，相关因素也很多，包括其他经营者进入相关市场的难易程度。《反垄断法》第 18 条规定，认定经营者具有市场支配地位，应当依据下列因素：（一）该经营者在相关市场的市场份额，以及相关市场的竞争状况；（二）该经营者控制销售市场或者原材料采购市场的能力；（三）该经营者的财力和技术条件；（四）其他经营者对该经营者在交易上的依赖程度；（五）其他经营者进入相关市场的难易程度；

大咖点拨区

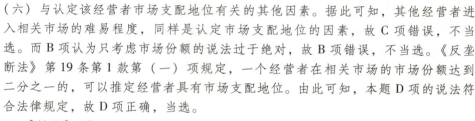

（六）与认定该经营者市场支配地位有关的其他因素。据此可知，其他经营者进入相关市场的难易程度，同样是认定市场支配地位的因素，故 C 项错误，不当选。而 B 项认为只考虑市场份额的说法过于绝对，故 B 项错误，不当选。《反垄断法》第 19 条第 1 款第（一）项规定，一个经营者在相关市场的市场份额达到二分之一的，可以推定经营者具有市场支配地位。由此可知，本题 D 项的说法符合法律规定，故 D 项正确，当选。

【答案】 AD

2. 关于市场支配地位推定制度，下列哪些选项是符合我国《反垄断法》规定的？

A. 经营者在相关市场的市场份额达到二分之一的，推定为具有市场支配地位

B. 两个经营者在相关市场的市场份额合计达到三分之二，其中有的经营者市场份额不足十分之一的，不应当推定该经营者具有市场支配地位

C. 三个经营者在相关市场的市场份额合计达到四分之三，其中有两个经营者市场份额合计不足五分之一的，不应当推定该两个经营者具有市场支配地位

D. 被推定具有市场支配地位的经营者，有证据证明不具有市场支配地位的，不应当认定其具有市场支配地位

【考点】 市场支配地位的推定制度

【解析】《反垄断法》第 19 条第 1 款规定："有下列情形之一的，可以推定经营者具有市场支配地位：（一）一个经营者在相关市场的市场份额达到二分之一的；（二）两个经营者在相关市场的市场份额合计达到三分之二的；（三）三个经营者在相关市场的市场份额合计达到四分之三的。"由此可知，A 选项正确。第 2 款规定："有前款第二项、第三项规定的情形，其中有的经营者市场份额不足十分之一的，不应当推定该经营者具有市场支配地位。"法律并未规定相关市场份额合计达到 3/4 的三个经营者中两个经营者的市场份额也须达到一定比例，因此 B 正确，C 错误。第 3 款规定："被推定具有市场支配地位的经营者，有证据证明不具有市场支配地位的，不应当认定其具有市场支配地位。"D 选项正确。

【答案】 ABD

3. 某燃气公司在办理燃气入户前，要求用户缴纳一笔"预付气费款"，否则不予供气。待不再用气时，用户可申请返还该款项。经查，该款项在用户日常购气中不能冲抵燃气费。根据《反垄断法》的规定，下列哪一说法是正确的？

A. 反垄断机构执法时应界定该公司所涉相关市场

B. 只要该公司在当地独家经营，就能认定其具有市场支配地位

C. 如该公司的上游气源企业向其收取预付款，该公司就可向客户收取"预付气费款"

D. 县政府规定了"一个地域只能有一家燃气供应企业"，故该公司行为不构成垄断

【考点】 滥用市场支配地位

【解析】 认定经营者实施滥用市场支配地位行为，需要两个要件：一是经营者在相关市场具有市场支配地位，二是经营者实施了滥用市场支配地位的行为。市场支配地位本身并不为反垄断法所禁止。《反垄断法》第 17 条第 2 款规定："本法所称市场支配地位，是指经营者在相关市场内具有能够控制商品价格、数

量或者其他交易条件，或者能够阻碍、影响其他经营者进入相关市场能力的市场地位。"在认定市场支配地位时，首先应当确定经营者所涉相关市场，即经营者在一定时期内就特定商品或者服务进行竞争的商品范围和地域范围，因此 A 选项正确。《反垄断法》第 18 条规定："认定经营者具有市场支配地位，应当依据下列因素：（一）该经营者在相关市场的市场份额，以及相关市场的竞争状况；（二）该经营者控制销售市场或者原材料采购市场的能力；（三）该经营者的财力和技术条件；（四）其他经营者对该经营者在交易上的依赖程度；（五）其他经营者进入相关市场的难易程度；（六）与认定该经营者市场支配地位有关的其他因素。"由此可见，我国反垄断法采用"以市场份额为主，兼顾其他因素"的认定标准，即使是独家经营（市场份额 100%）的经营者，也并不当然具有市场支配地位，所以 B 选项错误。从行为角度判断，该燃气公司向客户收取"预付气费款"属于"附加不合理交易条件"，不会因为上游气源企业向其收取预付款或者县政府的规定而具备正当性，因此 C、D 选项错误。

【答案】 A

考点群三　经营者集中

1. 根据《反垄断法》规定，关于经营者集中的说法，下列哪些选项是正确的？

A. 经营者集中就是指企业合并

B. 经营者集中实行事前申报制，但允许在实施集中后补充申报

C. 经营者集中被审查时，参与集中者的市场份额及其市场控制力是一个重要的考虑因素

D. 经营者集中如被确定为可能具有限制竞争的效果，将会被禁止

扫码听课

【考点】 经营者集中

【解析】《反垄断法》第 20 条规定："经营者集中是指下列情形：（一）经营者合并；（二）经营者通过取得股权或者资产的方式取得对其他经营者的控制权；（三）经营者通过合同等方式取得对其他经营者的控制权或者能够对其他经营者施加决定性影响。"据此，企业合并只是该法规定的经营者集中的三种方式之一，故 A 项错误，不当选。《反垄断法》第 21 条规定："经营者集中达到国务院规定的申报标准的，经营者应当事先向国务院反垄断执法机构申报，未申报的不得实施集中。"可见，经营者集中实行事前申报制，不允许在实施集中后补充申报，故 B 项错误，不当选。《反垄断法》第 27 条规定："审查经营者集中，应当考虑下列因素：（一）参与集中的经营者在相关市场的市场份额及其对市场的控制力；（二）相关市场的市场集中度；（三）经营者集中对市场进入、技术进步的影响；（四）经营者集中对消费者和其他有关经营者的影响；（五）经营者集中对国民经济发展的影响；（六）国务院反垄断执法机构认为应当考虑的影响市场竞争的其他因素。"可见，经营者集中被审查时，参与集中者的市场份额及其市场控制力是一个重要的考虑因素，故 C 项正确，当选。《反垄断法》第 28 条规定："经营者集中具有或者可能具有排除、限制竞争效果的，国务院反垄断执法机构应当作

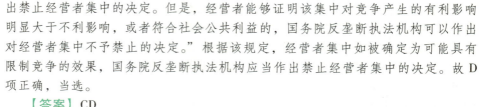
出禁止经营者集中的决定。但是，经营者能够证明该集中对竞争产生的有利影响明显大于不利影响，或者符合社会公共利益的，国务院反垄断执法机构可以作出对经营者集中不予禁止的决定。"根据该规定，经营者集中如被确定为可能具有限制竞争的效果，国务院反垄断执法机构应当作出禁止经营者集中的决定。故 D 项正确，当选。

【答案】CD

2. 为整合资源，方便智能汽车行业发展，"全电"汽车公司与其他合作企业签订多项共赢协议，且全部满足国务院规定的经营者集中申报标准。由此，"全电"汽车公司应向国务院反垄断执法机构申报的行为有哪些？

A. 为使其子公司"雷电"塑胶公司所持表决权股份比例达到 60%，决定收购该子公司 20% 的股权

B. 为成为持有有表决权的股份仅次于第一大股东"豪电"公司的股东，收购"风驰"轮胎公司 35% 有表决权的股份

C. 为加强产品信息推广方面的合作，与"雷光"玻璃公司签订合作协议书

D. 收购"鹰眼"导航公司 60% 的股份。"产霸"集团公司之前持有"全电"公司和"鹰眼"公司各 25% 有表决权的股份

【考点】经营者集中的申报

【解析】经营者集中是指下列情形：（1）经营者合并；（2）经营者通过取得股权或者资产的方式取得对其他经营者的控制权；（3）经营者通过合同等方式取得对其他经营者的控制权或者能够对其他经营者施加决定性影响。本题 B、C 选项都没有取得对其他经营者的控制权或者能够对其他经营者施加决定性影响，不属于经营者集中，故不必申报，不当选。

原则上，经营者集中达到国务院规定的标准就需要事先申报，但是，经营者集中有下列情形之一的，可以不向国务院反垄断执法机构申报：（1）参与集中的一个经营者拥有其他每个经营者百分之五十以上有表决权的股份或者资产的；（2）参与集中的每个经营者百分之五十以上有表决权的股份或者资产被同一个未参与集中的经营者拥有的。由此可知，在集中之前已经形成事实上控制关系的，不必申报，具体包括母子集中和兄弟集中两种情形。本题中，A 选项是将持股比例从 40% 提高到 60%，不属于上述第一项的母子集中，应当申报。D 选项参与集中的全电公司和鹰眼公司都只有 25% 的股权被产霸集团拥有，不属于上述第二项的兄弟集中，应当申报。

【答案】AD

考点群四　行政垄断行为

1. 某市公安局出台文件，指定当地印章协会统一负责全市新型防伪印章系统的开发建设，强令全市公安机关和刻章企业卸载正在使用的、经公安部检测通过的软件系统，统一安装印章协会开发的软件系统，并要求刻章企业向印章协会购买刻章设备和章料。根据《反垄断法》的相关规定，反垄断执法机构拟采取下列哪一措施是正确的？

A. 撤销该协会的社团资格

B. 责令该市公安局改正

C. 对该市公安局罚款

D. 建议市人民政府责令该市公安局改正

【考点】行政垄断行为

【解析】《反垄断法》第 32 条规定："行政机关和法律、法规授权的具有管理公共事务职能的组织不得滥用行政权力，限定或者变相限定单位或者个人经营、购买、使用其指定的经营者提供的商品。"基于本条规定，可知该市公安局的行为构成"限定商品"的行政垄断行为。《反垄断法》第 51 条第 1 款规定："行政机关和法律、法规授权的具有管理公共事务职能的组织滥用行政权力，实施排除、限制竞争行为的，由上级机关责令改正；对直接负责的主管人员和其他直接责任人员依法给予处分。反垄断执法机构可以向有关上级机关提出依法处理的建议。"由此可知，行政垄断行为并非由国务院反垄断执法机构处理，而是由上级机关处理，国务院反垄断执法机构只有建议权，因此 D 项正确。

【答案】D

考点群五　反垄断执法规则

扫码听课

1. 对于国务院反垄断委员会的机构定位和工作职责，下列哪一选项是正确的？

A. 是承担反垄断执法职责的法定机构

B. 应当履行协调反垄断行政执法工作的职责

C. 可以授权国务院相关部门负责反垄断执法工作

D. 可以授权省、自治区、直辖市人民政府的相应机构负责反垄断执法工作

【考点】反垄断委员会

【解析】《反垄断法》第 9 条规定："国务院设立反垄断委员会，负责组织、协调、指导反垄断工作，履行下列职责：……（四）协调反垄断行政执法工作……"由此可知，国务院反垄断委员会是负责组织、协调、指导反垄断工作的机构，而非具体从事反垄断执法工作的机构，A 项错误。根据上述第（四）项可知，国务院反垄断委员会负责协调反垄断行政执法工作，所以 B 项正确。第 10 条规定，国务院反垄断执法机构负责反垄断执法工作，是依照《反垄断法》的授权，而不是依照国务院反垄断委员会的授权进行的。国务院反垄断委员会只能负责组织、协调、指导反垄断工作，但是不能授权国务院相关部门负责反垄断执法工作。C 选项错误。根据第 10 条的规定，可以授权省、自治区、直辖市人民政府的相应机构负责反垄断执法工作的，是国务院反垄断执法机构，而不是国务院反垄断委员会，D 项错误。

【答案】B

2. 某县政府规定：施工现场不得搅拌混凝土，只能使用预拌的商品混凝土。2012 年，县建材协会组织协调县内 6 家生产企业达成协议，各自按划分的区域销售商品混凝土。因货少价高，一些施工单位要求县工商局处理这些企业的垄断行

扫码听课

大咖点拨区

为。根据《反垄断法》，下列哪些选项是错误的？

A. 县政府的规定属于行政垄断行为

B. 县建材协会的行为违反了《反垄断法》

C. 县工商局有权对 6 家企业涉嫌垄断的行为进行调查和处理

D. 被调查企业承诺在反垄断执法机构认可的期限内采取具体措施消除该行为后果的，该机构可决定终止调查

【考点】行政垄断行为；垄断协议；反垄断执法规则

【解析】某县政府仅仅是规定现场施工不得搅拌混凝土，只能使用预拌的商品混凝土，并没含有排除、限制竞争内容，即并未限定或者变相限定施工单位购买、使用其指定的经营者提供的商品，所以不构成行政垄断行为，故 A 项错误，当选。《反垄断法》第 13 条规定，禁止具有竞争关系的经营者达成下列垄断协议：……（三）分割销售市场或者原材料采购市场。同法第 46 条第 3 款："行业协会违反本法规定，组织本行业的经营者达成垄断协议的，反垄断执法机构可以处五十万元以下的罚款；情节严重的，社会团体登记管理机关可以依法撤销登记"。本题中，县建材协会组织的协调行为促使企业间达成了分割销售市场的横向垄断协议，妨碍了商品在地区之间的自由流通，违反了《反垄断法》的法律规定。故 B 项正确，不当选。县级人民政府有关部门无权对 6 家企业进行反垄断调查，故 C 错误，当选。《反垄断法》第 45 条规定，对反垄断执法机构调查的涉嫌垄断行为，被调查的经营者承诺在反垄断执法机构认可的期限内采取具体措施消除该行为后果的，反垄断执法机构可以决定中止调查。因此反垄断执法机构可以"中止调查"而不是"终止调查"，故 D 项错误，当选。

【答案】ACD

考点群六　不正当竞争行为

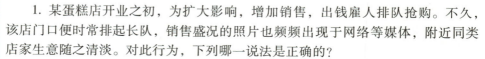

1. 某蛋糕店开业之初，为扩大影响，增加销售，出钱雇人排队抢购。不久，该店门口便时常排起长队，销售盛况的照片也频频出现于网络等媒体，附近同类店家生意随之清淡。对此行为，下列哪一说法是正确的？

A. 属于正当的营销行为
B. 构成混淆行为

C. 构成虚假宣传行为
D. 构成商业贿赂行为

【考点】虚假宣传行为

【解析】本题在《反不正当竞争法》第 8 条上可以找到直接的依据，该条规定："经营者不得对其商品的性能、功能、质量、销售状况、用户评价、曾获荣誉等作虚假或者引人误解的商业宣传，欺骗、误导消费者。经营者不得通过组织虚假交易等方式，帮助其他经营者进行虚假或者引人误解的商业宣传。"本题所述案情恰好属于该条规定的虚假宣传行为，故 C 项正确。

【答案】C

2. 甲县善福公司（简称甲公司）的前身为创始于清末的陈氏善福铺，享誉百年，陈某继承祖业后注册了该公司，并规范使用其商业标识。乙县善福公司（简称乙公司）系张某先于甲公司注册，且持有"善福 100"商标权。乙公司在其网

站登载善福铺的历史及荣誉，还在其产品包装标注"百年老牌""创始于清末"等字样，但均未证明其与善福铺存在历史联系。甲、乙公司存在竞争关系。关于此事，下列哪些说法是正确的？

A. 陈某注册甲公司的行为符合诚实信用原则

B. 乙公司登载善福铺历史及标注字样的行为损害了甲公司的商誉

C. 甲公司使用"善福公司"的行为侵害了乙公司的商标权

D. 乙公司登载善福铺历史及标注字样的行为构成虚假宣传行为

【考点】虚假宣传、诋毁商誉、混淆行为与商标侵权

【解析】本题直接渊源为最高人民法院发布的第58号指导案例"成都同德福合川桃片有限公司诉重庆市合川区同德福桃片有限公司、余某某侵害商标权及不正当竞争纠纷案"，争议焦点问题为不正当竞争行为的认定和商标侵权行为的认定，其裁判要点有二：第一，与"老字号"无历史渊源的个人或企业将"老字号"或与其近似的字号注册为商标后，以"老字号"的历史进行宣传的，应认定为虚假宣传，构成不正当竞争。本题中，乙公司未能证明其与善福铺存在历史联系，却擅自在其网站登载善福铺的历史及荣誉，还在其产品包装标注"百年老牌""创始于清末"等字样，该宣传内容与事实不符，属于虚假宣传行为，所以D选项正确。第二，与"老字号"具有历史渊源的个人或企业在未违反诚实信用原则的前提下，将"老字号"注册为个体工商户字号或企业名称，未引人误认且未突出使用该字号的，不构成不正当竞争或侵犯注册商标专用权。在本题中，陈某继承祖业，与善福二字存在历史渊源，以此为字号注册甲公司有其合理性，符合诚实信用原则，所以A选项正确。虽然乙公司的行为构成虚假宣传，但是并不存在修订前《反不正当竞争法》第14条所规定的"捏造、散布虚伪事实，损害竞争对手的商业信誉、商品声誉"的行为，或修订后《反不正当竞争法》第11条规定的"编造、传播虚假信息或者误导性信息，损害竞争对手的商业信誉、商品声誉。"因此不构成诋毁商誉，B选项错误。根据《关于审理商标民事纠纷案件适用法律若干问题的解释》第1条，将与他人注册商标相同或者相近似的文字作为企业的字号在相同或者类似商品上突出使用，容易使相关公众产生误认的，属于商标侵权行为。但是本题中甲公司规范使用商业标识，并未对善福二字加以突出使用，不至于产生混淆效果，因此不属于商标侵权行为，C选项错误。

【答案】AD

3. 甲公司拥有"飞鸿"注册商标，核定使用的商品为酱油等食用调料。乙公司成立在后，特意将"飞鸿"登记为企业字号，并在广告、企业厂牌、商品上突出使用。乙公司使用违法添加剂生产酱油被媒体曝光后，甲公司的市场声誉和产品销量受到严重影响。关于本案，下列哪些说法是正确的？

A. 乙公司侵犯了甲公司的注册商标专用权

B. 乙公司将"飞鸿"登记为企业字号并突出使用的行为构成不正当竞争行为

C. 甲公司因调查乙公司不正当竞争行为所支付的合理费用应由乙公司赔偿

D. 甲公司应允许乙公司在不变更企业名称的情况下以其他商标生产销售合格的酱油

【考点】混淆行为；商标侵权

【解析】根据《关于审理商标民事纠纷案件适用法律若干问题的解释》第1条，将与他人注册商标相同或者相近似的文字作为企业的字号在相同或者类似商品上突出使用，容易使相关公众产生误认的，属于商标侵权行为，所以A正确。根据《商标法》第58条，将他人注册商标、未注册的驰名商标作为企业名称中的字号使用，误导公众，构成不正当竞争行为，所以B正确。根据《反不正当竞争法》第17条，不正当竞争的侵权人应当承担被侵害的经营者因调查该经营者侵害其合法权益的不正当竞争行为所支付的合理费用，甲公司调查乙公司侵害行为的合理费用应当由乙公司承担，C正确。根据《反不正当竞争法》第18条，经营者登记的企业名称构成混淆行为的，应当及时办理名称变更登记；名称变更前，由原企业登记机关以统一社会信用代码代替其名称，因此D错误。

【答案】ABC

4. 甲公司系一家互联网信息公司，未经搜房网运营方同意，劫持搜房网数据，在搜房网页面主页右上角设置弹窗，在用户访问搜房网时，甲公司所投放的广告将自动弹出。对于甲公司的行为，下列哪一说法是正确的？

A. 构成互联网不正当竞争

B. 构成网络避风港原则，不承担责任

C. 构成诋毁商誉

D. 甲公司应为其投放的虚假广告导致的消费者损失承担连带责任

【考点】互联网不正当竞争

【解析】本题原型为最高人民法院第45号指导案例"百度诉奥商不正当竞争案"。《反不正当竞争法》第12条规定："经营者利用网络从事生产经营活动，应当遵守本法的各项规定。经营者不得利用技术手段，通过影响用户选择或者其他方式，实施下列妨碍、破坏其他经营者合法提供的网络产品或者服务正常运行的行为：（一）未经其他经营者同意，在其合法提供的网络产品或者服务中，插入链接、强制进行目标跳转；（二）误导、欺骗、强迫用户修改、关闭、卸载其他经营者合法提供的网络产品或者服务；（三）恶意对其他经营者合法提供的网络产品或者服务实施不兼容；（四）其他妨碍、破坏其他经营者合法提供的网络产品或者服务正常运行的行为。"本题中，甲公司未经搜房网运营方同意，在搜房网中插入链接，强制植入广告，属于互联网领域的不正当竞争行为，故A选项正确。所谓"避风港原则"，是指著作权法上网络服务提供者一般不承担主动审查义务，而是采用"通知＋立即删除"规则来判断其是否构成侵权，在本题中不适用。

【答案】A

5. 郭某为山楂山农产品销售公司负责人，公司收购的山楂山本地特产"仗剑"山药口感香糯，但大量滞销，郭某焦急之下心生一计，便在奇虎网络交易平台开设一家网店，网上销售公司本地特产"仗剑"山药。为扩大销量，山楂山公司要求员工注册该网络交易平台的账号，提供资金在网店下单虚假购买"仗剑"山药，但却不实际发货，发送空包裹，以刷高网店销售排名。关于本案，山楂山农产品销售公司构成下列哪一不正当竞争行为？

A. 商业贿赂行为　　　　　　　　B. 虚假宣传行为

C. 商业混淆行为　　　　　　　　D. 互联网不正当竞争行为

扫码听课

扫码听课

【考点】虚假宣传行为

【解析】《反不正当竞争法》第 8 条规定，经营者不得对其商品的性能、功能、质量、销售状况、用户评价、曾获荣誉等作虚假或者引人误解的商业宣传，欺骗、误导消费者。经营者不得通过组织虚假交易等方式，帮助其他经营者进行虚假或者引人误解的商业宣传。本题中，山楂山公司通过"刷单"方式对其商品的销售状况作虚假宣传，欺骗消费者，构成虚假宣传行为，所以 B 选项正确。

商业贿赂行为是指经营者采用财物或者其他手段贿赂下列单位或者个人，以谋取交易机会或者竞争优势。混淆行为是指经营者采用各种不正当手段，引人误认为是他人商品或者与他人存在特定联系。互联网不正当竞争行为是指经营者利用技术手段，通过影响用户选择或者其他方式，实施妨碍、破坏其他经营者合法提供的网络产品或者服务正常运行的行为。这三种不正当竞争行为都与本题无关，所以 A、C、D 选项错误。

本题可能有同学选择 D，这属于"望文生义"型错误，以为只要通过互联网实施的不正当竞争行为就是互联网不正当竞争。实际上，每一个法律概念，都有自己的内涵和外延，不能仅凭其中文意义去做法律上的选择和判断。

【答案】B

大咖点拨区

第二章　消费者法

考点群	考查频率
消费者的权利和经营者的义务	★★
消费者争议解决规则	★★★
产品质量义务和监督	★
产品责任	★★
违反食品安全法的法律责任	★★★

考点群一　消费者的权利和经营者的义务

扫码听课

1. 甲在乙公司办理了手机通讯服务，业务单约定：如甲方（甲）预付费使用完毕而未及时补交款项，乙方（乙公司）有权暂停甲方的通讯服务，由此造成损失，乙方概不担责。甲预付了费用，1年后发现所用手机被停机，经查询方得知公司有"话费有效期满暂停服务"的规定，此时账户尚有余额，遂诉之。关于此事，下列哪些说法是正确的？

A. 乙公司侵犯了甲的知情权

B. 乙公司提供格式条款时应提醒甲注意暂停服务的情形

C. 甲有权要求乙公司退还全部预付费

D. 法院应支持甲要求乙公司承担惩罚性赔偿的请求

【考点】消费者权利和经营者义务

【解析】本题直接渊源为最高人民法院发布的第64号指导案例"刘某某诉中国移动通信集团江苏有限公司徐州分公司电信服务合同纠纷案"。其裁判要点有二：第一，经营者在格式合同中未明确规定对某项商品或服务的限制条件，且未能证明在订立合同时已将该限制条件明确告知消费者并获得消费者同意的，该限制条件对消费者不产生效力。第二，电信服务企业在订立合同时未向消费者告知某项服务设定了有效期限限制，在合同履行中又以该项服务超过有效期限为由限制或停止对消费者服务的，构成违约，应当承担违约责任。

《消费者权益保护法》第8条规定："消费者享有知悉其购买、使用的商品或者接受的服务的真实情况的权利。"《民法典》第496条第2款规定："采用格式条款订立合同的，提供格式条款的一方应当遵循公平原则确定当事人之间的权利和义务，并采取合理的方式提示对方注意免除或者减轻其责任等与对方有重大利害关系的条款，按照对方的要求，对该条款予以说明。提供格式条款的一方未履行提示或者说明义务，致使对方没有注意或者理解与其有重大利害关系的条款的，对方可以主张该条款不成为合同的内容。"电信业务的经营者作为提供电信服务合同格式条款的一方，应当遵循公平原则确定与电信用户的权利义务内容，权利义务的内容必须符合维护电信用户和电信业务经营者的合法权益、促进电信业的健康发展的立法目的，并主动提请对方注意免除或者限制其责任的条款并向其作出解释说明。本案中，乙公司未对"话费有效期满暂停服务"条款进行提示和明确说明，侵犯了甲的知情权。乙公司暂停服务、收回号码的行为构成违约，应当承担继续履行等违约责任，甲可请求法院判令乙公司取消话费有效期的限制，继续履行合同。由此可知，A、B 选项正确，C 选项错误。另外，违约责任意义上的惩罚性赔偿，以经营者存在欺诈为前提，而本案中乙公司并无欺诈行为，所以 D 选项错误。

【答案】AB

扫码听课

2. 张某从某网店购买一套汽车坐垫。货到拆封后，张某因不喜欢其花色款式，多次与网店交涉要求退货。网店的下列哪些回答是违法的？

A. 客户下单时网店曾提示"一经拆封，概不退货"，故对已拆封商品不予退货

B. 该商品无质量问题，花色款式也是客户自选，故退货理由不成立，不予退货

C. 如网店同意退货，客户应承担退货的运费

D. 如网店同意退货，货款只能在一个月后退还

【考点】经营者退货义务

【解析】根据本题的案例描述，可以确认张某从某网店购买的汽车坐垫并不存在质量问题，因而不适用《消费者权益保护法》第 24 条有关质量问题引起的退换货的规定。根据《消费者权益保护法》第 25 条的规定，经营者采用网络、电视、电话、邮购等方式销售商品，消费者有权自收到商品之日起七日内退货，且无需说明理由，但下列商品除外：（一）消费者定作的；（二）鲜活易腐的；（三）在线下载或者消费者拆封的音像制品、计算机软件等数字化商品；（四）交付的报纸、期刊。除前款所列商品外，其他根据商品性质并经消费者在购买时确认不宜退货的商品，不适用无理由退货。消费者退货的商品应当完好。经营者应当自收到退回商品之日起七日内返还消费者支付的商品价款。退回商品的运费由消费者承担；经营者和消费者另有约定的，按照约定。本题中，对于汽车坐垫不能以拆封作为拒绝退换的理由，故 A 项说法错误。网店 7 日内退货不需要理由，故 B 项说法错误。如网店同意退货，客户应承担退货的运费，故 C 项说法正确。经营者应当自收到退回商品之日起 7 日内返还消费者支付的商品价款，故 D 项说法错误。

【答案】ABD

3. 彦某将一套住房分别委托甲、乙两家中介公司出售。钱某通过甲公司看中该房，但觉得房价太高。双方在看房前所签协议中约定了防"跳单"条款：钱某对甲公司的房源信息负保密义务，不得利用其信息撇开甲公司直接与房主签约，否则支付违约金。事后钱某又在乙公司发现同一房源，而房价比甲公司低得多。钱某通过乙公司买得该房，甲公司得知后提出异议。关于本案，下列哪些判断是错误的？

扫码听课

A. 防"跳单"条款限制了消费者的自主选择权

B. 甲公司抬高房价侵害了消费者的公平交易权

C. 乙公司的行为属于不正当竞争行为

D. 钱某侵犯了甲公司的商业秘密

【考点】 消费者的权利；不正当竞争行为

【解析】 本题直接渊源为最高人民法院发布的第1号指导案例"上海中原物业顾问有限公司诉陶某某居间合同纠纷案"。其裁判要旨为："房屋买卖居间合同中关于禁止买方利用中介公司提供的房源信息却绕开该中介公司与卖方签订房屋买卖合同的约定合法有效。但是，当卖方将同一房屋通过多个中介公司挂牌出售时，买方通过其他公众可以获知的正当途径获得相同房源信息的，买方有权选择报价低、服务好的中介公司促成房屋买卖合同成立，其行为并没有利用先前与之签约中介公司的房源信息，故不构成违约。"概而言之，房屋中介提供的防"跳单"条款是有效的，但是委托人是否构成违约还需要具体分析。结合本案分析，彦某已经委托甲、乙两家中介公司出售其住房，该信息并不属于甲公司的商业秘密，钱某通过正当途径在不同的中介公司了解到房源信息，并自主选择价格低、服务好的中介公司属于合法行为，因而C、D项说法均是错误的。单纯地来看防"跳单"条款本身并不是违法的，并不属于限制消费者自主选择权的行为，而甲公司根据彦某的委托发布房源的价格信息本身也并未侵害消费者的公平交易权，故A、B项说法也是错误的。综上，本题的答案为ABCD。

【答案】 ABCD

4. F公司是一家专营进口高档家具的企业。媒体曝光该公司有部分家具是在国内生产后，以"先出口，再进口"的方式取得进口报关凭证，在销售时标注为外国原产，以高于出厂价数倍的价格销售。此时，已经在F公司购买家具的顾客，可以行使下列哪些权利？

A. 顾客有权要求F公司提供所售商品的产地、制造商、采购价格、材料等真实信息并提供充分证明

B. 如F公司不能提供所售商品的真实信息和充分证明，顾客有权要求退货

C. 如能够确认F公司对所售商品的产地、材质等有虚假陈述，顾客有权要求双倍返还价款

D. 即使F公司提供了所售商品的真实信息和充分证明，顾客仍有权以"对公司失去信任"为由要求退货

【考点】 消费者的知情权；经营者欺诈的惩罚性赔偿

【解析】《消费者权益保护法》第8条规定："消费者享有知悉其购买、使用的商品或者接受的服务的真实情况的权利。消费者有权根据商品或者服务的不同情况，要求经营者提供商品的价格、产地、生产者、用途、性能、规格、等级、主要成份、生产日期、有效期限、检验合格证明、使用方法说明书、售后服务，或者服务的内容、规格、费用等有关情况。"据此，选项A中，顾客有权要求销售者F公司提供所售商品的产地等真实信息并提供充分证明，故A项正确，当选。《产品质量法》第40条第1款第（二）项规定，售出的产品有不符合在产品或者其包装上注明采用的产品标准的，销售者应当负责修理、更换、退货；给购买产品的消费者造成损失的，销售者应当赔偿损失。本题中，F公司在销售家具

时标注的是"外国原产"，实际上是"国内生产"，且 F 公司不能提供所售商品的真实信息和充分证明，属于所售产品不符合产品或其包装上注明采用的产品标准的情况，顾客有权要求其退货。故 B 项正确，当选。依据 2013 年修订前《消费者权益保护法》的规定，"顾客有权要求双倍返还价款"C 项是正确的。但是，若按 2013 新修订的《消费者权益保护法》第 55 条："经营者提供商品或者服务有欺诈行为的，应当按照消费者的要求增加赔偿其受到的损失，增加赔偿的金额为消费者购买商品的价款或者接受服务的费用的三倍；增加赔偿的金额不足五百元的，为五百元。法律另有规定的，依照其规定。经营者明知商品或者服务存在缺陷，仍然向消费者提供，造成消费者或者其他受害人死亡或者健康严重损害的，受害人有权要求经营者依照本法第四十九条、第五十一条等法律规定赔偿损失，并有权要求所受损失二倍以下的惩罚性赔偿。"因此，依据新《消费者权益保护法》，本题中顾客可以要求 3 倍赔偿。如果消费者选择主张双倍返还价款，可以视为放弃一部分赔偿请求权，亦无不可。所以仍然可以认为 C 是正确的。若 F 公司提供了真实信息和充分证据可以证明其所售家具为"外国原产"高档家具，则其不存在违法行为，顾客不能以"对公司失去信任"为由要求退货，故 D 项错误，不当选。

【答案】 ABC

考点群二　消费者争议解决规则

1. 在茶叶丰收之际，德艺公司认为茶叶销售旺季将引发其关联产品茶具的火爆销售，遂购进一批产自绯云公司的茶具，准备借 A 市茶具协会举办茶具工艺品展销会之机出售该批茶具。为了顺利参加此次展销会，德艺公司又借来猛牛公司的营业执照并租来金盛公司的柜台，允诺营业执照借用至展销会结束时止。展会期间，展会附近居民小王去展场购买一套茶具回家后，泡了一壶茶竟然发现壶嘴开裂。在展销会结束前，小王可向以下哪一主体主张补救损失？

A. 猛牛公司　　　　　　　B. 绯云公司
C. 茶具协会　　　　　　　D. 金盛公司

【考点】 责任主体
【解析】本题综合考查消费者法上的责任主体问题。实际经营者德艺公司当然要向消费者小王承担责任，但是选项中并未出现。除德艺公司之外，还有下列主体需要考虑：

一是营业执照持有人猛牛公司。《消费者权益保护法》第 42 条规定，使用他人营业执照的违法经营者提供商品或者服务，损害消费者合法权益的，消费者可以向其要求赔偿，也可以向营业执照的持有人要求赔偿。本题中，德艺公司借用猛牛公司营业执照，消费者小王可以向营业执照的持有人猛牛公司主张赔偿。A 选项正确。

二是生产者绯云公司。《消费者权益保护法》第 40 条规定，消费者在购买、使用商品时，其合法权益受到损害的，可以向销售者要求赔偿。销售者赔偿后，属于生产者的责任或者属于向销售者提供商品的其他销售者的责任的，销售者有权向生产者或者其他销售者追偿。消费者或者其他受害人因商品缺陷造成人身、财产损害的，可以向销售者要求赔偿，也可以向生产者要求赔偿。属于生产者责任的，销售者赔偿后，有权向生产者追偿。属于销售者责任的，生产者赔偿后，有权向销售者追偿。消费者在接受服务时，其合法权益受到损害的，可以向服务者要求赔偿。由此可见，只有在因产品缺陷造成他人人身、财产损害的时候，也就是存在侵权责任的时候，消费者或其他受害人才可以直接请求生产者赔偿。而本题中，壶嘴开裂并非侵权责任，消费者只能请求销售者赔偿，不得直接请求生产者赔偿，所以 B 选项错误。

三是展销会举办者和柜台出租者的责任。《消费者权益保护法》第 43 条规定，消费者在展销会、租赁柜台购买商品或者接受服务，其合法权益受到损害的，可以向销售者或者服务者要求赔偿。展销会结束或者柜台租赁期满后，也可以向展销会的举办者、柜台的出租者要求赔偿。展销会的举办者、柜台的出租者赔偿后，有权向销售者或者服务者追偿。由此，茶具协会承担责任的前提是展销会结束，金盛公司承担责任的前提是柜台租期届满，但是这两个条件均未满足，所以 C、D 选项错误。

【答案】A

扫码听课

2. 甲在 A 银行办理了一张可异地跨行存取款的银行卡，并曾用该银行卡在 A 银行一台自动取款机上取款。甲取款数日后，发现该卡内的全部存款被人在异地 B 银行的自动取款机上取走。后查明：甲在 A 银行取款前一天，某盗卡团伙已在该自动取款机上安装了摄像和读卡装置（一周后被发现），甲对该卡和密码一直妥善保管，也从未委托他人使用。关于甲的存款损失，下列哪一说法是正确的？

A. 自行承担部分损失

B. 有权要求 A 银行赔偿

C. 有权要求 A 银行和 B 银行赔偿

D. 只能要求复制盗刷银行卡的罪犯赔偿

【考点】经营者的责任

【解析】甲和 A 银行之间存在储蓄合同关系，根据民法和消费者权益保护法，A 银行对甲的存款负有安全保障义务。某盗卡团伙在 A 银行的自动取款机上安装了摄像和读卡装置，长达一周之久，银行未能发现和制止，未能尽到对甲的安全保障义务。在甲无过错的情况下，其有权要求 A 银行赔偿全部损失。故选 B。

【答案】B

3. 某商场使用了由东方电梯厂生产、亚林公司销售的自动扶梯。某日营业时间，自动扶梯突然逆向运行，造成顾客王某、栗某和商场职工薛某受伤，其中栗某受重伤，经治疗半身瘫痪，数次自杀未遂。现查明，该型号自动扶梯在全国已多次发生相同问题，但电梯厂均通过更换零部件、维修进行处理，并未停止生产和销售。请回答第（1）～（3）题：

（1）关于赔偿主体及赔偿责任，下列选项正确的是：

A. 顾客王某、栗某有权请求商场承担赔偿责任

B. 受害人有权请求电梯厂和亚林公司承担赔偿责任

C. 电梯厂和亚林公司承担连带赔偿责任

D. 商场和电梯厂承担按份赔偿责任

扫码听课

【考点】责任主体

【解析】经营者应当保证其提供的商品或者服务符合保障人身、财产安全的要求。宾馆、商场、餐馆、银行、机场、车站、港口、影剧院等经营场所的经营者，应当对消费者尽到安全保障义务。因此，顾客可向商场主张损害赔偿，A正确。消费者或者其他受害人因商品缺陷造成人身、财产损害的，可以向销售者要求赔偿，也可以向生产者要求赔偿。受害人可向销售者亚林公司、生产者电梯厂主张损害赔偿责任，B正确。受害人既可以向销售者，也可向生产者主张损害赔偿，销售者、生产者对受害人承担连带责任，所以电梯厂和销售商亚林公司承担连带责任，C正确。消费者依据安全保障义务向商场主张权利，依据产品缺陷责任向电梯厂主张权利，其请求权基础不同，商场和电梯厂对消费者不成立按份责任，D错误。

【答案】ABC

（2）关于顾客王某与栗某可主张的赔偿费用，下列选项正确的是：

A. 均可主张为治疗支出的合理费用

B. 均可主张因误工减少的收入

C. 栗某可主张精神损害赔偿

D. 栗某可主张所受损失2倍以下的惩罚性赔偿

【考点】赔偿范围

【解析】因产品缺陷造成的损害，受害人可主张的赔偿费用包括为治疗而支付的合理费用，A正确。因产品缺陷造成的损害，受害人可主张的赔偿费用包括误工费，B正确。经营者有侵害消费者或者其他受害人人身权益的行为，造成严重精神损害的，受害人可以要求精神损害赔偿。C正确。经营者明知商品或者服务存在缺陷，仍然向消费者提供，造成消费者或者其他受害人死亡或者健康严重损害的，受害人除要求赔偿损失外，并有权要求所受损失二倍以下的惩罚性赔偿。本题中扶梯在全国已经多次发生相同问题，但电梯厂均通过更换零部件、维修进行处理，并未停止生产和销售，构成明知，D正确。

【答案】ABCD

（3）职工薛某被认定为工伤且被鉴定为六级伤残。关于其工伤保险待遇，下列选项正确的是：

A. 如商场未参加工伤保险，薛某可主张商场支付工伤保险待遇或者承担民事人身损害赔偿责任

B. 如商场未参加工伤保险也不支付工伤保险待遇，薛某可主张工伤保险基金先行支付

C. 如商场参加了工伤保险，主要由工伤保险基金支付工伤保险待遇，但按月领取的伤残津贴仍由商场支付

D. 如电梯厂已支付工伤医疗费，薛某仍有权获得工伤保险基金支付的工伤医疗费

【考点】工伤保险

【解析】职工所在用人单位未依法缴纳工伤保险费，发生工伤事故的，由用人单位支付工伤保险待遇。职工薛某可向用人单位主张支付工伤保险待遇，而不能适用民事人身损害赔偿责任。职工薛某和用人单位的劳动关系规则优先适用。

A 错误。职工所在用人单位未依法缴纳工伤保险费，发生工伤事故的，由用人单位支付工伤保险待遇。用人单位不支付的，从工伤保险基金中先行支付，B 正确。因工伤发生的五级、六级伤残职工按月领取的伤残津贴，按照国家规定由用人单位支付，C 正确。依据《最高人民法院关于审理工伤保险行政案件若干问题的规定》第八条的规定，第三人已经支付的医疗费用的，社会保险经办机构可以拒绝支付医疗费用。因此电梯厂已经支付医疗费用的，薛某不能获得工伤保险基金支付的医疗费用。这是请求权竞合关系，请求权目的如果已经实现，则其他请求权自然消灭。所以 D 错误。

【答案】BC

考点群三　产品质量义务和监督

1. 某家具店出售的衣柜，如未被恰当地固定到墙上，可能发生因柜子倾倒致人伤亡的危险。关于此事，下列哪些说法是正确的？

A. 该柜质量应符合产品安全性的要求

B. 该柜本身或其包装上应有警示标志或者中文警示说明

C. 质检部门对这种柜子进行抽查，可向该店收取检验费

D. 如该柜被召回，该店应承担购买者因召回支出的全部费用

【考点】经营者的产品质量义务，产品质量监督

【解析】《产品质量法》第26条规定："产品质量应当符合下列要求：（一）不存在危及人身、财产安全的不合理的危险，有保障人体健康和人身、财产安全的国家标准、行业标准的，应当符合该标准；（二）具备产品应当具备的使用性能，但是，对产品存在使用性能的瑕疵作出说明的除外；（三）符合在产品或者其包装上注明采用的产品标准，符合以产品说明、实物样品等方式表明的质量状况。"由此可知 A 选项正确。《产品质量法》第27条规定："产品或者其包装上的标识必须真实，并符合下列要求：（一）有产品质量检验合格证明；（二）有中文标明的产品名称、生产厂厂名和厂址；（三）根据产品的特点和使用要求，需要标明产品规格、等级、所含主要成份的名称和含量的，用中文相应予以标明；需要事先让消费者知晓的，应当在外包装上标明，或者预先向消费者提供有关资料；（四）限期使用的产品，应当在显著位置清晰地标明生产日期和安全使用期或者失效日期；（五）使用不当，容易造成产品本身损坏或者可能危及人身、财产安全的产品，应当有警示标志或者中文警示说明。"由此可知 B 选项正确。《产品质量法》第15条第3款规定："根据监督抽查的需要，可以对产品进行检验。检验抽取样品的数量不得超过检验的合理需要，并不得向被检查人收取检验费用。监督抽查所需检验费用按照国务院规定列支。"由此可知 C 选项错误。所谓召回，是由缺陷产品制造商或进口商选择修理、更换、收回等方式消除其产品可能引起人身伤害、财产损失的缺陷的过程。我国目前尚无统一的召回制度，结合《消费者权益保护法》第19条经营者承担消费者因商品被召回支出的必要费用的规定，参照《缺陷汽车产品召回管理规定》等有关规章，召回者应当承担消除缺陷的费用和必要的运输费，所以 D 错误。

【答案】AB

考点群四 产品责任

1. 霍某在靓顺公司购得一辆汽车，使用半年后前去靓顺公司维护保养。工作人员告诉霍某该车气囊电脑存在故障，需要更换。霍某认为此为产品质量问题，要求靓顺公司免费更换，靓顺公司认为是霍某使用不当所致，要求其承担更换费用。经查，该车气囊电脑不符合产品说明所述质量。对此，下列哪一说法是正确的？

A. 霍某有权请求靓顺公司承担违约责任

B. 霍某只能请求该车生产商承担免费更换责任

C. 霍某有权请求靓顺公司承担产品侵权责任

D. 靓顺公司和该车生产商应当连带承担产品侵权责任

【考点】生产经营者的责任

【解析】本题A项较为容易判断。在霍某和靓顺公司之间存在买卖合同关系，标的物质量不符合要求，霍某有权请求靓顺公司承担违约责任。较为复杂的是，这里是否存在产品侵权责任。根据《产品质量法》和《民法典》规定，产品侵权责任的构成要件包括三个：产品缺陷、损害后果和因果关系。本案中，气囊电脑不符合产品说明所述质量，汽车产品存在危及人身、财产安全的不合理危险，所以产品缺陷存在。但是，本案并没有发生损害后果，因此产品侵权责任不成立，所以C、D项均错误。对于汽车产品而言，产品存在缺陷，生产者有召回义务，所以虽然霍某和生产商之间不存在合同关系，但是依然有权要求生厂商免费更换，但是由于霍某也有权请求靓顺公司承担违约责任，所以B项错误。

【答案】A

2. 孙某从某超市买回的跑步机在使用中出现故障并致其受伤。经查询得知，该型号跑步机数年前已被认定为不合格产品，超市从总经销商煌煌商贸公司依正规渠道进货。下列哪些选项是正确的？

A. 孙某有权向该跑步机生产商索赔

B. 孙某有权向煌煌商贸公司、超市索赔

C. 超市向孙某赔偿后，有权向该跑步机生产商索赔

D. 超市向孙某赔偿后，有权向煌煌商贸公司索赔

【考点】产品责任

【解析】《产品质量法》第43条："因产品存在缺陷造成人身、他人财产损害的，受害人可以向产品的生产者要求赔偿，也可以向产品的销售者要求赔偿。属于产品的生产者的责任，产品的销售者赔偿的，产品的销售者有权向产品的生产者追偿。属于产品的销售者的责任，产品的生产者赔偿的，产品的生产者有权向产品的销售者追偿。"本题中孙某从某超市买回的跑步机在使用中出现故障并致其受伤，其性质是消费者因产品缺陷造成人身损害，孙某可以向销售者超市、煌煌商贸公司要求赔偿，也可以向生产者跑步机生产商要求赔偿。故A、B项正确，当选。另外"该型号跑步机数年前已被认定为不合格产品，超市从总经销商煌煌

商贸公司依正规渠道进货。"既然已被认定为不合格产品，生产厂家和总经销商还生产和经营该产品，超市从总经销商煌煌商贸公司依正规渠道进货，说明该产品的侵权责任与超市无关，超市向孙某赔偿后，有权向该跑步机生产商索赔，也有权向煌煌商贸公司索赔。故 C、D 项正确，当选。

【答案】ABCD

3. 张三在寝室复习法考考试，隔壁寝室的学生李四、王五到张三寝室强烈要求张三打开电视观看世界杯，张三照办。由于质量问题，电视机突然爆炸，张三、李四和王五三人均受重伤。关于三人遭受的损害，下列哪一选项是正确的？

A. 张三可要求电视机的销售者承担赔偿责任

B. 张三可要求李四、王五承担损害赔偿责任

C. 张三、李四无权要求电视机的销售者承担赔偿责任

D. 张三、李四有权要求王五承担损害赔偿责任

【考点】产品责任

【解析】产品责任本质上是一种侵权责任。就责任主体而言，生产者和销售者承担连带责任。《产品质量法》第 43 条规定："因产品存在缺陷造成人身、他人财产损害的，受害人可以向产品的生产者要求赔偿，也可以向产品的销售者要求赔偿。属于产品的生产者的责任，产品的销售者赔偿的，产品的销售者有权向产品的生产者追偿。属于产品的销售者的责任，产品的生产者赔偿的，产品的生产者有权向产品的销售者追偿。"就权利主体而言，缺陷产品的购买者、使用者以及其他受害人，都可以主张产品责任。因此，本题中，张三、李四、王五均可请求生产者或销售者赔偿，故 A 项正确。在张三、李四、王五之间，因为没有过错，故不成立一般侵权责任。

【答案】A

考点群五 违反食品安全法的法津责任

1. 李某花 2000 元购得某省 M 公司生产的苦茶一批，发现其备案标准并非苦茶的标准，且保质期仅为 9 个月，但产品包装上显示为 18 个月，遂要求该公司支付 2 万元的赔偿金。对此，下列哪些说法是正确的？

A. 李某的索赔请求于法有据

B. 茶叶的食品安全国家标准由国家卫计委制定、公布并提供标准编号

C. 没有苦茶的食品安全国家标准时，该省卫计委可制定地方标准，待国家标准制定后，酌情存废

D. 国家鼓励该公司就苦茶制定严于食品安全国家标准或地方标准的企业标准，在该公司适用，并报该省卫计委备案

【考点】食品安全标准，违反食品安全法的责任

【解析】《食品安全法》第 148 条第 2 款规定："生产不符合食品安全标准的食品或者经营明知是不符合食品安全标准的食品，消费者除要求赔偿损失外，还可以向生产者或者经营者要求支付价款十倍或者损失三倍的赔偿金；增加赔偿的金额不足一千元的，为一千元。但是，食品的标签、说明书存在不影响食品安全

且不会对消费者造成误导的瑕疵的除外。"本题中，M 公司生产并销售不符合食品安全标准的食品，李某有权要求 10 倍价款即 2 万元的惩罚性赔偿，所以 A 项正确。《食品安全法》第 27 条第 1 款规定："食品安全国家标准由国务院卫生行政部门会同国务院食品安全监督管理部门制定、公布，国务院标准化行政部门提供国家标准编号。"所以 B 项错误。《食品安全法》第 29 条规定："对地方特色食品，没有食品安全国家标准的，省、自治区、直辖市人民政府卫生行政部门可以制定并公布食品安全地方标准，报国务院卫生行政部门备案。食品安全国家标准制定后，该地方标准即行废止。"所以 C 项错误。《食品安全法》第 30 条规定："国家鼓励食品生产企业制定严于食品安全国家标准或者地方标准的企业标准，在本企业适用，并报省、自治区、直辖市人民政府卫生行政部门备案。"所以 D 项正确。

【答案】AD

2. 李某从超市购得橄榄调和油，发现该油标签上有"橄榄"二字，侧面标示"配料：大豆油，橄榄油"，吊牌上写明："添加了特等初榨橄榄油"，遂诉之。经查，李某事前曾多次在该超市"知假买假"。关于此案，下列哪些说法是正确的？

A. 该油的质量安全管理，应遵守《农产品质量安全法》的规定

B. 该油未标明橄榄油添加量，不符合食品安全标准要求

C. 如李某只向该超市索赔，该超市应先行赔付

D. 超市以李某"知假买假"为由进行抗辩的，法院不予支持

【考点】食品安全法适用范围，食品安全标准，违反食品安全法的责任

【解析】本题直接渊源为最高人民法院发布的第 60 号指导案例"盐城市奥康食品有限公司东台分公司诉盐城市东台工商行政管理局工商行政处罚案"。A 选项涉及食品安全法的适用范围。根据《食品安全法》第 2 条，食品的生产、经营、贮存、运输和安全管理，适用《食品安全法》；食用农产品的质量安全管理适用《农产品质量安全法》。食用油属于食品，其质量安全管理适用《食品安全法》，所以 A 错误。B 选项涉及食品安全标准的内容。《食品安全法》第 26 条规定："食品安全标准应当包括下列内容：（一）食品、食品添加剂、食品相关产品中的致病性微生物，农药残留、兽药残留、生物毒素、重金属等污染物质以及其他危害人体健康物质的限量规定；（二）食品添加剂的品种、使用范围、用量；（三）专供婴幼儿和其他特定人群的主辅食品的营养成分要求；（四）对与卫生、营养等食品安全要求有关的标签、标志、说明书的要求；（五）食品生产经营过程的卫生要求；（六）与食品安全有关的质量要求；（七）与食品安全有关的食品检验方法与规程；（八）其他需要制定为食品安全标准的内容。"该食品标签不符合食品安全标准，所以 B 选项正确。C 选项涉及食品安全责任主体。《食品安全法》第 148 条第 1 款规定："消费者因不符合食品安全标准的食品受到损害的，可以向经营者要求赔偿损失，也可以向生产者要求赔偿损失。接到消费者赔偿要求的生产经营者，应当实行首负责任制，先行赔付，不得推诿；属于生产者责任的，经营者赔偿后有权向生产者追偿；属于经营者责任的，生产者赔偿后有权向经营者追偿。"这一规定被称为"首负责任制"，据此可知 C 选项正确。D 选项涉及食品纠纷中的抗辩事由问题。《最高人民法院关于审理食品药品纠纷案件适用法律若干问题的规定》第 3 条规定："因食品、药品质量问题发生纠纷，购买者

向生产者、销售者主张权利，生产者、销售者以购买者明知食品、药品存在质量问题而仍然购买为由进行抗辩的，人民法院不予支持。"由此可知 D 选项正确。

【答案】BCD

3. 某企业明知其产品不符合食品安全标准，仍予以销售，造成消费者损害。关于该企业应承担的法律责任，下列哪一说法是错误的？

A. 除按消费者请求赔偿实际损失外，还应按消费者要求支付惩罚性赔偿金

B. 应当承担民事赔偿责任和缴纳罚款、罚金的，优先支付罚款、罚金

C. 可能被采取的强制措施种类有责令改正、警告、停产停业、没收、罚款、吊销许可证

D. 如该企业被吊销食品生产许可证，其直接负责的主管人员五年内不得从事食品生产经营管理工作

【考点】违反食品安全法的责任

【解析】根据《食品安全法》第 148 条第 2 款规定："生产不符合食品安全标准的食品或者经营明知是不符合食品安全标准的食品，消费者除要求赔偿损失外，还可以向生产者或者销售者要求支付价款十倍或者损失三倍的赔偿金。"选项 A 正确。《食品安全法》第 147 条规定，生产经营者财产不足以同时承担民事赔偿责任和缴纳罚款、罚金时，先承担民事赔偿责任，B 选项错误。《食品安全法》第 123－126 条分别对多种不法经营行为规定了处罚措施。某企业所实施的行为受到的强制措施的种类为上述法条中所规定的没收、罚款、吊销许可证、责令改正、警告、责令停产停业，C 选项正确。根据《食品安全法》第 135 条可知，被吊销许可证的食品生产经营者及其法定代表人，直接负责的主管人员等自处罚决定作出之日起 5 年内不得从事食品生产经营管理工作，D 正确。

【答案】B

4. 消费者朱某从某土特产超市购买了野生菇一包（售价五十元），食用后因食物中毒口吐白沫、倒地不起，被紧急送往医院抢救，花费医疗费五千元。事后查明，该野生菇由当地企业蘑菇世家生产，因不符合食品安全标准，已多次发生消费者食物中毒事件。关于本案的责任承担，下列哪些说法是正确的？

A. 土特产超市发现食品安全事故后，可以立即停止销售，召回已经销售野生菇的食品

B. 如果朱某要求土特产超市赔偿，该超市有权以无过错为由拒绝赔偿

C. 朱某有权获得最高 1.5 万元的惩罚性赔偿金

D. 若生产企业财产不足以同时支付行政罚款和民事赔偿，应当先行支付民事赔偿

【考点】食品召回制度，违反食品安全法的责任

【解析】根据《食品安全法》第 63 条，食品生产者发现其生产的食品不符合食品安全标准或者有证据证明可能危害人体健康的，应当立即停止生产，召回已经上市销售的食品，通知相关生产经营者和消费者，并记录召回和通知情况。食品经营者发现其经营的食品有前款规定情形的，应当立即停止经营，通知相关生产经营者和消费者，并记录停止经营和通知情况。食品生产者认为应当召回的，应当立即召回。由于食品经营者的原因造成其经营的食品有前款规定情形的，食品经营者应当召回。由此可知，除由于食品经营者的原因造成其经营的食品有问

题的以外，只有食品生产者才有权利决定直接召回问题食品，故 A 项错误。根据《食品安全法》第 148 条规定，消费者因不符合食品安全标准的食品受到损害的，可以向经营者要求赔偿损失，也可以向生产者要求赔偿损失。接到消费者赔偿要求的生产经营者，应当实行首负责任制，先行赔付，不得推诿；属于生产者责任的，经营者赔偿后有权向生产者追偿；属于经营者责任的，生产者赔偿后有权向经营者追偿。生产不符合食品安全标准的食品或者经营明知是不符合食品安全标准的食品，消费者除要求赔偿损失外，还可以向生产者或者经营者要求支付价款十倍或者损失三倍的赔偿金；增加赔偿的金额不足一千元的，为一千元。但是，食品的标签、说明书存在不影响食品安全且不会对消费者造成误导的瑕疵的除外。该条规定有两个要点，一是"首负责任制"，所以 B 项错误；二是惩罚性赔偿，其数额在 1000 元、10 倍价款和 3 倍损失之间可以选最高，本题按照 3 倍损失计算，数额为 1.5 万元，所以 C 项正确。根据《食品安全法》第 147 条规定，违反本法规定，造成人身、财产或者其他损害的，依法承担赔偿责任。生产经营者财产不足以同时承担民事赔偿责任和缴纳罚款、罚金时，先承担民事赔偿责任。由此可知 D 选项正确。

【答案】CD

5. 张三在甲超市购买巧克力，付款 180 元，巧克力包装上声明"本产品遵循国际标准＊＊＊＊号"。后经检验，该巧克力符合食品安全国家标准，但不符合包装上所称国际标准。张三主张甲超市退款并赔偿 1800 元。下列哪一判断是正确的？

　　A. 甲超市应退款并赔偿 1800 元
　　B. 甲超市应退款，但不必赔偿 1800 元
　　C. 甲超市不必退款，但应赔偿 1800 元
　　D. 甲超市不必退款，也不必赔偿 1800 元

【考点】食品安全法上的惩罚性赔偿

【解析】《食品安全法》第 148 条第 2 款规定："生产不符合食品安全标准的食品或者经营明知是不符合食品安全标准的食品，消费者除要求赔偿损失外，还可以向生产者或者经营者要求支付价款十倍或者损失三倍的赔偿金；增加赔偿的金额不足一千元的，为一千元。但是，食品的标签、说明书存在不影响食品安全且不会对消费者造成误导的瑕疵的除外。"这里的食品安全标准，指的是在我国适用的食品安全标准，若有食品安全国家标准就是指该国家标准，若无食品安全国家标准但有食品安全地方标准就是指该地方标准。本题中，张三购买的巧克力符合食品安全国家标准，所以不符合《食品安全法》第 148 条第 2 款规定的惩罚性赔偿的适用条件，超市不必赔偿十倍价款即 1800 元。但是，该巧克力不符合其声称的质量标准，属于瑕疵产品，张三有权根据《消费者权益保护法》的规定要求退货。所以 B 选项是正确的，其余选项均错误。另外，从案情来看，也无法证明超市明知，所以无法认定超市存在欺诈行为，无法适用三倍价款的惩罚性赔偿。

【答案】B

大咖点拨区

第三章　银行业法

考点群	考查频率
商业银行的业务	★★★
商业银行的组织	★
银行业监管主体与对象	★
银行业监督管理措施	★★
违反商业银行法的法律责任	★

考点群一　商业银行的业务

1. 某商业银行，为增加贷款业务量，与李某合作，李某协助该商业银行开拓联系贷款客户和办理贴息贷款业务，并在贴息中获取个人报酬。自 2017 年以来，李某长期使用该银行场地及柜员开展业务，经查李某是该银行离职人员。对此，下列哪些说法是正确的？

A. 李某可以开展银行贷款业务

B. 银行与李某的合作应该遵循公平竞争原则

C. 商业银行资产的安全性与流动性呈反比关系

D. 商业银行资产的安全性与收益性呈反比关系

【考点】商业银行业务原则与规则

【解析】《商业银行法》第 11 条第 2 款规定："未经国务院银行业监督管理机构批准，任何单位和个人不得从事吸收公众存款等商业银行业务，任何单位不得在名称中使用'银行'字样。"因此，李某不可以开展银行贷款业务，A 项错误。《商业银行法》第 9 条规定："商业银行开展业务，应当遵守公平竞争的原则，不得从事不正当竞争。"故 B 项正确。《商业银行法》第 4 条第 1 款规定："商业银行以安全性、流动性、效益性为经营原则，实行自主经营，自担风险，自负盈亏，自我约束。"一般情况下，资产流动性越强，其安全性越高，流动性与安全性呈正比关系，故 C 项错误。效益性越高，则风险性也就越高，安全性越低，安全性与收益性呈反比关系，故 D 项正确。

【答案】BD

2. 某商业银行决定推出一批新型理财产品，但该业务品种在已获批准的业务范围之外。该银行在报批的同时要求下属各分行开展试销。对此，下列哪些选项是正确的？

A. 该业务品种应由中国银保监会审批

扫码听课

扫码听课

B. 该业务品种应由中国人民银行审批

C. 因该业务品种在批准前即进行试销，有关部门有权对该银行进行处罚

D. 该业务品种在批准前进行的试销交易为效力待定的民事行为

【考点】商业银行业务范围

【解析】《银行业监督管理法》第18条："银行业金融机构业务范围内的业务品种，应当按照规定经国务院银行业监督管理机构审查批准或者备案。需要审查批准或者备案的业务品种，由国务院银行业监督管理机构依照法律、行政法规作出规定并公布。"由此可知题中某商业银行的新型理财产品应由中国银监会审批。故A项正确，B项错误。《银行业监督管理法》第45条规定，银行业金融机构有下列情形之一的，由国务院银行业监督管理机构责令改正，有违法所得的，没收违法所得……（三）违反规定从事未经批准或者未备案的业务活动的……该商业银行在其业务品种批准前就进行试销，有关部门有权对该商业银行进行处罚。故C项正确。在批准前的试销行为有效，商业银行是公司法人，其越权行为有效，而且商业银行违反的是管理性规范，而不是效力性规范，商业银行违法并不影响其对外从事的法律行为的效力，但商业银行要承担违法的行政责任。故D项错误。

【答案】AC

3. 某市商业银行2010年通过实现抵押权取得某大楼的所有权，2013年卖出该楼获利颇丰。2014年该银行决定修建自用办公楼，并决定入股某知名房地产企业。该银行的下列哪些做法是合法的？

A. 2010年实现抵押权取得该楼所有权

B. 2013年出售该楼

C. 2014年修建自用办公楼

D. 2014年入股某房地产企业

【考点】商业银行业务的限制

【解析】根据《商业银行法》第42条第2款的规定，借款人到期不归还担保贷款的，商业银行依法享有要求保证人归还贷款本金和利息或者就该担保物优先受偿的权利。商业银行因行使抵押权、质权而取得的不动产或者股权，应当自取得之日起2年内予以处分。故A项做法合法，B项做法超过了2年内予以处分的规定，不合法。根据《商业银行法》第43条的规定，商业银行在中华人民共和国境内不得从事信托投资和证券经营业务，不得向非自用不动产投资或者向非银行金融机构和企业投资，但国家另有规定的除外。故C项做法合法，D项做法不合法。

【答案】AC

4. 某商业银行对其资金管理作出了一系列安排，包括向各分支机构拨付相关运营资金、调整流动性比例、处分抵押物及拆入资金等资金使用行为。下列哪些行为不符合法律规定？

A. 规定本行的流动性资产余额与流动性负债余额的比例不得低于35%

B. 为扩大经营规模，拨付给各分支行的运营资金总和为总行资金的65%

C. 因行使抵押权取得的商品房，规定应当自取得之日起2年内予以处分

D. 规定可以利用拆入的资金发放固定资产贷款，但不得用于投资

【考点】商业银行业务限制

【解析】根据《商业银行法》第39条第1款规定，商业银行贷款，应当遵守下列资产负债比例管理的规定：（一）资本充足率不得低于百分之八；（二）流动性资产余额与流动性负债余额的比例不得低于百分之二十五；（三）对同一借款人的贷款余额与商业银行资本余额的比例不得超过百分之十；（四）国务院银行业监督管理机构对资产负债比例管理的其他规定。由此可知，法律规定商业银行流动性资产余额与流动性负债余额的比例不得低于25%，银行规定了更严格的比例，利于保持商业银行的稳健经营，当然是法律允许的，故A项正确。根据《商业银行法》第19条第2款规定，商业银行在中华人民共和国境内设立分支机构，应当按照规定拨付与其经营规模相适应的营运资金额。拨付各分支机构营运资金额的总和，不得超过总行资本金总额的60%，故B项错误。根据《商业银行法》第42条规定，商业银行因行使抵押权、质权而取得的不动产或者股权，应当自取得之日起2年内予以处分，故C项正确。根据《商业银行法》第46条第1款规定，同业拆借，应当遵守中国人民银行的规定。禁止利用拆入资金发放固定资产贷款或者用于投资，故D项错误。题目问的是不合法选项，答案为BD。

【答案】BD

5. 某商业银行推出"校园贷"业务，旨在向在校大学生提供额度不等的消费贷款。对此，下列哪些说法是<u>错误</u>的？

A. 银行向在校大学生提供"校园贷"业务，须经国务院银保监机构审批或备案

B. 在校大学生向银行申请"校园贷"业务，无论资信如何，都必须提供担保

C. 银行应对借款大学生的学习、恋爱经历、父母工作等情况进行严格审查

D. 银行为提高"校园贷"业务发放效率，审查人员和放贷人员可同为一人

【考点】商业银行的业务，贷款业务

【解析】《银行业监督管理法》第18条规定："银行业金融机构业务范围内的业务品种，应当按照规定经国务院银行业监督管理机构审查批准或者备案。"所以A项说法正确。《商业银行法》第35条规定："商业银行贷款，应当对借款人的借款用途、偿还能力、还款方式等情况进行严格审查。商业银行贷款，应当实行审贷分离、分级审批的制度。"所以C、D项说法错误。《商业银行法》第36条第二款规定："经商业银行审查、评估，确认借款人资信良好，确能偿还贷款的，可以不提供担保。"也就是通常所说的"以担保贷款为原则、信用贷款为例外"，所以B项说法错误。

【答案】BCD

6. 某商业银行通过同业拆借获得一笔资金。关于该拆入资金的用途，下列哪一选项是违法的？

A. 弥补票据结算的不足

B. 弥补联行汇差头寸的不足

C. 发放有担保的短期固定资产贷款

D. 解决临时性周转资金的需要

【考点】同业拆借业务

扫码听课

扫码听课

【解析】根据《商业银行法》第 46 条的规定，同业拆借，应当遵守中国人民银行的规定。禁止利用拆入资金发放固定资产贷款或者用于投资。拆出资金限于交足存款准备金、留足备付金和归还中国人民银行到期贷款之后的闲置资金。拆入资金用于弥补票据结算、联行汇差头寸的不足和解决临时性周转资金的需要。故本题中 C 项发放有担保的短期固定资产贷款是违法的，故当选。

【答案】C

考点群二　商业银行的组织

1. 根据《商业银行法》，关于商业银行分支机构，下列哪些说法是错误的？

A. 在中国境内应当按行政区划设立

B. 经地方政府批准即可设立

C. 分支机构不具有法人资格

D. 拨付各分支机构营运资金额的总和，不得超过总行资本金总额的 70%

【考点】商业银行分支机构

【解析】《商业银行法》第 19 条第 1 款规定："商业银行根据业务需要可以在中华人民共和国境内外设立分支机构。设立分支机构必须经国务院银行业监督管理机构审查批准。在中华人民共和国境内的分支机构，不按行政区划设立。"由此可知，商业银行设立分支机构不按行政区划设立，本题 A 项"应当按行政区划设立"明显错误。故 A 项错误，当选。另外商业银行设立分支机构必须经国务院银行业监督管理机构审批，而不是 B 项中所说的经地方政府批准即可设立。故 B 项错误，当选。《商业银行法》第 22 条第 2 款规定："商业银行分支机构不具有法人资格，在总行授权范围内依法开展业务，其民事责任由总行承担。"由此明显可见，C 项正确，不当选。《商业银行法》第 19 条第 2 款规定："商业银行在中华人民共和国境内设立分支机构，应当按照规定拨付与其经营规模相适应的营运资金额。拨付各分支机构营运资金额的总和，不得超过总行资本金总额的 60%。"由此可见，拨付各分支机构营运资金额的总和，不得超过总行资本金总额的 60%，而非 D 项中所说的 70%。故 D 项错误，当选。

【答案】ABD

扫码听课

2. 根据《商业银行法》，关于商业银行的设立和变更，下列哪些说法是正确的？

A. 国务院银行业监督管理机构可以根据审慎监管的要求，在法定标准的基础上提高商业银行设立的注册资本最低限额

B. 商业银行的组织形式、组织机构适用《公司法》

C. 商业银行的分立、合并不适用《公司法》

D. 任何单位和个人购买商业银行股份总额 5% 以上的，应事先经国务院银行业监督管理机构批准

【考点】商业银行的设立、变更、组织形式

【解析】《商业银行法》第 13 条第 2 款："国务院银行业监督管理机构根据审慎监管的要求可以调整注册资本最低限额，但不得少于前款规定的限额。"由此

扫码听课

可知，商业银行法只是对注册资本调低作出了限制性规定，没有对调高作出限制规定。因此，本题 A 项"在法定标准的基础上提高"说法正确，当选。《商业银行法》第 17 条第 1 款规定："商业银行的组织形式、组织机构适用《中华人民共和国公司法》的规定。"因此本题 B 项说法符合法律规定。故 B 项正确，当选。《商业银行法》第 25 条第 1 款规定："商业银行的分立、合并，适用《中华人民共和国公司法》的规定。"因此本题 C 项商业银行的分立、合并不适用《公司法》的说法错误。故 C 项错误，不当选。《商业银行法》第 28 条规定："任何单位和个人购买商业银行股份总额百分之五以上的，应当事先经国务院银行业监督管理机构批准。"由此可知本题 D 项说法符合法律规定。故 D 项正确，当选。

【答案】ABD

3. 由私人投资成立的某互联网银行，因经营不善，严重亏损，拟按照《商业银行法》的规定自行解散。关于其解散，下列哪一说法是正确的？

A. 解散前要请审计机关对本行的资产负债进行审计监督

B. 解散时要依债权申报时间为序清偿存款

C. 对未结清的税款，应参加清算

D. 解散之后须将解散的事由和过程报国务院银行业监督管理机构备案

【考点】商业银行的解散和清算，审计监督范围

【解析】本题具有综合性。其中，A 选项涉及审计监督范围。《审计法》第 22 条第 1 款规定："审计机关对国有企业、国有金融机构和国有资本占控股地位或者主导地位的企业、金融机构的资产、负债、损益以及其他财务收支情况，进行审计监督。"由于该互联网银行系私人投资设立，不是国有金融机构，不涉及国家财产，因此不须审计监督，A 选项错误。互联网银行，也属于商业银行，适用《商业银行法》，须经国务院银行业监管机构批准设立并接受监管。关于其解散，须经国务院银行业监管机构批准，并由国务院银行业监管机构监督其清算过程，而不是在解散之后报国务院银行业监管机构备案，所以 D 选项错误。关于存款的清偿顺序问题，《商业银行法》第 69 条第二款仅规定"按照清偿计划及时偿还存款本金和利息等债务"，并未规定具体的清偿顺序，但是由于所有的存款都属于同一性质的债务，应平等受偿，和债权申报时间无关，所以 B 选项错误。关于税款问题，《商业银行法》并未规定，可以适用《公司法》，商业银行解散时，也应清偿税款，所以 C 选项正确。

【答案】C

考点群三　银行业监督管理对象

1. 关于《银行业监督管理法》的适用范围，下列哪一说法是正确的？

A. 信托投资公司适用本法

B. 金融租赁公司不适用本法

C. 金融资产管理公司不适用本法

D. 财务公司不适用本法

【考点】银行业监督对象

【解析】《银行业监督管理法》第2条第3款规定："对在中华人民共和国境内设立的金融资产管理公司、信托投资公司、财务公司、金融租赁公司以及经国务院银行业监督管理机构批准设立的其他金融机构的监督管理，适用本法对银行业金融机构监督管理的规定。"因此，本题中信托投资公司、金融资产管理公司、财务公司和金融租赁公司均适用《银行业监督管理法》的规定，故 A 项正确，当选，BCD 项错误，不当选。

【答案】A

考点群四　银行业监督管理措施

1. 银行业监督管理机构依法对银行业金融机构进行检查时，经设区的市一级以上银行业监督管理机构负责人批准，可以对与涉嫌违法事项有关的单位和个人采取下列哪些措施？

A. 询问有关单位或者个人，要求其对有关情况作出说明

B. 查阅、复制有关财务会计、财产权登记等文件与资料

C. 对涉嫌转移或者隐匿违法资金的账户予以冻结

D. 对可能被转移、隐匿、毁损或者伪造的文件与资料予以先行登记保存

【考点】现场检查

【解析】《银行业监督管理法》第42条第1款规定："银行业监督管理机构依法对银行业金融机构进行检查时，经设区的市一级以上银行业监督管理机构负责人批准，可以对与涉嫌违法事项有关的单位和个人采取下列措施：（一）询问有关单位或者个人，要求其对有关情况作出说明；（二）查阅、复制有关财务会计、财产权登记等文件、资料；（三）对可能被转移、隐匿、毁损或者伪造的文件、资料，予以先行登记保存。"可见，ABD 选项均符合法律规定。第41条规定："经国务院银行业监督管理机构或者其省一级派出机构负责人批准，银行业监督管理机构有权查询涉嫌金融违法的银行业金融机构及其工作人员以及关联行为人的账户；对涉嫌转移或者隐匿违法资金的，经银行业监督管理机构负责人批准，可以申请司法机关予以冻结。"C 选项不当选。

【答案】ABD

2. 某商业银行违反审慎经营规则，造成资本和资产状况恶化，严重危及稳健运行，损害存款人和其他客户合法权益。对此，银行业监督管理机构对该银行依法可采取下列哪些措施？

A. 限制分配红利和其他收入　　　　B. 限制工资总额

C. 责令调整高级管理人员　　　　D. 责令减员增效

【考点】强制整改

【解析】《银行业监督管理法》第37条第1款规定，银行业金融机构违反审慎经营规则的，国务院银行业监督管理机构或者其省一级派出机构应当责令限期改正；逾期未改正的，或者其行为严重危及该银行业金融机构的稳健运行、损害存款人和其他客户合法权益的，经国务院银行业监督管理机构或者其省一级派出机构负责人批准，可以区别情形，采取下列措施：（一）责令暂停部分业务、停

止批准开办新业务；（二）限制分配红利和其他收入；（三）限制资产转让；（四）责令控股股东转让股权或者限制有关股东的权利；（五）责令调整董事、高级管理人员或者限制其权利；（六）停止批准增设分支机构。本题中，A 项对应第（二）项，C 项对应第（五）项，而 BD 项没有相关法律依据。故 AC 项正确，当选。

【答案】 AC

3. 根据《银行业监督管理法》，国务院银行业监督管理机构有权对银行业金融机构的信用危机依法进行处置。关于处置规则，下列哪一说法是错误的？

A. 该信用危机必须已经发生

B. 该信用危机必须达到严重影响存款人和其他客户合法权益的程度

C. 国务院银行业监督管理机构可以依法对该银行业金融机构实行接管

D. 国务院银行业监督管理机构也可以促成其机构重组

【考点】 接管和促成机构重组

【解析】《银行业监督管理法》第 38 条规定："银行业金融机构已经或者可能发生信用危机，严重影响存款人和其他客户合法权益的，国务院银行业监督管理机构可以依法对该银行业金融机构实行接管或者促成机构重组，接管和机构重组依照有关法律和国务院的规定执行。"据此，本题中 A 项信用危机可以是已经或者可能发生，并不是"必须已经发生"，故 A 项错误，当选。同上述法条依据，B、C、D 项均符合，故 B、C、D 项正确，不当选。

【答案】 A

考点群五　违反商业银行法的法律责任

1. 陈某在担任某信托公司总经理期间，该公司未按照金融企业会计制度和公司财务规则严格管理和审核资金使用，违法开展信托业务，造成公司重大损失。对此，陈某负有直接管理责任。关于此事，下列哪些说法是正确的？

A. 该公司严重违反审慎经营规则

B. 银监会可责令该公司停业整顿

C. 国家工商总局可吊销该公司的金融许可证

D. 银监会可取消陈某一定期限直至终身的任职资格

【考点】 银行业监督管理法的适用范围，违反银行业监督管理法的责任

【解析】 分析本题，首先要明确《银行业监督管理法》的适用范围。该法第 2 条第 3 款规定："对在中华人民共和国境内设立的金融资产管理公司、信托投资公司、财务公司、金融租赁公司以及经国务院银行业监督管理机构批准设立的其他金融机构的监督管理，适用本法对银行业金融机构监督管理的规定。"由此可知，本案应当依据《银行业监督管理法》处理。

《银行业监督管理法》第 21 条第 1 款规定："银行业金融机构的审慎经营规则，由法律、行政法规规定，也可以由国务院银行业监督管理机构依照法律、行政法规制定。前款规定的审慎经营规则，包括风险管理、内部控制、资本充足率、资产质量、损失准备金、风险集中、关联交易、资产流动性等内容。"由此

大咖点拨区

扫码听课

扫码听课

可知，该信托公司严重违反审慎经营规则，A 选项正确。

《银行业监督管理法》第 46 条规定："银行业金融机构有下列情形之一，由国务院银行业监督管理机构责令改正，并处二十万元以上五十万元以下罚款；情节特别严重或者逾期不改正的，可以责令停业整顿或者吊销其经营许可证；构成犯罪的，依法追究刑事责任：（一）未经任职资格审查任命董事、高级管理人员的；（二）拒绝或者阻碍非现场监管或者现场检查的；（三）提供虚假的或者隐瞒重要事实的报表、报告等文件、资料的；（四）未按照规定进行信息披露的；（五）严重违反审慎经营规则的；（六）拒绝执行本法第三十七条规定的措施的。"由此可知 B 选项正确，C 选项错误。《银行业监督管理法》第 48 条规定："银行业金融机构违反法律、行政法规以及国家有关银行业监督管理规定的，银行业监督管理机构除依照本法第四十四条至第四十七条规定处罚外，还可以区别不同情形，采取下列措施：（一）责令银行业金融机构对直接负责的董事、高级管理人员和其他直接责任人员给予纪律处分；（二）银行业金融机构的行为尚不构成犯罪的，对直接负责的董事、高级管理人员和其他直接责任人员给予警告，处五万元以上五十万元以下罚款；（三）取消直接负责的董事、高级管理人员一定期限直至终身的任职资格，禁止直接负责的董事、高级管理人员和其他直接责任人员一定期限直至终身从事银行业工作。"由此可知 D 选项正确。

【答案】ABD

2. 李大伟是 M 城市商业银行的董事，其妻张霞为 S 公司的总经理，其子李小武为 L 公司的董事长。2009 年 9 月，L 公司向 M 银行的下属分行申请贷款 1000 万元。其间，李大伟对分行负责人谢二宝施加压力，令其按低于同类贷款的优惠利息发放此笔贷款。L 公司提供了由保证人陈富提供的一张面额为 2000 万元的个人储蓄存单作为贷款质押。贷款到期后，L 公司无力偿还，双方发生纠纷。请回答第（1）～（3）题。

（1）关于 M 银行向 L 公司发放贷款的行为，下列判断正确的是：

A. L 公司为 M 银行的关系人，依照法律规定，M 银行不得向 L 公司发放任何贷款

B. L 公司为 M 银行的关系人，依照法律规定，M 银行可以向 L 公司发放担保贷款，但不得提供优于其他借款人同类贷款的条件

C. 该贷款合同无效

D. 该贷款合同有效

【考点】关系人贷款规则

【解析】《商业银行法》第 40 条规定："商业银行不得向关系人发放信用贷款；向关系人发放担保贷款的条件不得优于其他借款人同类贷款的条件。前款所称关系人是指：（一）商业银行的董事、监事、管理人员、信贷业务人员及其近亲属；（二）前项所列人员投资或者担任高级管理职务的公司、企业和其他经济组织。"据此可知，法律并没有完全禁止商业银行向关系人发放贷款，只是将种类限于担保贷款，而且放贷条件不得优于其他同类借款人。本题中，李大伟为 M 银行的董事，其子李小伟是 L 公司的董事长，故李小伟是其关系人。因此 M 银行只能对 L 公司发放担保贷款，且不得优于其他贷款人同类贷款的条件，故 A 项错误，不当选；B 项正确，当选。同时，本题中 M 银行向 L 公司发放的贷款并非信

扫码听课

大咖点拨区

用贷款，不存在法律规定的合同无效情形，因此贷款合同有效，故 C 项错误，不当选；而 D 项正确，当选。因此本题答案为 BD。

【答案】BD

（2）关于李大伟在此项贷款交易中的行为，下列判断正确的是：

A. 李大伟强令下属机构发放贷款，是《商业银行法》禁止的行为

B. 该贷款合同无效，李大伟应当承担由合同无效引起的一切损失

C. 该贷款合同有效，李大伟应当承担因不正当优惠条件给银行造成的包括利息差额在内的损失

D. 分行负责人谢二宝也应当承担相应的赔偿责任

【考点】商业银行贷款业务规则

【解析】《商业银行法》第 41 条规定："任何单位和个人不得强令商业银行发放贷款或者提供担保。商业银行有权拒绝任何单位和个人强令要求其发放贷款或其提供担保。"本案中，李大伟强令下属机构发放贷款，违反了《商业银行法》的禁止性规定。故 A 项正确，当选。《商业银行法》第 40 条第 1 款为商业银行管理性强制规定，非效力性强制规定，违反该规定不会导致合同无效，因此该贷款合同有效。故 B 项错误，不当选。《商业银行法》第 88 条第 1 款规定："单位或者个人强令商业银行发放贷款或者提供担保的，应当对直接负责的主管人员和其他直接责任人员或者个人给予纪律处分；造成损失的，应当承担全部或者部分赔偿责任。"据此，李大伟应当承担因不正当优惠条件给银行造成的包括利息差额在内的损失。故 C 项正确，当选。《商业银行法》第 88 条第 2 款规定，商业银行的工作人员对单位或者个人强令其发放贷款或者提供担保未予拒绝的，应当给予纪律处分；造成损失的，应当承担相应的赔偿责任。本案中，谢二宝明知此项贷款违法却未拒绝，且贷款到期后，L 公司无力偿还，因此，其应当承担相应责任。故 D 项正确，当选。

【答案】ACD

（3）现查明，保证人陈富为 S 公司财务总监，其用于质押的存单是以 S 公司的资金办理的存储。并查明，L 公司取得贷款后，曾向 S 公司管理层支付 50 万元报酬。对此，下列判断正确的是：

A. S 公司公款私存，是我国银行法禁止的行为

B. S 公司公款私存，只是一般的财务违纪行为

C. S 公司管理层获取的 50 万元报酬应当由银监会予以收缴

D. S 公司管理层获取的 50 万元报酬应当归 S 公司所有

【考点】商业银行违法业务活动及其后果

【解析】《商业银行法》第 48 条第 2 款规定："任何单位和个人不得将单位的资金以个人名义开立账户存储。"据此可知，公款私存行为是商业银行法禁止的违法行为，应承担法律责任，并非一般财务违纪行为。因此，本案中 S 公司将 2000 万元的资金以陈富的个人名义存储的做法属于公款私存，不只是一般的财务违纪行为，而是违反《商业银行法》规定的违法行为。故 A 项正确，当选，而 B 项错误，不当选。《商业银行法》第 79 条："有下列情形之一，由国务院银行业监督管理机构责令改正，有违法所得的，没收违法所得，违法所得 5 万元以上的，并处违法所得 1 倍以上 5 倍以下罚款；没有违法所得或者违法所得不足 5 万元的，

处 5 万元以上 50 万元以下罚款：……（三）将单位的资金以个人名义开立账户存储的。"本题中，保证人陈富提供的是以个人名义储蓄，但实为公司资金的质押，属于将单位资金以个人名义开立账户储蓄的情形，违法所得 50 万元应当由银监会予以收缴，而不是归 S 公司。故 C 项正确，当选，D 项错误，不当选。

【答案】AC

大咖点拨区

第四章　财税法

考点群	考查频率
个人所得税	★★★
企业所得税	★★
其他税种	★
税收征收管理	★★★
审计制度	★★

考点群一　个人所得税

扫码听课

1. 根据《个人所得税法》，关于个人所得税的征缴，下列哪一说法是正确的？

A. 自然人买彩票多倍投注，所获一次性奖金特别高的，可实行加成征收

B. 扣缴义务人履行代扣代缴义务的，税务机关按照所扣缴的税款付给 2% 的手续费

C. 在中国境内无住所又不居住的个人，在境内取得的商业保险赔款，应缴纳个人所得税

D. 夫妻双方每月取得的工资薪金所得可合并计算，减除费用 7000 元后的余额，为应纳税所得额

【考点】综合考查个人所得税制度

【解析】虽然《个人所得税法》在 2018 年进行了大幅度修订，但是本题的答案并未发生变化，但是理由有所不同。A 选项涉及加成征收问题。根据修订前《个人所得税法》第 3 条，对劳务报酬所得一次收入畸高的，可以实行加成征收，包括偶然所得在内的其他各项个人所得均不适用加成征税，所以 A 选项错误。修订后的《个人所得税法》并未规定加成征收制度，而是对综合所得适用统一的超额累进税率，所以 A 项依然是错误的。B 选项涉及源泉扣缴问题。根据修订后的《个人所得税法》第 17 条，对扣缴义务人按照所扣缴的税款，付给百分之二的手续费。所以 B 选项正确。C 选项涉及两个考查角度，一是居民纳税人和非居民纳税人的区分，二是免税所得。修订后的《个人所得税法》第 1 条第 2 款规定："在中国境内无住所又不居住，或者无住所而一个纳税年度内在中国境内居住累计不满一百八十三天的个人，为非居民个人。非居民个人从中国境内取得的所得，依照本法规定缴纳个人所得税。"由此可知，非居民纳税人从中国境内取得的所得，通常应当缴纳个人所得税。但是，修订后的《个人所得税法》第 4 条第（五）项规定，保险赔款为免税所得。因此 C 选项错误。D 选项涉及应纳税所得

额的计算问题。根据修订前的《个人所得税法》第6条，对于工资、薪金所得，以个人为单位，以每月收入额减除费用3500元后的余额，为应纳税所得额。所以D选项错误。修订后的《个人所得税法》将工资、薪金所得、劳务报酬所得、稿酬所得、特许权使用费所得作为综合所得，统一适用3%至45%的超额累进税率，但是仍然以个人为单位征收，暂未实现以家庭为单位征收，所以D项依然是错误的。

【答案】B

2. 关于个人所得税，下列哪些表述是正确的？

A. 以课税对象为划分标准，个人所得税属于动态财产税

B. 非居民纳税人是指不具有中国国籍但有来源于中国境内所得的个人

C. 居民纳税人从中国境内、境外取得的所得均应依法缴纳个人所得税

D. 劳务报酬所得适用比例税率，对劳务报酬所得一次收入畸高的，可实行加成征收

【考点】 个人所得税的属性、纳税人和税率

【解析】个人所得税属于所得税，而不是财产税，所以A选项错误，《个人所得税法》第1条第2款规定："在中国境内无住所又不居住，或者无住所而一个纳税年度内在中国境内居住累计不满一百八十三天的个人，为非居民个人。非居民个人从中国境内取得的所得，依照本法规定缴纳个人所得税。"非居民个人的判断标准与国籍无关，B选项错误。《个人所得税法》第1条第1款规定："在中国境内有住所，或者无住所而一个纳税年度内在中国境内居住累计满一百八十三天的个人，为居民个人。居民个人从中国境内和境外取得的所得，依照本法规定缴纳个人所得税。"C选项正确。

2018年《个人所得税法》修订，对本题D项产生了影响。根据修订前《个人所得税法》第3条，对劳务报酬所得一次收入畸高的，可以实行加成征收，D项正确。但是，修订后的《个人所得税法》并未规定加成征收制度，而是对综合所得适用统一的超额累进税率，所以D项是错误的。

【答案】C

3. 2012年外国人约翰来到中国，成为某合资企业经理，迄今一直居住在北京。根据《个人所得税法》，约翰获得的下列哪些收入应在我国缴纳个人所得税？

A. 从该合资企业领取的薪金

B. 出租其在华期间购买的房屋获得的租金

C. 在中国某大学开设讲座获得的酬金

D. 在美国杂志上发表文章获得的稿酬

【考点】 个人所得税的纳税人、征税对象

【解析】虽然《个人所得税法》在2018年进行了大幅度修订，但是本题的答案并未发生变化。《个人所得税法》第1条第1款规定："在中国境内有住所，或者无住所而一个纳税年度内在中国境内居住累计满一百八十三天的个人，为居民个人。居民个人从中国境内和境外取得的所得，依照本法规定缴纳个人所得税。"由此可知，约翰是居民个人，就其来源于中国境内和境外的所得依法缴纳个人所得税。《个人所得税法》第2条第1款规定："下列各项个人所得，应当缴纳个人所得税：（一）工资、薪金所得；（二）劳务报酬所得；（三）稿酬所得；（四）特许

权使用费所得；（五）经营所得；（六）利息、股息、红利所得；（七）财产租赁所得；（八）财产转让所得；（九）偶然所得。"所以本题四个选项均属于应当在我国缴纳个人所得税的个人所得。

【答案】ABCD

4. 于某系某大学法学院的一位刑法老师，其在2018年有以下几项收入：学术研究取得重大成果，获得省教育厅科研奖金15万元；偶然一次购买体育彩票中奖80000元；荣获学校"最具创新力青年教师"称号，奖金2000元；劳务报酬3万元。下列关于于某当年应缴纳的个人所得税，哪一选项是正确的？

A. 对于荣誉称号奖金，应当按照偶然所得计算个人所得税

B. 对于劳务报酬，应当与稿酬合并计算个人所得税

C. 对于体育彩票中奖额，应当适用超额累进税率

D. 对于科研奖金，应当免征个人所得税

【考点】综合考查个人所得税制度

【解析】荣誉称号奖金，是与任职有关的所得，应当计入工资薪金所得，而不是偶然所得，所以A选项错误。工资薪金、劳务报酬、稿酬、特许权使用费为综合所得，居民个人合并计算按年征收，所以B选项正确。综合所得和经营所得实行超额累进税率，其他所得实行比例税率，体育彩票中奖是偶然所得，也是比例税率，所以C选项错误。只有省级人民政府、国务院部委和中国人民解放军军以上单位，以及外国组织、国际组织颁发的科学、教育、技术、文化、卫生、体育、环境保护等方面的奖金才应当免征个人所得税，教育厅颁发的奖金不属于免税所得，所以D选项错误。

【答案】B

考点群二　企业所得税

1. A基金在我国境外某群岛注册并设置总部，该群岛系低税率地区。香港B公司和浙江C公司在浙江签约设立杭州D公司，其中B公司占95%的股权，后D公司获杭州公路收费权。F公司在该群岛注册成立，持有B公司100%的股权。随后，A基金通过认购新股方式获得了F公司26%的股权，多年后又将该股权转让给境外M上市公司。M公司对外披露其实际收购标的为D公司股权。经查，A基金、F公司和M公司均不从事实质性经营活动，F公司股权的转让价主要取决于D公司的估值。对此，根据我国税法，下列哪些说法是正确的？

A. A基金系非居民企业

B. D公司系居民企业

C. A基金应就股权转让所得向我国税务机关进行纳税申报

D. 如A基金进行纳税申报，我国税务机关有权按照合理方法调整其应纳税收入

【考点】企业所得税的纳税人，特别纳税调整

【解析】这题比较难，很多考生揶揄其为注会考试题目。《企业所得税法》第2条规定："企业分为居民企业和非居民企业。本法所称居民企业，是指依法在中

国境内成立，或者依照外国（地区）法律成立但实际管理机构在中国境内的企业。本法所称非居民企业，是指依照外国（地区）法律成立且实际管理机构不在中国境内，但在中国境内设立机构、场所的，或者在中国境内未设立机构、场所，但有来源于中国境内所得的企业。"由此可知，D 公司是居民企业，B 项正确。这里的 A 基金和 F 公司属于所谓离岸公司（又叫特殊目的公司），其设立目的是控制杭州 D 公司，这也是 A 基金将该股权转让给境外 M 上市公司时，M 公司对外披露其实际收购标的为 D 公司股权的原因只所在。所以，A 基金虽然设立在境外，实际管理机构也不在中国境内，但是有来源于中国境内所得，仍然属于非居民企业，A 项正确。《企业所得税法》第 2 条第 3 款规定："非居民企业在中国境内未设立机构、场所的，或者虽设立机构、场所但取得的所得与其所设机构、场所没有实际联系的，应当就其来源于中国境内的所得缴纳企业所得税。"所以 C 项正确。《企业所得税法》第 41 条第 1 款规定："企业与其关联方之间的业务往来，不符合独立交易原则而减少企业或者其关联方应纳税收入或者所得额的，税务机关有权按照合理方法调整。"所以 D 项正确。

【答案】ABCD

2. 2012 年 12 月，某公司对县税务局确定的企业所得税的应纳税所得额、应纳税额及在 12 月 30 日前缴清税款的要求极为不满，决定撤离该县，且不缴纳税款。县税务局得知后，责令该公司在 12 月 15 日前纳税。当该公司有转移生产设备的明显迹象时，县税务局责成其提供纳税担保。请回答第（1）、（2）题。

（1）该公司取得的下列收入中，属于《企业所得税法》规定的应纳税收入的是：

A. 财政拨款　　　　　　　　　　B. 销售产品收入

C. 专利转让收入　　　　　　　　D. 国债利息收入

【考点】企业所得税应纳税收入、免税收入、不征税收入

【解析】《企业所得税法》第 7 条："收入总额中的下列收入为不征税收入：（一）财政拨款；（二）依法收取并纳入财政管理的行政事业性收费、政府性基金；（三）国务院规定的其他不征税收入。"由此可见，A 项财政拨款属于不征税收入的范围。故 A 项错误，不当选。《企业所得税法》第 6 条："企业以货币形式和非货币形式从各种来源取得的收入，为收入总额。包括：（一）销售货物收入；……（七）特许权使用费收入；……"由此可见，本题中 B 项销售产品收入属于第（一）项销售货物收入，C 项专利转让收入属于第（七）项特许权使用费收入，都属于应纳税收入。故 BC 项正确，当选。《企业所得税法》第 26 条规定："企业的下列收入为免税收入：（一）国债利息收入；（二）符合条件的居民企业之间的股息、红利等权益性投资收益；（三）在中国境内设立机构、场所的非居民企业从居民企业取得与该机构、场所有实际联系的股息、红利等权益性投资收益；（四）符合条件的非营利组织的收入。"由此可知，国债和国家发行的金融债券利息，属于免纳企业所得税情形，不属于企业所得税征税范围，因此，D 项国债利息收入不属于应纳税收入。故 D 项错误，不当选。

【答案】BC

（2）就该公司与税务局的纳税争议，下列说法正确的是：

A. 如该公司不提供纳税担保，经批准，税务局有权书面通知该公司开户银行

从其存款中扣缴税款

B. 如该公司不提供纳税担保，经批准，税务局有权扣押、查封该公司价值相当于应纳税款的产品

C. 如该公司对应纳税额发生争议，应先依税务局的纳税决定缴纳税款，然后可申请行政复议，对复议决定不服的，可向法院起诉

D. 如该公司对税务局的税收保全措施不服，可申请行政复议，也可直接向法院起诉

【考点】纳税担保；税收保全；税收争议

【解析】根据《税收征收管理法》第38条第1款的规定："……如果纳税人不能提供纳税担保，经县以上税务局（分局）局长批准，税务机关可以采取下列税收保全措施：（一）书面通知纳税人开户银行或者其他金融机构冻结纳税人的金额相当于应纳税款的存款；（二）扣押、查封纳税人的价值相当于应纳税款的商品、货物或者其他财产。"本题中，该公司发生转移生产设备的明显迹象，县税务局有权责成某公司提供纳税担保，如该公司不提供纳税担保，经批准，税务局有权书面通知该公司开户银行冻结相当于应纳税款的存款，而非直接从其存款中扣缴，因此A项对于在公司不提供纳税担保的情况下应首先冻结存款，只有在限期仍未缴纳税款的情况下，才可以直接扣缴。故A项错误，不当选。法律依据同上，本题中县税务局经过批准，有权扣押、查封该公司价值相当于应纳税款的产品。故B项正确，当选。《税收征收管理法》第88条第1款规定，纳税人、扣缴义务人、纳税担保人同税务机关在纳税上发生争议时，必须先依照税务机关的纳税决定缴纳或者解缴税款及滞纳金或者提供相应的担保，然后可以依法申请行政复议；对行政复议决定不服的，可以依法向人民法院起诉。由此可见，本题中该公司先缴纳税款，然后申请行政复议，不服复议后再提起诉讼是符合规定的。故C项正确，当选。《税收征收管理法》第88条第2款规定："当事人对税务机关的处罚决定、强制执行措施或者税收保全措施不服的，可以依法申请行政复议，也可以依法向人民法院起诉。"本题中，若当事人对税务机关的税收保全措施不服的，可以选择申请行政复议，也可以选择向法院起诉。故D项正确，当选。

【答案】BCD

3. 在计算企业应纳税所得额时，下列哪一项支出可以加计扣除？

A. 新技术、新产品、新工艺的研究开发费用

B. 为安置残疾人员所购置的专门设施

C. 赞助支出

D. 职工教育经费

【考点】企业所得税应纳税所得额

【解析】《企业所得税法》第30条规定："企业的下列支出，可以在计算应纳税所得额时加计扣除：（一）开发新技术、新产品、新工艺发生的研究开发费用；（二）安置残疾人员及国家鼓励安置的其他就业人员所支付的工资。"由此可知，A选项正确。

【答案】A

4. 某公司经营过程取得的各项收入中，包括销售货物收入、国债利息、股息收益、财政拨款等各项收入，请问哪些属于企业所得税的免税收入？

A. 向另一家公司销售货物的收入

B. 购买国债的利息收入

C. 投资国内某互联网公司取得的股息收益

D. 从当地政府获得的财政拨款

【考点】企业所得税应纳税所得额

【解析】根据《企业所得税法》第26条规定，企业的下列收入为免税收入：（一）国债利息收入；（二）符合条件的居民企业之间的股息、红利等权益性投资收益；（三）在中国境内设立机构、场所的非居民企业从居民企业取得与该机构、场所有实际联系的股息、红利等权益性投资收益；（四）符合条件的非营利组织的收入。本题中，B项属于该条第（一）项，C项属于该条第（二）项，均当选。A项为企业普通的经营收入，应当依法纳税，不当选。根据《企业所得税法》第7条规定，收入总额中的下列收入为不征税收入：（一）财政拨款；（二）依法收取并纳入财政管理的行政事业性收费、政府性基金；（三）国务院规定的其他不征税收入。由此可知，财政拨款虽然也不必缴税，但是它属于不征税收入，而不属于免税收入，因此D项不当选。

【答案】BC

考点群三　其他税种

1. 某教师在税务师培训班上就我国财税法制有下列说法，其中哪些是正确的？

A. 当税法有漏洞时，依据税收法定原则，不允许以类推适用方法来弥补税法漏洞

B. 增值税的纳税人分为一般纳税人和小规模纳税人，小规模纳税人的适用税率统一为3%

C. 消费税的征税对象为应税消费品，包括一次性竹制筷子和复合地板等

D. 车船税纳税义务发生时间为取得车船使用权或管理权的当年，并按年申报缴纳

【考点】税法原理，增值税，消费税，车船税

【解析】税收法定原则是指，税收的开征、停征以及减税、免税、退税、补税，依照法律的规定执行；法律授权国务院规定的，依照国务院制定的行政法规的规定执行。但是，依《立法法》，税种的设立、税率的确定和税收征收管理等税收基本制度，只能制定法律。同时，若税法存在漏洞，也不允许以类推适用方法来弥补税法漏洞，所以A项正确。根据《增值税暂行条例》第2、12条的规定，一般纳税人税率分为17%、13%和0%三个档次，小规模纳税人征收率为3%，所以B项正确。根据《消费税暂行条例》规定，消费税应税消费品，共分为14类，如烟、酒、化妆品、鞭炮焰火、金银首饰、高档手表、成品油、小汽车、游艇、实木地板、木制一次性筷子等。复合地板不是应税商品，所以C项错

误。《车船税法》第8条："车船税纳税义务发生时间为取得车船所有权或者管理权的当月。"第9条："车船税按年申报缴纳。"所以D项错误。

【答案】AB

2. 关于税收优惠制度，根据我国税法，下列哪些说法是正确的？

A. 个人进口大量化妆品，免征消费税

B. 武警部队专用的巡逻车，免征车船税

C. 企业从事渔业项目的所得，可免征、减征企业所得税

D. 农民张某网上销售从其他农户处收购的山核桃，免征增值税

【考点】税收优惠

【解析】A选项涉及消费税免征制度。《消费税暂行条例》第1条规定："在中华人民共和国境内生产、委托加工和进口本条例规定的消费品的单位和个人，以及国务院确定的销售本条例规定的消费品的其他单位和个人，为消费税的纳税人，应当依照本条例缴纳消费税。"化妆品属于消费税应税消费品，进口化妆品应当缴纳消费税，所以A错误。当然，海关总署曾经对于个人携带和邮寄进境自用物品在限量（限制）内免征关税、增值税和消费税，但是为了遏制专职"代购"等现象，自2016年4月起政策有所收紧。无论如何，个人进口"大量"化妆品，不会免征消费税。B选项涉及车船税减免制度。《车船税法》第3条规定："下列车船免征车船税：（一）捕捞、养殖渔船；（二）军队、武装警察部队专用的车船；（三）警用车船；（四）悬挂应急救援专用号牌的国家综合性消防救援车辆和国家综合性消防救援专用船舶；（五）依照法律规定应当予以免税的外国驻华使领馆、国际组织驻华代表机构及其有关人员的车船。"由此可知B选项正确。C选项涉及企业所得税减免制度。《企业所得税法》第27条规定："企业的下列所得，可以免征、减征企业所得税：（一）从事农、林、牧、渔业项目的所得；（二）从事国家重点扶持的公共基础设施项目投资经营的所得；（三）从事符合条件的环境保护、节能节水项目的所得；（四）符合条件的技术转让所得；（五）本法第三条第三款规定的所得。"由此可知C选项正确。D选项涉及增值税减免制度。《增值税暂行条例》第15条规定："下列项目免征增值税：（一）农业生产者销售的自产农产品；（二）避孕药品和用具；（三）古旧图书；（四）直接用于科学研究、科学试验和教学的进口仪器、设备；（五）外国政府、国际组织无偿援助的进口物资和设备；（六）由残疾人的组织直接进口供残疾人专用的物品；（七）销售的自己使用过的物品。除前款规定外，增值税的免税、减税项目由国务院规定。任何地区、部门均不得规定免税、减税项目。"农民张某网上销售从其他农户处收购的山核桃，不属于该条第（一）项规定的"农业生产者销售的自产农产品"，因此不能免税，D选项错误。

【答案】BC

考点群四　税收征收管理

1. 昌昌公司委托拍卖行将其房产拍卖后，按成交价向税务部门缴纳了相关税款，并取得了完税凭证。3年后，县地税局稽查局检查税费缴纳情况时，认为该

公司房产拍卖成交价过低，不及市场价的一半。遂作出税务处理决定：重新核定房产交易价，追缴相关税款，加收滞纳金。经查，该公司所涉拍卖行为合法有效，也不存在逃税、骗税等行为。关于此事，下列哪些说法是正确的？

A. 该局具有独立执法主体资格

B. 该公司申报的房产拍卖价明显偏低时，该局就可核定其应纳税额

C. 该局向该公司加收滞纳金的行为违法

D. 该公司对税务处理决定不服，可申请行政复议，对复议决定不服，才可提起诉讼

【考点】核定应纳税额，税收争议处理

【解析】稽查局是法律特别授权的行政主体。《税收征收管理法》第 14 条规定："本法所称税务机关是指各级税务局、税务分局、税务所和按照国务院规定设立的并向社会公告的税务机构。"《税收征收管理法实施细则》第 9 条规定："税收征管法第十四条所称按照国务院规定设立的并向社会公告的税务机构，是指省以下税务局的稽查局。稽查局专司偷税、逃避追缴欠税、骗税、抗税案件的查处。"所以 A 项正确。《税收征收管理法》第 35 条规定："纳税人有下列情形之一的，税务机关有权核定其应纳税额：（一）依照法律、行政法规的规定可以不设置帐簿的；（二）依照法律、行政法规的规定应当设置帐簿但未设置的；（三）擅自销毁帐簿或者拒不提供纳税资料的；（四）虽设置帐簿，但帐目混乱或者成本资料、收入凭证、费用凭证残缺不全，难以查帐的；（五）发生纳税义务，未按照规定的期限办理纳税申报，经税务机关责令限期申报，逾期仍不申报的；（六）纳税人申报的计税依据明显偏低，又无正当理由的。"由此可知，该公司申报的房产拍卖价明显偏低时，还应符合"又无正当理由"要件，该局方可核定其应纳税额，所以 B 项错误。《税收征收管理法》第 52 条第 1 款规定："因税务机关的责任，致使纳税人、扣缴义务人未缴或者少缴税款的，税务机关在三年内可以要求纳税人、扣缴义务人补缴税款，但是不得加收滞纳金。"由于题目交待该公司所涉拍卖行为合法有效，也不存在逃税、骗税等行为，意味着该公司不存在过错，再加上此时已过三年期限，即便少缴税款，税务机关也不得加收滞纳金，所以 C 项正确。《税收征收管理法》第 88 条第 1 款规定："纳税人、扣缴义务人、纳税担保人同税务机关在纳税上发生争议时，必须先依照税务机关的纳税决定缴纳或者解缴税款及滞纳金或者提供相应的担保，然后可以依法申请行政复议；对行政复议决定不服的，可以依法向人民法院起诉。"所以 D 项正确。

【答案】ACD

2. 某企业流动资金匮乏，一直拖欠缴纳税款。为恢复生产，该企业将办公楼抵押给某银行获得贷款。此后，该企业因排污超标被环保部门罚款。现银行、税务部门和环保部门均要求拍卖该办公楼以偿还欠款。关于拍卖办公楼所得价款的清偿顺序，下列哪一选项是正确的？

A. 银行贷款优先于税款

B. 税款优先于银行贷款

C. 罚款优先于税款

D. 三种欠款同等受偿，拍卖所得不足时按比例清偿

【考点】税收优先权

2022年

【解析】根据《税收征收管理法》第45条的规定，税务机关征收税款，税收优先于无担保债权，法律另有规定的除外；纳税人欠缴的税款发生在纳税人以其财产设定抵押、质押或者纳税人的财产被留置之前的，税收应当先于抵押权、质权、留置权执行。纳税人欠缴税款，同时又被行政机关决定处以罚款、没收违法所得的，税收优先于罚款、没收违法所得。根据该条规定，税款与银行贷款、罚款的清偿顺序应当是：发生在抵押权、质权、留置权之前的欠缴税款—抵押权、质权、留置权—发生在抵押权、质权、留置权之后的欠缴税款——一般民事赔偿及债权—行政罚款。由于本题开始就说明了该企业由于流动资金匮乏，一直拖欠缴纳税款，因而可以推论其欠缴税款发生于抵押贷款之前，故 B 项说法正确。

【答案】B

3. 某企业因计算错误，未缴税款累计达 50 万元。关于该税款的征收，下列哪些选项是正确的？

A. 税务机关可追征未缴的税款　　　　B. 税务机关可追征滞纳金

C. 追征期可延长到 5 年　　　　　　 D. 追征时不受追征期的限制

【考点】税收征纳期限

【解析】根据《税收征收管理法》第52条第2款的规定，因纳税人、扣缴义务人计算错误等失误，未缴或者少缴税款的，税务机关在 3 年内可以追征税款、滞纳金；有特殊情况的（指数额在 10 万元以上），追征期可以延长到 5 年。故本题正确选项为 ABC。

【答案】ABC

4. 甲公司欠税 40 万元，税务局要查封其相应价值产品。甲公司经理说："乙公司欠我公司 60 万元货款，贵局不如行使代位权直接去乙公司收取现金。"该局遂通知乙公司缴纳甲公司的欠税，乙公司不配合；该局责令其限期缴纳，乙公司逾期未缴纳；该局随即采取了税收强制执行措施。关于税务局的行为，下列哪些选项是错误的？

A. 只要甲公司欠税，乙公司又欠甲公司货款，该局就有权行使代位权

B. 如代位权成立，即使乙公司不配合，该局也有权直接向乙公司行使

C. 本案中，该局有权责令乙公司限期缴纳

D. 本案中，该局有权向乙公司采取税收强制执行措施

【考点】税收代位权；税收强制执行

【解析】《税收征收管理法》第50条规定："欠缴税款的纳税人因怠于行使到期债权，或者放弃到期债权，或者无偿转让财产，或者以明显不合理的低价转让财产而受让人知道该情形，对国家税收造成损害的，税务机关可以依照合同法第73条、第74条的规定行使代位权、撤销权。税务机关依照前款规定行使代位权、撤销权的，不免除欠缴税款的纳税人尚未履行的纳税义务和应承担的法律责任。"由此可知，税务机关行使代位权的前提条件是，必须符合民法上债权人代位权的构成要件，即债务人怠于行使到期债权，对国家税收造成损害。本题 A 项中只提到甲公司欠税、乙公司欠甲公司货款，条件还不具备，故 A 项错误。《合同法》第 73 条已经为《民法典》第 535 条取代，该条第 1 款规定，因债务人怠于行使其债权或者与该债权有关的从权利，影响债权人的到期债权实现的，债权人可以向人民法院请求以自己的名义代位行使债务人对相对人的权利，但是该权利专属于

债务人自身的除外。B 项中如代位权成立，甲公司应通过人民法院行使，而不能直接行使代位权，故 B 项错误。《税收征收管理法》第 38 条："税务机关有根据认为从事生产、经营的纳税人有逃避纳税义务行为的，可以在规定的纳税期之前，责令限期缴纳应纳税款；……"税务机关责令纳税人限期缴纳适用于从事生产、经营的纳税人有逃避纳税义务行为的情况，本题中，甲是纳税人，乙不是本案的直接纳税人，故税务局有权责令甲公司限期缴纳，对乙公司无权责令限期缴纳。故 C 项错误。依据《税收征收管理法》第 40 条第 1 款："从事生产、经营的纳税人、扣缴义务人未按照规定的期限缴纳或者解缴税款，纳税担保人未按照规定的期限缴纳所担保的税款，由税务机关责令限期缴纳，逾期仍未缴纳的，经县以上税务局（分局）局长批准，税务机关可以采取下列强制执行措施……"因此税收强制执行措施的适用对象是从事生产、经营的纳税人、扣缴义务人，所以乙公司也不是采取税收强制执行措施的对象。故 D 项错误。

【答案】ABCD

考点群五　审计制度

1. 某县开展扶贫资金专项调查，对申请财政贴息贷款的企业进行核查。审计中发现某企业申请了数百万元贴息贷款，但其生产规模并不需要这么多，遂要求当地农业银行、扶贫办和该企业提供贷款记录。对此，下列哪一说法是正确的？

A. 只有审计署才能对当地农业银行的财政收支情况进行审计监督

B. 只有经银监机构同意，该县审计局才能对当地农业银行的财务收支进行审计监督

C. 该县审计局经上一级审计局副职领导批准，有权查询当地扶贫办在银行的账户

D. 申请财政贴息的该企业并非国有企业，故该县审计局无权对其进行审计调查

【考点】审计监督的范围，审计机关的权限

【解析】首先，《审计法》第 29 条规定："审计机关有权对与国家财政收支有关的特定事项，向有关地方、部门、单位进行专项审计调查，并向本级人民政府和上一级审计机关报告审计调查结果。"该企业虽然不属于国有企业，但是使用财政贴息贷款，所以审计机关有权开展专项审计调查，D 项错误。对银行的审计监督不要银监机构同意，所以 B 项错误。关于审计机关的管辖，《审计法》第 31 条规定："审计机关根据被审计单位的财政、财务隶属关系或者国有资源、国有资产监督管理关系，确定审计管辖范围。审计机关之间对审计管辖范围有争议的，由其共同的上级审计机关确定。上级审计机关对其审计管辖范围内的审计事项，可以授权下级审计机关进行审计，但本法第十八条至第二十条规定的审计事项不得进行授权；上级审计机关对下级审计机关审计管辖范围内的重大审计事项，可以直接进行审计，但是应当防止不必要的重复审计。"因此，对于某县的扶贫资金专项调查，属于该县审计局管辖。虽然上级审计机关对下级审计机关审计管辖范围内的重大审计事项，可以直接进行审计，但是这并非常态，所以 A 项

错误。《审计法》第 37 条第 2 款规定："审计机关经县级以上人民政府审计机关负责人批准，有权查询被审计单位在金融机构的账户。"这里的负责人，并非仅指正职负责人，所以 C 项正确。

【答案】C

2. 某县污水处理厂系扶贫项目，由地方财政投资数千万元，某公司负责建设。关于此项目的审计监督，下列哪些说法是正确的？

A. 审计机关对该项目的预算执行情况和决算，进行审计监督

B. 审计机关经银监局局长批准，可冻结该项目在银行的存款

C. 审计组应在向审计机关报送审计报告后，向该公司征求对该报告的意见

D. 审计机关对该项目作出审计决定，而上级审计机关认为其违反国家规定的，可直接作出变更或撤销的决定

【考点】审计机关职责，审计机关权限，审计程序

【解析】《审计法》第 23 条规定："审计机关对政府投资和以政府投资为主的建设项目的预算执行情况和决算，对其他关系国家利益和公共利益的重大公共工程项目的资金管理使用和建设运营情况，进行审计监督。"由此可知 A 选项正确。《审计法》第 38 条第 1 款、第 2 款规定："审计机关进行审计时，被审计单位不得转移、隐匿、篡改、毁弃财务、会计资料以及与财政收支、财务收支有关的业务、管理等资料，不得转移、隐匿、故意毁损所持有的违反国家规定取得的资产。

审计机关对被审计单位违反前款规定的行为，有权予以制止；必要时，经县级以上人民政府审计机关负责人批准，有权封存有关资料和违反国家规定取得的资产；对其中在金融机构的有关存款需要予以冻结的，应当向人民法院提出申请。"由此可知，冻结存款应当向法院提出申请，所以 B 选项错误。《审计法》第 44 条规定："审计组对审计事项实施审计后，应当向审计机关提出审计组的审计报告。审计组的审计报告报送审计机关前，应当征求被审计单位的意见。被审计单位应当自接到审计组的审计报告之日起十日内，将其书面意见送交审计组。审计组应当将被审计单位的书面意见一并报送审计机关。"由此可知 C 选项错误。《审计法》第 46 条规定："上级审计机关认为下级审计机关作出的审计决定违反国家有关规定的，可以责成下级审计机关予以变更或者撤销，必要时也可以直接作出变更或者撤销的决定。"由此可知 D 选项正确。

【答案】AD

3. 为大力发展交通，某市出资设立了某高速公路投资公司。该市审计局欲对其实施年度审计监督。关于审计事宜，下列哪一说法是正确的？

A. 该公司既非政府机关也非事业单位，审计局无权审计

B. 审计局应在实施审计 3 日前，向该公司送达审计通知书

C. 审计局欲查询该公司在金融机构的账户，应经局长批准并委托该市法院查询

D. 审计局欲检查该公司与财政收支有关的资料和资产，应委托该市税务局检查

【考点】审计机关权限；审计程序

【解析】国有企业属于审计机关审计的范围，某市出资设立的某高速公司，属于国有企业，当然属于审计的范围，A 错误。审计机关应当在审计前 3 日内向

被审计单位送达审计通知书，B 正确。审计机关经县级以上人民政府审计机关负责人批准，有权查询被审计单位在金融机构的账户，不需要委托法院查询，C 错误。审计机关有权检查被审计单位与财政收支有关的资料和资产，无需委托税务局检查，D 错误。

【答案】 B

大咖点拨区

第五章　土地法与房地产法

考点群	考查频率
土地管理	★★★
建设规划管理	★★
房地产开发与交易	★★★
不动产登记	★

考点群一　土地管理

扫码听课

1. 在加大房地产市场宏观调控的形势下，某市政府对该市房地产开发的管理现状进行检查，发现以下情况，其中哪些做法是需要纠正的？

A. 房地产建设用地的供应，在充分利用现有建设用地的同时，放宽占用农用地和开发未利用地的条件

B. 土地使用权出让，符合土地利用总体规划、城市规划或年度建设用地计划之一即可

C. 预售商品房，要求开发商交清全部土地使用权出让金，取得土地使用权证书，并持有建设工程规划许可证等

D. 采取税收减免等方面的优惠措施，鼓励房地产开发企业开发建设商业办公类住宅，方便市民改作居住用途

【考点】建设用地管理，土地使用权出让，商品房预售，土地用途

【解析】我国土地法严格限制占用农用地从事建设活动。《土地管理法》第21条第1款规定："城市建设用地规模应当符合国家规定的标准，充分利用现有建设用地，不占或者尽量少占农用地。"《土地管理法》第44条进一步规定："建设占用土地，涉及农用地转为建设用地的，应当办理农用地转用审批手续。"所以A项做法不合法。关于土地使用权出让的规划管理，《城市房地产管理法》第10条规定："土地使用权出让，必须符合土地利用总体规划、城市规划和年度建设用地计划。"所以B项做法不合法。关于商品房预售条件，《城市房地产管理法》第45条第一款规定："商品房预售，应当符合下列条件：（一）已交付全部土地使用权出让金，取得土地使用权证书；（二）持有建设工程规划许可证；（三）按提供预售的商品房计算，投入开发建设的资金达到工程建设总投资的百分之二十五以上，并已经确定施工进度和竣工交付日期；（四）向县级以上人民政府房产管理部门办理预售登记，取得商品房预售许可证明。"所以C项做法符合法律要求。关于土地使用权的用途，《城市房地产管理法》第44条规定："以

出让方式取得土地使用权的，转让房地产后，受让人改变原土地使用权出让合同约定的土地用途的，必须取得原出让方和市、县人民政府城市规划行政主管部门的同意，签订土地使用权出让合同变更协议或者重新签订土地使用权出让合同，相应调整土地使用权出让金。"也就是说，改变土地用途受到严格限制，所以 D 项做法不合法。

【答案】ABD

2. 某公司取得出让土地使用权后，超过出让合同约定的动工开发日期满两年仍未动工，市政府决定收回该土地使用权。该公司认为，当年交付的土地一直未完成征地拆迁，未达到出让合同约定的条件，导致项目迟迟不能动工。为此，该公司提出两项请求，一是撤销收回土地使用权的决定，二是赔偿公司因工程延误所受的损失。对这两项请求，下列哪些判断是正确的？

A. 第一项请求属于行政争议

B. 第二项请求属于民事争议

C. 第一项请求须先由县级以上政府处理，当事人不服的才可向法院起诉

D. 第二项请求须先由县级以上政府处理，当事人不服的才可向法院起诉

【考点】土地纠纷及其解决途径

【解析】根据《城市房地产管理法》第 26 条的规定，以出让方式取得土地使用权进行房地产开发的，必须按照土地使用权出让合同约定的土地用途、动工开发期限开发土地。超过出让合同约定的动工开发日期满 1 年未动工开发的，可以征收相当于土地使用权出让金 20% 以下的土地闲置费；满 2 年未动工开发的，可以无偿收回土地使用权；但是，因不可抗力或者政府、政府有关部门的行为或者动工开发必需的前期工作造成动工开发迟延的除外。根据《土地管理法》第 14 条的规定，土地所有权和使用权争议，由当事人协商解决；协商不成的，由人民政府处理。单位之间的争议，由县级以上人民政府处理；个人之间、个人与单位之间的争议，由乡级人民政府或者县级以上人民政府处理。当事人对有关人民政府的处理决定不服的，可以自接到处理决定通知之日起 30 日内，向人民法院起诉。本题中市政府决定收回该土地使用权的行为属于行政行为，因而相关的争议属于行政争议，而政府迟迟不依照"国有土地出让合同"的约定交付土地，则属于违约的民事争议。对于土地使用权类型的行政争议应当首先由县级以上政府处理，对政府处理决定不服才能提起诉讼，而对于违反土地出让合同的违约行为，则没有政府处理的前置要求，可以直接提起诉讼。故本题的正确答案为 ABC。

【答案】ABC

3. 农户甲外出打工，将自己房屋及宅基地使用权一并转让给同村农户乙，5 年后甲返回该村。关于甲返村后的住宅问题，下列哪些说法是错误的？

A. 由于甲无一技之长，在外找不到工作，只能返乡务农。政府应再批给甲一处宅基地建房

B. 根据"一户一宅"的原则，甲作为本村村民应拥有自己的住房。政府应再批给甲一处宅基地建房

C. 由于农村土地具有保障功能，宅基地不得买卖，甲乙之间的转让合同无效。乙应返还房屋及宅基地使用权

D. 由于与乙的转让合同未经有关政府批准，转让合同无效。乙应返还房屋及

宅基地使用权

【考点】 宅基地使用权

【解析】《土地管理法》第62条规定："农村村民一户只能拥有一处宅基地，其宅基地的面积不得超过省、自治区、直辖市规定的标准。人均土地少、不能保障一户拥有一处宅基地的地区，县级人民政府在充分尊重农村村民意愿的基础上，可以采取措施，按照省、自治区、直辖市规定的标准保障农村村民实现户有所居。农村村民建住宅，应当符合乡（镇）土地利用总体规划、村庄规划，不得占用永久基本农田，并尽量使用原有的宅基地和村内空闲地。编制乡（镇）土地利用总体规划、村庄规划应当统筹并合理安排宅基地用地，改善农村村民居住环境和条件。农村村民住宅用地，由乡（镇）人民政府审核批准；其中，涉及占用农用地的，依照本法第四十四条的规定办理审批手续。农村村民出卖、出租、赠与住宅后，再申请宅基地的，不予批准。国家允许进城落户的农村村民依法自愿有偿退出宅基地，鼓励农村集体经济组织及其成员盘活利用闲置宅基地和闲置住宅。国务院农业农村主管部门负责全国农村宅基地改革和管理有关工作。"本题甲已房屋及将宅基地使用权转让他人，政府不再批甲宅基地。因此，A、B项中"政府应再批给甲一处宅基地建房"说法不符合法律规定。故A、B项错误，当选。目前，我国允许宅基地使用权在本集体经济组织成员之间转让，所以C项错误。法律、行政法规并未规定宅基地使用权转让须经批准，所以D项错误。

【答案】 ABCD

4. 某市政府在土地管理中的下列哪些行为违反了《土地管理法》的规定？

A. 甲公司在市郊申请使用一片国有土地修建经营性墓地，市政府批准其以划拨方式取得土地使用权

B. 乙公司投标取得一块商品房开发用地的出让土地使用权，市政府同意其在房屋建成销售后缴纳土地出让金

C. 丙公司以出让方式在本市规划区取得一块工业用地，市国土局在未征得市规划局同意的情况下，将该土地的用途变更为住宅建设用地

D. 丁公司在城市规划区取得一块临时用地，使用已达6年，并在该处修建了永久性建筑，市政府未收回土地，还为该建筑发放了房屋产权证

【考点】 国有土地使用权出让和划拨制度

【解析】《土地管理法》第54条规定："建设单位使用国有土地，应当以出让等有偿使用方式取得，但是，下列建设用地，经县级以上人民政府依法批准，可以划拨方式取得：（一）国家机关用地和军事用地；（二）城市基础设施用地和公益事业用地；（三）国家重点扶持的能源、交通、水利等基础设施用地；（四）法律、行政法规规定的其他用地。"A项中的"经营性墓地"是商业用地，不能通过划拨方式取得土地使用权，因此市政府的做法违反了《土地管理法》的规定，故A项当选。《土地管理法》第55条第1款规定："以出让等有偿使用方式取得国有土地使用权的建设单位，按照国务院规定的标准和办法，缴纳土地使用权出让金等土地有偿使用费和其他费用后，方可使用土地。"据此可知，有偿取得建设用地使用权的受让人，须在缴纳使用费和其他费用后，方可使用土地，因此市政府同意房屋销售后缴纳土地出让金的做法违反了法律规定，故B项当选。《土地管理法》第56条规定："建设单位使用国有土地的，应当按照土地使用权出让

扫码听课

等有偿使用合同的约定或者土地使用权划拨批准文件的规定使用土地；确需改变该幅土地建设用途的，应当经有关人民政府自然资源主管部门同意，报原批准用地的人民政府批准。其中，在城市规划区内改变土地用途的，在报批前，应当先经有关城市规划行政主管部门同意。"据此，本题中未征得市规划局同意即变更市规划区内土地用途的做法，违反了法律规定，故 C 项当选。《土地管理法》第57 条第 2、3 款规定，临时使用土地的使用者应当按照临时使用土地合同约定的用途使用土地，并不得修建永久性建筑物。临时使用土地期限一般不超过 2 年。本题 D 项中丁公司使用临时用地已达到 6 年，并修建永久性建筑的做法违法，因此市政府为其发放房屋产权证的做法违反法律规定，故 D 项当选。

【答案】　ABCD

考点群二　建设规划管理

扫码听课

1. 某市混凝土公司新建临时搅拌站，在试运行期间通过暗管将污水直接排放到周边，严重破坏当地环境。公司经理还指派员工潜入当地环境监测站内，用棉纱堵塞空气采集器，造成自动监测数据多次出现异常。有关部门对其处罚后，公司生产经营发生严重困难，拟裁员 20 人以上。关于该临时搅拌站建设，下列说法正确的是哪一项？

　　A. 如在该市规划区内进行建设的，应经市城管执法部门批准

　　B. 如该搅拌站影响该市近期建设规划的实施，有关部门不得批准

　　C. 如该搅拌站系未经批准进行临时建设的，由市政府责令限期拆除

　　D. 如该搅拌站超过批准时限不拆除的，由市城乡规划部门采取强制拆除措施

【考点】　临时建设规划

【解析】　关于临时建设规划管理，《城乡规划法》第 44 条规定："在城市、镇规划区内进行临时建设的，应当经城市、县人民政府城乡规划主管部门批准。临时建设影响近期建设规划或者控制性详细规划的实施以及交通、市容、安全等的，不得批准。临时建设应当在批准的使用期限内自行拆除。"所以 A 项错误、B 项正确。关于违反临时建设规划管理的法律后果，《城乡规划法》第 66 条规定："建设单位或者个人有下列行为之一的，由所在地城市、县人民政府城乡规划主管部门责令限期拆除，可以并处临时建设工程造价一倍以下的罚款：（一）未经批准进行临时建设的；（二）未按照批准内容进行临时建设的；（三）临时建筑物、构筑物超过批准期限不拆除的。"第 68 条进一步规定："城乡规划主管部门作出责令停止建设或者限期拆除的决定后，当事人不停止建设或者逾期不拆除的，建设工程所在地县级以上地方人民政府可以责成有关部门采取查封施工现场、强制拆除等措施。"所以 C、D 项错误。

【答案】　B

2. 某镇拟编制并实施镇总体规划，根据《城乡规划法》的规定，下列哪一说法是正确的？

　　A. 防灾减灾系镇总体规划的强制性内容之一

　　B. 在镇总体规划确定的建设用地范围以外，可设立经济开发区

扫码听课

C. 镇政府编制的镇总体规划，报上一级政府审批后，再经镇人大审议

D. 建设单位报批公共垃圾填埋场项目，应向国土部门申请核发选址意见书

【考点】镇总体规划

【解析】A选项涉及镇总体规划的内容。《城乡规划法》第17条规定："城市总体规划、镇总体规划的内容应当包括：城市、镇的发展布局，功能分区，用地布局，综合交通体系，禁止、限制和适宜建设的地域范围，各类专项规划等。规划区范围、规划区内建设用地规模、基础设施和公共服务设施用地、水源地和水系、基本农田和绿化用地、环境保护、自然与历史文化遗产保护以及防灾减灾等内容，应当作为城市总体规划、镇总体规划的强制性内容。"因此A选项正确。B选项涉及镇总体规划的实施。《城乡规划法》第30条第2款规定："在城市总体规划、镇总体规划确定的建设用地范围以外，不得设立各类开发区和城市新区。"所以B选项错误。C选项涉及镇总体规划的制定。《城乡规划法》第15条规定："县人民政府组织编制县人民政府所在地镇的总体规划，报上一级人民政府审批。其他镇的总体规划由镇人民政府组织编制，报上一级人民政府审批。"第16条规定："镇人民政府组织编制的镇总体规划，在报上一级人民政府审批前，应当先经镇人民代表大会审议，代表的审议意见交由本级人民政府研究处理。"所以C选项错误。D选项涉及城乡规划主管部门的权限。《城乡规划法》第36条规定："按照国家规定需要有关部门批准或者核准的建设项目，以划拨方式提供国有土地使用权的，建设单位在报送有关部门批准或者核准前，应当向城乡规划主管部门申请核发选址意见书。前款规定以外的建设项目不需要申请选址意见书。"建设单位报批公共垃圾填埋场项目，应当向城乡规划主管部门而非国土部门申请核发选址意见书。所以D选项错误。

【答案】A

3. 某房地产公司开发一幢大楼，实际占用土地的面积超出其依法获得的出让土地使用权面积，实际建筑面积也超出了建设工程规划许可证规定的面积。关于对该公司的处罚，下列哪一选项是正确的？

A. 只能由土地行政主管部门按非法占用土地予以处罚

B. 只能由城乡规划主管部门按违章建筑予以处罚

C. 根据一事不再罚原则，由当地政府确定其中一种予以处罚

D. 由土地行政主管部门、城乡规划主管部门分别予以处罚

【考点】违反城乡规划法的法律责任

扫码听课

【解析】根据《土地管理法》第77条第2款的规定，超过批准的数量占用土地、多占的土地以非法占用土地论处。也就是说，题中的房地产公司实际占用土地的面积超出其依法获得的出让土地使用权面积的行为属于非法占用土地的行为，土地行政主管部门可以对其进行行政处罚。根据《城乡规划法》第64条的规定，未取得建设工程规划许可证或者未按照建设工程规划许可证的规定进行建设的，由县级以上地方人民政府城乡规划主管部门责令停止建设；尚可采取改正措施消除对规划实施的影响的，限期改正，处建设工程造价5%以上10%以下的罚款；无法采取改正措施消除影响的，限期拆除，不能拆除的，没收实物或者违法收入，可以并处建设工程造价10%以下的罚款。可见，题中房地产公司实际建筑面积超过建设工程规划许可证规定的面积的行为属于"未按照建设工程规划许

可证的规定进行建设的行为"。在实践中，多占土地与实际建筑面积超标并不是两种有必然联系的行为，房地产公司完全可以在不多占土地的情况下实现实际建筑面积超标的行为，这实际上是两种不同的违法行为，不适用"一事不再罚原则"。故本题的正确答案为D项。

【答案】D

4. 某建设项目在市中心依法使用临时用地，并修建了临时建筑物，超过批准期限后仍未拆除。对此，下列哪一机关有权责令限期拆除？

A. 市环保行政主管部门　　　　　　B. 市土地行政主管部门
C. 市城乡规划行政主管部门　　　　D. 市建设行政主管部门

【考点】城乡规划主管部门的职责

【解析】根据《城乡规划法》第66条："建设单位或者个人有下列行为之一的，由所在地城市、县人民政府城乡规划主管部门责令限期拆除，可以并处临时建设工程造价一倍以下的罚款：（一）未经批准进行临时建设的；（二）未按照批准内容进行临时建设的；（三）临时建筑物、构筑物超过批准期限不拆除的。"本题中，该建设项目在市中心使用城市规划用地修建临时建筑物，超过批准期限后仍未拆除，按照法律的规定，应当由该市城乡规划行政主管部门责令限期拆除。故C项正确，A、B、D项错误。

【答案】C

考点群三　房地产开发与交易制度

1. 恒泰公司于2018年3月1日以出让方式获得了总投资额为10亿元的"后花园"商品住宅区五期项目的建设用地使用权。依据该项目的《国有建设用地使用权出让合同》，恒泰公司应于2019年3月1日前动工开发该项目，但由于某些原因，该项目在2019年6月1日才开始施工。开工半年后，恒泰公司将该期项目转让给百亚公司，此时恒泰公司已累计投入建设资金3亿元。对此，下列说法错误的是哪些选项？

A. 该建设用地使用权可由有关土地行政主管部门无偿收回

B. 按照相关法律规定，百亚公司无法取得该商品房项目

C. 恒泰公司缴纳的土地闲置费应当在2亿元以内

D. 恒泰公司将该期项目转让给百亚公司后，百亚公司应当与有关部门重新签订《国有建设用地使用权出让合同》

【考点】房地产转让和禁止闲置土地制度

【解析】为了禁止闲置土地，《房地产管理法》第26条规定，以出让方式取得土地使用权进行房地产开发的，必须按照土地使用权出让合同约定的土地用途、动工开发期限开发土地。超过出让合同约定的动工开发日期满一年未动工开发的，可以征收相当于土地使用权出让金百分之二十以下的土地闲置费；满二年未动工开发的，可以无偿收回土地使用权；但是，因不可抗力或者政府、政府有关部门的行为或者动工开发必需的前期工作造成动工开发迟延的除外。本题中，约定开工时间为2019年3月1日，实际施工日期为2019年6月1日，闲置时间仅

大咖点拨区

扫码听课

3个月，不符合无偿收回条件，也不符合征收闲置费条件，所以A、C选项均错误。

关于房地产转让，《房地产管理法》第39条规定，以出让方式取得土地使用权的，转让房地产时，应当符合下列条件：（一）按照出让合同约定已经支付全部土地使用权出让金，并取得土地使用权证书；（二）按照出让合同约定进行投资开发，属于房屋建设工程的，完成开发投资总额的百分之二十五以上，属于成片开发土地的，形成工业用地或者其他建设用地条件。其中，第一项条件，题干未涉及，我们默认为已经符合。第二项条件已经符合。所以，该房地产项目可以转让，B选项错误。《房地产管理法》第42条规定，房地产转让时，土地使用权出让合同载明的权利、义务随之转移。也就是说，会发生出让合同的概括移转，不必重新签订出让合同，所以D选项错误。

【答案】 ABCD

2. 甲企业将其厂房及所占划拨土地一并转让给乙企业，乙企业依法签订了出让合同，土地用途为工业用地。5年后，乙企业将其转让给丙企业，丙企业欲将用途改为商业开发。关于该不动产权利的转让，下列哪些说法是正确的？

　　A. 甲向乙转让时应报经有批准权的政府审批

　　B. 乙向丙转让时，应已支付全部土地使用权出让金，并取得国有土地使用权证书

　　C. 丙受让时改变土地用途，须取得有关规划部门的同意

　　D. 丙取得该土地及房屋时，其土地使用年限应重新计算

【考点】 房地产转让

【解析】 划拨土地使用权的出让，应当经过有批准权的政府审批，所以A项正确。以出让方式取得土地使用权的，转让房地产时，应当符合"交钱办证"的条件，即支付全部土地出让金，并且取得国有土地使用权证书，转让房屋还要取得房屋所有权证书，所以B正确。根据《土地管理法》第56条第1款规定，建设单位使用国有土地的，应当按照土地使用权出让等有偿使用合同的约定或者土地使用权划拨批准文件的规定使用土地；确需改变该幅土地建设用途的，应当经有关人民政府自然资源主管部门同意，报原批准用地的人民政府批准。其中，在城市规划区内改变土地用途的，在报批前，应当先经有关城市规划行政主管部门同意。所以C项正确。出让土地使用权受到期限的限制，受让人的使用年限为出让合同约定的年限减去原土地使用者已经使用年限后的剩余年限，所以D项错误。

【答案】 ABC

3. 甲房地产公司与乙国有工业公司签订《合作协议》，在乙公司原有的仓库用地上开发商品房。双方约定，共同成立"玫园置业有限公司"（以下简称"玫园公司"）。甲公司投入开发资金，乙公司负责将该土地上原有的划拨土地使用权转变为出让土地使用权，然后将出让土地使用权作为出资投入玫园公司。

玫园公司与丙劳务派遣公司签订协议，由其派遣王某到玫园公司担任保洁员。不久，甲、乙产生纠纷，经营停顿。玫园公司以签订派遣协议时所依据的客观情况发生重大变化为由，将王某退回丙公司，丙公司遂以此为由解除王某的劳动合同。

请回答第（1）～（5）题。

（1）关于该土地使用权由划拨转为出让，下列说法正确的是：

A. 将划拨土地使用权转为出让土地使用权后再行转让属于土地投机，为法律所禁止

B. 乙公司应当先将划拨土地使用权转让给玫园公司，然后由后者向政府申请办理土地使用权出让合同

C. 该土地使用权由划拨转为出让，应当报有批准权的政府审批，经批准后方可办理土地使用权出让手续

D. 如乙公司取得该地块的出让土地使用权，则只能自己进行开发，不能与他人合作开发

【考点】划拨土地使用权的转让

【解析】《城市房地产管理法》第40条规定："以划拨方式取得土地使用权的，转让房地产时，应当按照国务院规定，报有批准权的人民政府审批。有批准权的人民政府准予转让的，应当由受让方办理土地使用权出让手续，并依照国家有关规定缴纳土地使用权出让金。以划拨方式取得土地使用权的，转让房地产报批时，有批准权的人民政府按照国务院规定决定可以不办理土地使用权出让手续的，转让方应当按照国务院规定将转让房地产所获收益中的土地收益上缴国家或者作其他处理。"依据此规定，划拨土地使用权可以转为出让土地使用权后再行转让，只是需要报有批准权的人民政府审批之后，并由受让方办理土地使用权出让手续。因此本题中，划拨土地使用权转为出让土地使用权后再转让土地的行为于法有据，并未被法律所禁止，而A项说"为法律所禁止"错误，不当选。根据上述法条规定，本题B项中乙公司不能直接将划拨土地使用权转让给玫园公司，而应当报有批准权的政府审批之后方可转让。故B项错误，不当选。而C项的说法与上述规定相符，故C项正确，当选。《城市房地产管理法》第28条规定："依法取得的土地使用权，可以依照本法和有关法律、行政法规的规定，作价入股，合资、合作开发经营房地产。"因此本题中D项认为不能与他人合作开发，只能自己进行开发是错误的。故D项错误，不当选。

【答案】C

（2）关于甲、乙双方签订的《合作协议》的性质，下列选项正确的是：

A. 房地产开发合同　　　　　　B. 房地产转让合同

C. 土地使用权转让合同　　　　D. 国有资产合作经营合同

【考点】国有土地使用权合同

【解析】根据《最高人民法院关于审理涉及国有土地使用权合同纠纷案件适用法律问题的解释》第12条的规定，本解释所称的合作开发房地产合同，是指当事人订立的以提供出让土地使用权、资金等作为共同投资，共享利润、共担风险合作开发房地产为基本内容的合同。本题中，甲乙公司之间签订的合作协议内容为，由甲公司以金钱出资乙公司以土地使用权出资进行商品房开发。因此，此协议属于合作开发房地产合同。此外，根据《城市房地产管理法》第2条第3款规定，房地产开发，是指在依据本法取得国有土地使用权的土地上进行基础设施、房屋建设的行为。据此，本题甲房地产公司与乙国有工业公司签订《合作协议》，开发商品房，此协议是房地产开发合同。故A项正确，当选。《城市房地产

大咖点拨区

扫码听课

扫码听课

管理法》第37条规定，房地产转让是指房地产权利人通过买卖、赠与或者其他合法方式将其房地产转移给他人的行为。本题中，甲乙双方之间的合作协议并不涉及房地产转移的内容。故B项错误，不当选。《最高人民法院关于审理涉及国有土地使用权合同纠纷案件适用法律问题的解释》第7条规定，本解释所称的土地使用权转让合同，是指土地使用权人作为转让方将出让土地使用权转让于受让方，受让方支付价款的合同。而本题中的合同内容是甲乙共同出资成立有限公司进行房地产开发，不属于土地使用权转让合同。故C项错误，不当选。本题中甲公司和乙公司协议成立玫园置业有限公司，双方主体均为国内法人，且作为合同一方的甲公司并不属于国有企业，故双方不具有国有资产合作经营关系。故D项错误，不当选。

【答案】A

（3）开发期间，由于政府实施商品房限购政策，甲公司因其已开发项目滞销而陷于财务困境，致玫园公司经营陷于停顿，甲乙双方发生纠纷，乙公司主张合同无效。下列理由依法不能成立的是：

A. 该合同为乙公司前任经理所签订，现该经理已被撤换

B. 签订合同时，该土地还是划拨土地使用权

C. 根据《合作协议》，乙公司仅享有玫园公司40%的股份，现在因该地段新建地铁导致地价上涨，乙公司所占股份偏低，属于国有资产流失

D. 乙公司无房地产开发资格，无权参与房地产开发

【考点】国有土地使用权合同无

【解析】甲、乙之间的房地产开发合同是甲和乙两公司的行为，乙公司前任经理所签订是代表乙公司的行为，经理撤换不影响合同的效力，故A项当选。《民法典》施行后，《最高人民法院关于审理涉及国有土地使用权合同纠纷案件适用法律问题的解释》也做了相应修改，未经批准，订立合同转让划拨土地使用权的，或者以划拨土地使用权作为投资与他人订立合同合作开发房地产的，合同效力不受影响，故B项当选。乙以非货币出资，只能以当时的市场价值评估作价，不管后期该地块是增值还是贬值，不存在国有资产流失问题。甲乙之间签订《合作协议》后，客观情况的变化不影响《合作协议》的效力，故C项当选。《最高人民法院关于审理涉及国有土地使用权合同纠纷案件适用法律问题的解释》第13条规定："合作开发房地产合同的当事人一方具备房地产开发经营资质的，应当认定合同有效。当事人双方均不具备房地产开发经营资质的，应当认定合同无效。但起诉前当事人一方已经取得房地产开发经营资质或者已依法合作成立具有房地产开发经营资质的房地产开发企业的，应当认定合同有效。"本题中，即使乙公司无房地产开发资格，但甲公司具有房地产开发经营资质，所以合同有效。故D项当选。

【答案】ABCD

（4）根据《劳动合同法》，王某的用人单位是：

A. 甲公司　　　　B. 乙企业　　　　C. 丙公司　　　　D. 玫园公司

【考点】劳务派遣

【解析】根据《劳动合同法》第58、59条的规定，理解劳务派遣的三方关系：（1）劳务派遣单位与被派遣劳动者是劳动关系，应当订立劳动合同（第58

条）。其中，劳务派遣单位是"用人单位"，应当履行用人单位对劳动者的义务。（2）劳务派遣单位与接受以劳务派遣形式用工的单位（称为用工单位）订立劳务派遣协议（第59条）。二者之间是劳务关系，受《劳动合同法》调整。（3）"用工单位"和"劳动者"之间虽然没有劳动合同关系，但是劳动者要服从"用工单位"的管理。因此，本题明确"玫园公司与丙劳务派遣公司签订协议，由其派遣王某到玫园公司担任保洁员"所以王某的用人单位是其劳务派遣单位丙公司，用工单位是玫园公司。故 C 项正确，当选。

【答案】 C

（5）关于王某劳动关系解除问题，下列选项正确的是：

A. 玫园公司有权将王某退回丙公司

B. 丙公司有权解除与王某的劳动合同

C. 王某有权要求丙公司继续履行劳动合同

D. 王某如不愿回到丙公司，有权要求其支付赔偿金

【考点】 劳务派遣合同的解除

【解析】 结合《劳动合同法》、《劳动合同法实施条例》、《劳务派遣暂行规定》可知，被派遣劳动者有下列情形的，用工单位可以将劳动者退回劳务派遣单位，劳务派遣单位可以依法与劳动者解除劳动合同：（1）在试用期被证明不符合录用条件的；（2）有过错的；（3）患病或者非因工负伤，在规定的医疗期满后不能从事原工作，也不能从事另行安排的工作的；（4）不能胜任工作，经过培训或者调整工作岗位，仍不能胜任工作的。被派遣劳动者有下列情形的，用工单位可以将劳动者退回劳务派遣单位，但是劳务派遣单位不得解除劳动合同。被派遣劳动者退回后在无工作期间，劳务派遣单位应当按照不低于所在地最低工资标准，向其按月支付报酬：（1）劳动合同订立时所依据的客观情况发生重大变化，致使劳动合同无法履行，经用工单位与劳动者协商，未能就变更劳动合同内容达成协议的；（2）用工单位符合经济性裁员条件的；（3）用工单位被依法宣告破产、吊销营业执照、责令关闭、撤销、决定提前解散或者经营期限届满不再继续经营的；（4）劳务派遣协议期满终止的。本题中，用工单位即玫园公司发生了客观情况的重大变化，玫园公司有权退回王某，但是王某有权要求丙公司继续履行劳动合同（比如再派遣到其他用工单位），因此，正确答案为 A、C。

【答案】 AC

考点群四　不动产登记

1. 申请不动产登记时，下列哪一情形应由当事人双方共同申请？

A. 赵某放弃不动产权利，申请注销登记

B. 钱某接受不动产遗赠，申请转移登记

C. 孙某将房屋抵押给银行以获得贷款，申请抵押登记

D. 李某认为登记于周某名下的房屋为自己所有，申请更正登记

【考点】 不动产登记的申请

【解析】《不动产登记暂行条例》第14条规定："因买卖、设定抵押权等申请

大咖点拨区

不动产登记的，应当由当事人双方共同申请。属于下列情形之一的，可以由当事人单方申请：（一）尚未登记的不动产首次申请登记的；（二）继承、接受遗赠取得不动产权利的；（三）人民法院、仲裁委员会生效的法律文书或者人民政府生效的决定等设立、变更、转让、消灭不动产权利的；（四）权利人姓名、名称或者自然状况发生变化，申请变更登记的；（五）不动产灭失或者权利人放弃不动产权利，申请注销登记的；（六）申请更正登记或者异议登记的；（七）法律、行政法规规定可以由当事人单方申请的其他情形。"由此可知，C选项是应当由抵押人和抵押权人共同申请不动产登记的，故选C。

【答案】C

劳动与社会保障法

考点群	近 10 年考查次数
一般劳动合同	★★★
特殊劳动合同	★★
劳动基准	★
劳动争议	★★★
社会保险	★★★

考点群一　一般劳动合同

1. 关于劳动关系的表述，下列哪些选项是正确的？

A. 劳动关系是特定当事人之间的法律关系

B. 劳动关系既包括劳动者与用人单位之间的关系也包括劳动行政部门与劳动者、用人单位之间的关系

C. 劳动关系既包括财产关系也包括人身关系

D. 劳动关系既具有平等关系的属性也具有从属关系的属性

【考点】劳动关系

【解析】劳动关系指根据法律的相关规定，劳动者与用人单位之间为实现劳动过程而发生的一方向另一方有偿提供劳动力的社会关系。劳动关系的当事人十分简单，只有劳动者与用人单位两方，因此，可谓是特定当事人之间形成的法律关系。从劳动关系的属性上分析，劳动关系首先是人身关系。劳动力依附于劳动者的人身而存在，提供劳动力意味着劳动者在一定程度上将其人身交给用人单位，因而劳动关系就其本质意义上说是一种人身关系。但是，劳动关系又不仅仅是人身关系。劳动者让渡了劳动力使用权，因此用人单位需要支付工资等物质待遇作为对价。劳动关系又是一种以劳动力交易为内容的财产关系。因此，劳动关系既包括财产关系也包括人身关系。此外，劳动关系还具有一定的从属性。双方的劳动关系的形成确实是建立在平等自愿、协商一致的基础上的。但随着劳动关系的形成，劳动者成为用人单位的成员，在职责上需要从属于用人单位。双方间存在一种有别于劳务关系的从属性劳动组织关系。可以说，劳动关系既具有平等关系的属性也具有从属关系的属性。综上所述，ACD选项正确，B选项错误。

【答案】ACD

2. 某公司聘用首次就业的王某，口头约定劳动合同期限 2 年，试用期 3 个月，月工资 1200 元，试用期满后 1500 元。

2012 年 7 月 1 日起，王某上班，不久即与同事李某确立恋爱关系。9 月，由

经理办公会讨论决定并征得工会主席同意，公司公布施行《工作纪律规定》，要求同事不得有恋爱或婚姻关系，否则一方必须离开公司。公司据此解除王某的劳动合同。

经查明，当地月最低工资标准为1000元，公司与王某一直未签订书面劳动合同，但为王某买了失业保险。请回答第（1）～（3）题。

（1）关于双方约定的劳动合同内容，下列符合法律规定的说法是：

A. 试用期超过法定期限

B. 试用期工资符合法律规定

C. 8月1日起，公司未与王某订立书面劳动合同，应每月付其两倍的工资

D. 8月1日起，如王某拒不与公司订立书面劳动合同，公司有权终止其劳动关系，且无需支付经济补偿

【考点】试用期；不订立书面劳动合同的后果

【解析】根据《劳动合同法》第19条第1款的规定，劳动合同期限1年以上不满3年的，试用期不得超过2个月。本题中，王某与公司约定的合同期限为2年，因此，根据上述规定，试用期应不得超过2个月，但是合同约定的期限为3个月，超过了法定期限，故A项正确，当选。根据《劳动合同法》第20条的规定："劳动者在试用期的工资不得低于本单位相同岗位最低档工资或者劳动合同约定工资的80%，并不得低于用人单位所在地的最低工资标准。"本题中，合同约定的工资为1500元，根据上述规定，试用期工资不得低于劳动合同约定工资的80%，即1500×80%＝1200元，同时又高于当地月最低工资标准为1000元，因此，该试用期工资符合法律规定，故B项正确，当选。《劳动合同法实施条例》第6条："用人单位自用工之日起超过1个月不满1年未与劳动者订立书面劳动合同的，应当依照《劳动合同法》第82条的规定向劳动者每月支付两倍的工资，并与劳动者补订书面劳动合同；劳动者不与用人单位订立书面劳动合同的，用人单位应当书面通知劳动者终止劳动关系，并依照《劳动合同法》第47条的规定支付经济补偿。前款规定的用人单位向劳动者每月支付两倍工资的起算时间为用工之日起满1个月的次日，截止时间为补订书面劳动合同的前1日。"本题中，王某从7月1日起开始工作，若该公司超过1个月即从8月1日起还未与王某订立书面劳动合同，则每月应付王某两倍的工资。故C项正确，当选。又根据上述法律规定，若王某拒不与公司订立书面劳动合同，则公司可以书面通知王某终止劳动关系，但是必须依照《劳动合同法》第47条的规定支付经济补偿。故D项错误，不当选。

【答案】ABC

（2）关于该《工作纪律规定》，下列说法正确的是：

A. 制定程序违法

B. 有关婚恋的规定违法

C. 依据该规定解除王某的劳动合同违法

D. 该公司执行该规定给王某造成损害的，应承担赔偿责任

【考点】用人单位规章制度；劳动合同的解除

【解析】根据《公司法》第18条第3款的规定，公司研究决定改制以及经营方面的重大问题、制定重要的规章制度时，应当听取公司工会的意见，并通过职

工代表大会或者其他形式听取职工的意见和建议。本题中，仅争取了工会主席一人的意见，且未通过职工代表大会或听取职工的意见和建议，因此，制定程序违法。故 A 项正确。该《工作纪律规定》要求同事不得有恋爱或婚姻关系，否则一方必须离开公司，侵犯了公民的人身自由和婚姻自由，故 B 项正确。根据《劳动合同法》第 39 条的规定，劳动者有下列情形之一的，用人单位可以解除劳动合同：（一）在试用期间被证明不符合录用条件的；（二）严重违反用人单位的规章制度的……本题中，由于该《工作纪律规定》违反了法律的禁止性规定，且王某的行为不属于严重违反用人单位的规章制度的情形，以此为由解除劳动合同不属于上述的法定解除劳动合同的情形，因此，依据《工作纪律规定》解除劳动合同是违法的。故 C 项正确。根据《劳动合同法》第 80 条规定："用人单位直接涉及劳动者切身利益的规章制度违反法律、法规规定的，由劳动行政部门责令改正，给予警告；给劳动者造成损害的，应当承担赔偿责任。"本题中，该公司的《工作纪律规定》违反法律规定，据此解除王某的劳动合同，给王某带来了损害的，公司应当承担赔偿责任。故 D 项正确。

【答案】ABCD

（3）关于王某离开该公司后申请领取失业保险金的问题，下列说法正确的是：

A. 王某及该公司累计缴纳失业保险费尚未满 1 年，无权领取失业保险金

B. 王某被解除劳动合同的原因与其能否领取失业保险金无关

C. 若王某依法能领取失业保险金，在此期间还想参加职工基本医疗保险，则其应缴纳的基本医疗保险费从失业保险基金中支付

D. 若王某选择跨统筹地区就业，可申请退还其个人缴纳的失业保险费

【考点】失业保险

【解析】《社会保险法》第 45 条规定："失业人员符合下列条件的，从失业保险基金中领取失业保险金：（一）失业前用人单位和本人已经缴纳失业保险费满 1 年的；（二）非因本人意愿中断就业的……"本案中，若王某累计缴纳失业保险未满 1 年，则无权领取失业保险金。故 A 项正确，当选。只要是非本人意愿中止就业的，就符合领取失业保险金的条件之一，与劳动者被用人单位解除劳动合同的具体原因没有关系。故 B 项正确，当选。《社会保险法》第 48 条第 2 款规定，失业人员应当缴纳的基本医疗保险费从失业保险基金中支付，个人不缴纳基本医疗保险费。本题中，王某应缴纳的基本医疗保险费从失业保险基金中支付。故 C 项正确，当选。《社会保险法》第 52 条规定："职工跨统筹地区就业的，其失业保险关系随本人转移，缴费年限累计计算。"若王某选择跨统筹地区就业，其失业保险关系随本人转移，缴费年限累计计算，而不得申请退还。据此可知，王某不能申请退还缴纳的失业保险费。故 D 项错误，不当选。

【答案】ABC

3. 2017 年 1 月，张某入职飞信科技有限公司，担任总经理。至 2018 年 3 月，公司一直未与其签订书面劳动合同。为方便开展业务，公司为张某配置了一辆小轿车，2018 年 10 月，张某离职并要求公司支付双倍工资，遭到拒绝。张某遂将汽车留置，公司要求其返还。对此，下列说法正确的是？

A. 张某可以留置该汽车

大咖点拨区

扫码听课

扫码听课

B. 张某应当向公司返还汽车

C. 张某有权主张 2017 年 2 月至离职之日的双倍工资

D. 张某可直接向法院主张要求公司支付双倍工资

【考点】 未签书面劳动合同的法律后果；劳动者的留置权

【解析】《民法典》第 448 条规定："债权人留置的动产，应当与债权属于同一法律关系，但企业之间留置的除外。"本案中，张某与飞信科技有限公司虽未签订书面劳动合同，但一直存在实际的用工，已经建立起劳动关系。劳动关系主体双方在履行劳动合同过程中存在管理与被管理的不平等关系。劳动者以用人单位拖欠劳动报酬为由，主张对用人单位供其使用的工具、物品等动产行使留置权，因此类动产不是劳动合同关系的标的物，与劳动债权不属于同一法律关系，因此，劳动者并没有留置权。故 A 项错误，B 项正确。《劳动合同法》第 82 条第 1 款规定："用人单位自用工之日起超过一个月不满一年未与劳动者订立书面劳动合同的，应当向劳动者每月支付二倍的工资。"《劳动合同法实施条例》第 7 条规定："用人单位自用工之日起满一年未与劳动者订立书面劳动合同的，用工之日起满一个月的次日至满一年的前一日应当向劳动者每月支付两倍的工资。"由此可见，用人单位支付双倍工资的时间为自用工之日起满一个月的次日至满一年的前一日，最多 11 个月，而非至员工离职之日，故 C 项错误。劳动争议的解决实行仲裁前置的程序，不可以直接向法院主张要求公司支付双倍工资，故 D 项错误。

本题原型为"长三角商品交易所有限公司与卢某某返还原物纠纷案"，刊载于《最高人民法院公报》2017 年第 1 期，详见江苏省无锡市中级人民法院 (2014) 锡民终字第 1724 号民事判决书。

【答案】B

4. 甲厂与工程师江某签订了保密协议。江某在劳动合同终止后应聘至同行业的乙厂，并帮助乙厂生产出与甲厂相同技术的发动机。甲厂认为保密义务理应包括竞业限制义务，江某不得到乙厂工作，乙厂和江某共同侵犯其商业秘密。关于此案，下列哪些选项是正确的？

A. 如保密协议只约定保密义务，未约定支付保密费，则保密义务无约束力

B. 如双方未明确约定江某负有竞业限制义务，则江某有权到乙厂工作

C. 如江某违反保密协议的要求，向乙厂披露甲厂的保密技术，则构成侵犯商业秘密

D. 如乙厂能证明其未利诱江某披露甲厂的保密技术，则不构成侵犯商业秘密

【考点】 劳动合同中的保密协议；竞业禁止义务

【解析】《劳动合同法》第 23 条："用人单位与劳动者可以在劳动合同中约定保守用人单位的商业秘密和与知识产权相关的保密事项。"即企业在与员工签订保密协议时可以要求员工无条件承担保密义务，也可以约定以支付保密费作为承担保密义务的条件，但后者在企业未支付保密费的情况下，无权要求员工按保密协议承担保密义务。也就是说，保密协议并非未约定保密费就无约束力。故 A 项错误。《劳动合同法》第 23 条第 2 款规定，对负有保密义务的劳动者，用人单位可以在劳动合同或者保密协议中与劳动者约定竞业限制条款，并约定在解除或者终止劳动合同后，在竞业限制期限内按月给予劳动者经济补偿。劳动者违反竞业限制约定的，应当按照约定向用人单位支付违约金。本题中，如果双方未明

扫码听课

确约定江某负有竞业限制义务，则江某有权到乙厂工作。故 B 项正确，当选。《劳动法》第 22 条规定，劳动合同当事人可以在劳动合同中约定保守用人单位商业秘密的有关事项。如果江某违反保密协议的要求，向乙厂泄露甲厂的商业秘密，则构成侵犯商业秘密，需要承担民事或刑事责任。故 C 项正确，当选。《反不正当竞争法》第 9 条规定："经营者不得实施下列侵犯商业秘密的行为：（一）以盗窃、贿赂、欺诈、胁迫、电子侵入或者其他不正当手段获取权利人的商业秘密；（二）披露、使用或者允许他人使用以前项手段获取的权利人的商业秘密；（三）违反保密义务或者违反权利人有关保守商业秘密的要求，披露、使用或者允许他人使用其所掌握的商业秘密；（四）教唆、引诱、帮助他人违反保密义务或者违反权利人有关保守商业秘密的要求，获取、披露、使用或者允许他人使用权利人的商业秘密。

经营者以外的其他自然人、法人和非法人组织实施前款所列违法行为的，视为侵犯商业秘密。

第三人明知或者应知商业秘密权利人的员工、前员工或者其他单位、个人实施本条第一款所列违法行为，仍获取、披露、使用或者允许他人使用该商业秘密的，视为侵犯商业秘密。

本法所称的商业秘密，是指不为公众所知悉、具有商业价值并经权利人采取相应保密措施的技术信息、经营信息等商业信息。"因此，虽然乙厂未利诱江某泄露商业秘密，但只要其明知江某泄露他人使用的商业秘密并违法使用，仍然构成侵犯商业秘密，故 D 错误。

【答案】BC

5. 邓某系 K 制药公司技术主管。2008 年 2 月，邓某私自接受 Y 制药公司聘请担任其技术顾问。5 月，K 公司得知后质问邓某。邓某表示自愿退出 K 公司，并承诺 5 年内不以任何直接或间接方式在任何一家制药公司任职或提供服务，否则将向 K 公司支付 50 万元违约金。2009 年，K 公司发现邓某已担任 Y 公司的副总经理，并持有 Y 公司 20% 股份，而且 Y 公司新产品已采用 K 公司研发的配方。K 公司以 Y 公司和邓某为被告提起侵犯商业秘密的诉讼。请回答第（1）、（2）题。

（1）关于 Y 公司和邓某的行为，下列说法正确的是：

A. Y 公司的行为构成侵犯他人商业秘密

B. 邓某的行为构成侵犯他人商业秘密

C. Y 公司的行为构成违反竞业禁止义务

D. 邓某的行为构成违反竞业禁止义务

【考点】侵犯商业秘密行为；竞业禁止义务

【解析】《反不正当竞争法》第 9 条规定："经营者不得实施下列侵犯商业秘密的行为：（一）以盗窃、贿赂、欺诈、胁迫、电子侵入或者其他不正当手段获取权利人的商业秘密；（二）披露、使用或者允许他人使用以前项手段获取的权利人的商业秘密；（三）违反保密义务或者违反权利人有关保守商业秘密的要求，披露、使用或者允许他人使用其所掌握的商业秘密；（四）教唆、引诱、帮助他人违反保密义务或者违反权利人有关保守商业秘密的要求，获取、披露、使用或者允许他人使用权利人的商业秘密。经营者以外的其他自然人、法人和非法人组

大咖点拨区

扫码听课

织实施前款所列违法行为的，视为侵犯商业秘密。第三人明知或者应知商业秘密权利人的员工、前员工或者其他单位、个人实施本条第一款所列违法行为，仍获取、披露、使用或者允许他人使用该商业秘密的，视为侵犯商业秘密。本法所称的商业秘密，是指不为公众所知悉、具有商业价值并经权利人采取相应保密措施的技术信息、经营信息等商业信息。"本案中邓某允许 Y 制药公司使用其掌握的 K 公司研发的配方的行为，属于违反约定或者违反权利人有关保守商业秘密的要求擅自披露、使用他人商业秘密的行为，因此邓某的行为构成侵犯他人商业秘密，故 B 项正确，当选。另外，Y 制药公司明知该商业秘密来源违法而使用，视为侵犯商业秘密"，故 A 项正确，当选。《劳动合同法》第24条规定："竞业限制的人员限于用人单位的高级管理人员、高级技术人员和其他负有保密义务的人员。竞业限制的范围、地域、期限由用人单位与劳动者约定，竞业限制的约定不得违反法律、法规的规定。在解除或者终止劳动合同后，前款规定的人员到与本单位生产或者经营同类产品、从事同类业务的有竞争关系的其他用人单位，或者自己开业生产或者经营同类产品、从事同类业务的竞业限制期限，不得超过2年。"本案中，邓某为 K 公司技术主管，属于知晓商业秘密的人员，并且双方签有保密协议，因此邓某应承担竞业禁止义务。邓某"表示自愿退出 K 公司，并承诺5年内不以任何直接或间接方式在任何一家制药公司任职或提供服务"，邓某在第二年就违反了竞业禁止的义务，故 D 项正确，当选。Y 公司不构成违反竞业禁止义务，故 C 项错误，不当选。

【答案】ABD

（2）案件审理期间邓某提出，本案纠纷起因于自己与 K 公司的劳动关系，应属劳动争议案件，故 K 公司应向劳动争议仲裁机构提起仲裁申请，遂请求法院裁定驳回起诉。关于该主张，下列说法正确的是：

A. 侵犯商业秘密本质上属于侵权，违反竞业禁止本质上属于违约

B. 本案存在法律关系竞合，K 公司有选择权

C. 劳动关系优先于商事关系

D. 邓某的主张应予支持

【考点】竞业禁止义务与侵犯商业秘密的法律竞合

【解析】侵犯商业秘密，属于侵犯权利人经济性权利的行为，在本质上属于侵权。违反竞业禁止义务，要求责任人与被侵害人之间存在竞业禁止约定，在本质上属于违约行为。据此，本题选项 A 的主张符合要求，故 A 项正确，当选。本案中 K 公司既可以要求邓某承担违反竞业禁止义务的违约责任，也可以要求邓某承担侵犯商业秘密的侵权责任。所以根据法律规定，权利人 K 公司享有选择权，邓某没有选择权，其主张得不到法律支持。故 B 项正确，当选，D 项错误，不当选。劳动关系和商事关系均属于广义上的民事法律关系，相互之间没有先后之分。因此，C 项的说法不正确，不当选。

【答案】AB

6. 某厂工人田某体检时被初诊为脑瘤，万念俱灰，既不复检也未经请假就外出旅游。该厂以田某连续旷工超过15天，严重违反规章制度为由解除劳动合同。对于由此引起的劳动争议，下列哪些说法是正确的？

A. 该厂单方解除劳动合同，应事先将理由通知工会

B. 因田某严重违反规章制度，无论是否在规定的医疗期内该厂均有权解除劳动合同

C. 如该厂解除劳动合同的理由成立，无需向田某支付经济补偿金

D. 如该厂解除劳动合同的理由违法，田某有权要求继续履行劳动合同并主张经济补偿金 2 倍的赔偿金

【考点】劳动合同解除

【解析】所有用人单位的单方解除，用人单位都必须事先将理由通知工会，A 正确。

因劳动者有过错，用人单位可依法单方解除，无论劳动者是否在医疗期内。劳动者在医疗期内的，用人单位不能无过错解除，其他解除依然可以。因此，田某严重违反规章制度的，该厂可以依法解除，B 正确。

因劳动者有过错，用人单位依法单方解除的，无需向劳动者支付经济补偿，C 正确。

用人单位违法解除的，劳动者可主张继续履行，无法继续履行的，劳动者可主张经济补偿 2 倍的赔偿金。继续履行和支付赔偿金是选择关系，而不是并用关系，D 错误。

【答案】ABC

7. 某市混凝土公司新建临时搅拌站，在试运行期间通过暗管将污水直接排放到周边，严重破坏当地环境。公司经理还指派员工潜入当地环境监测站内，用棉纱堵塞空气采集器，造成自动监测数据多次出现异常。有关部门对其处罚后，公司生产经营发生严重困难，拟裁员 20 人以上。当该公司裁员时，下列说法正确的有哪些？

A. 无须向劳动者支付经济补偿金

B. 应优先留用与本公司订立无固定期限劳动合同的职工

C. 不得裁减在该公司连续工作满 15 年的女职工

D. 不得裁减非因公负伤且在规定医疗期内的劳动者

【考点】经济性裁员

【解析】经济性裁员属于"非因劳动者的原因造成的劳动合同解除或终止"，用人单位应当支付经济补偿，所以 A 项错误。《劳动合同法》第 41 条第二款规定："裁减人员时，应当优先留用下列人员：（一）与本单位订立较长期限的固定期限劳动合同的；（二）与本单位订立无固定期限劳动合同的；（三）家庭无其他就业人员，有需要扶养的老人或者未成年人的。"所以 B 项说法正确。此外，《劳动合同法》第 42 条规定："劳动者有下列情形之一的，用人单位不得依照本法第四十条、第四十一条的规定解除劳动合同：（一）从事接触职业病危害作业的劳动者未进行离岗前职业健康检查，或者疑似职业病病人在诊断或者医学观察期间的；（二）在本单位患职业病或者因工负伤并被确认丧失或者部分丧失劳动能力的；（三）患病或者非因工负伤，在规定的医疗期内的；（四）女职工在孕期、产期、哺乳期的；（五）在本单位连续工作满十五年，且距法定退休年龄不足五年的；（六）法律、行政法规规定的其他情形。"这些限制情形同样适用于经济性裁员。C 项中，该女职工如果同时符合"距法定退休年龄不足五年"的条件，则该公司不得裁减，所以 C 项说法错误。D 项属于《劳动合同法》第 42 条第（三）

大咖点拨区

扫码听课

项规定情形，所以正确。

【答案】BD

8. 某公司从事出口加工，有职工500人。因国际金融危机影响，订单锐减陷入困境，拟裁减职工25人。公司决定公布后，职工提出异议。下列哪些说法缺乏法律依据？

A. 职工甲：公司裁减决定没有经过职工代表大会批准，无效

B. 职工乙：公司没有进入破产程序，不能裁员

C. 职工丙：我一家4口，有70岁老母10岁女儿，全家就我有工作，公司不能裁减我

D. 职工丁：我在公司销售部门曾连续3年评为优秀，对公司贡献大，公司不能裁减我

【考点】经济性裁员

【解析】《劳动合同法》第41条第1款规定："有下列情形之一，需要裁减人员20人以上或者裁减不足20人但占企业职工总数10%以上的，用人单位提前30日向工会或者全体职工说明情况，听取工会或者职工的意见后，裁减人员方案经向劳动行政部门报告，可以裁减人员：（一）依照企业破产法规定进行重整的；（二）生产经营发生严重困难的；（三）企业转产、重大技术革新或者经营方式调整，经变更劳动合同后，仍需裁减人员的；（四）其他因劳动合同订立时所依据的客观经济情况发生重大变化，致使劳动合同无法履行的。"据此可知，《劳动合同法》规定只是要求向工会或全体职工说明情况，听取工会或职工意见，没有规定必须经过职工代表大会批准。本题A项说法缺乏法律依据，故A项当选。同时，根据本条规定的条件可知，并未要求用人单位只有进入破产程序才能进行经济性裁员，因此本题选项B的说法也缺乏法律依据，故B项当选。《劳动合同法》第41条第2款第（三）项规定，家庭无其他就业人员，有需要扶养的老人或者未成年人的，在裁减人员时，应当优先留用。本题中，考虑到该公司有职工500人，本次裁员仅裁减25人，而C项中职工丙符合本款的规定，有法律依据，应当优先留用。故C项不当选。《劳动合同法》第41条第2款规定了用人单位在裁员时应优先留用的三类人员：（一）与本单位订立较长期限的固定期限劳动合同的；（二）与本单位订立无固定期限劳动合同的；（三）家庭无其他就业人员，有需要扶养的老人或者未成年人的。本题D项中的职工丁连续三年被评为优秀并不符合优先留用的情形，所以D项的说法缺乏法律依据，故D项当选。

【答案】ABD

考点群二　特殊劳动合同

1. 关于集体劳动合同，根据《劳动合同法》，下列哪些说法是正确的？

A. 甲公司尚未建立工会时，经其2/3以上的职工推举的代表，可直接与公司订立集体合同

B. 乙公司系建筑企业，其订立的行业性集体合同，报劳动行政部门备案后即行生效

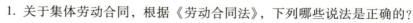

C. 丙公司依法订立的集体合同，对全体劳动者，不论是否为工会会员，均适用

D. 因履行集体合同发生争议，丁公司工会与公司协商不成时，工会可依法申请仲裁、提起诉讼

【考点】集体合同

【解析】关于集体合同的订立程序，《劳动合同法》第 51 条第二款规定："集体合同由工会代表企业职工一方与用人单位订立；尚未建立工会的用人单位，由上级工会指导劳动者推举的代表与用人单位订立。"因此 A 项错误。关于集体合同的生效，《劳动合同法》第 54 条第一款规定："集体合同订立后，应当报送劳动行政部门；劳动行政部门自收到集体合同文本之日起十五日内未提出异议的，集体合同即行生效。"所以 B 项错误。关于集体合同的效力范围，《劳动合同法》第 54 条第二款规定："依法订立的集体合同对用人单位和劳动者具有约束力。行业性、区域性集体合同对当地本行业、本区域的用人单位和劳动者具有约束力。"所以 C 项正确。关于集体合同的争议解决，《劳动合同法》第 56 条规定："用人单位违反集体合同，侵犯职工劳动权益的，工会可以依法要求用人单位承担责任；因履行集体合同发生争议，经协商解决不成的，工会可以依法申请仲裁、提起诉讼。"所以 D 项正确。

【答案】CD

2. 关于非全日制用工的说法，下列哪一选项不符合《劳动合同法》规定？

A. 从事非全日制用工的劳动者与多个用人单位订立劳动合同的，后订立的合同不得影响先订立合同的履行

B. 非全日制用工合同不得约定试用期

C. 非全日制用工终止时，用人单位应当向劳动者支付经济补偿

D. 非全日制用工劳动报酬结算支付周期最长不得超过十五日

【考点】非全日制用工

【解析】《劳动合同法》第 69 条规定："从事非全日制用工的劳动者可以与一个或者一个以上用人单位订立劳动合同；但是，后订立的劳动合同不得影响先订立的劳动合同的履行。"A 正确。第 70 条规定："非全日制用工双方当事人不得约定试用期。"B 正确。第 71 条规定："非全日制用工双方当事人任何一方都可以随时通知对方终止用工。终止用工，用人单位不向劳动者支付经济补偿。"C 错误。第 72 条规定："非全日制用工劳动报酬结算支付周期最长不得超过十五日。"D 正确。

【答案】C

3. 2017 年 1 月，甲公司因扩大规模，急需客服人员，遂委托乙劳务派遣公司派遣 5 名员工。随后，乙劳务派遣公司将已签订劳动合同的张某等五人派遣至甲公司。对此，下列哪些说法是错误的？

A. 甲公司应当为张某缴纳工伤保险

B. 乙公司应当为张某缴纳工伤保险

C. 张某与甲公司形成劳动关系

D. 如果张某在工作中造成他人受伤，应当由甲公司和乙公司承担连带责任

【考点】劳务派遣

大咖点拨区

扫码听课

扫码听课

【解析】 解答本题的关键在于，准确理解劳务派遣的关系结构，也就是"有关系无劳动，有劳动无关系"。《劳动合同法》第58条第1款规定："劳务派遣单位是本法所称用人单位，应当履行用人单位对劳动者的义务。"故张某与乙劳务派遣公司之间形成劳动关系，乙劳务派遣公司为用人单位，应当履行为劳动者缴纳社会保险费的义务，故A项错误，B项正确，C项错误。《民法典》第1191条第2款规定："劳务派遣期间，被派遣的工作人员因执行工作任务造成他人损害的，由接受劳务派遣的用工单位承担侵权责任；劳务派遣单位有过错的，承担相应的责任。"本题中，张某在工作中造成他人受伤，应当由用工单位甲公司承担侵权责任，劳务派遣单位乙公司有过错的，承担过错范围内的补充责任，而不是连带责任。故D项错误。需要注意的是，《劳动合同法》第92条规定："用工单位给被派遣劳动者造成损害的，劳务派遣单位与用工单位承担连带赔偿责任。"这是针对被派遣劳动者自身受损害时的赔偿责任问题的，与《民法典》第1191条所规定的被派遣劳动者致人损害的侵权责任不同，考生应注意避免混淆。

【答案】 ACD

4. 友田劳务派遣公司（住所地为甲区）将李某派遣至金科公司（住所地为乙区）工作。在金科公司按劳务派遣协议向友田公司支付所有费用后，友田公司从李某的首月工资中扣减了500元，李某提出异议。对此争议，下列哪些说法是正确的？

A. 友田公司作出扣减工资的决定，应就其行为的合法性负举证责任

B. 如此案提交劳动争议仲裁，当事人一方对仲裁裁决不服的，有权向法院起诉

C. 李某既可向甲区也可向乙区的劳动争议仲裁机构申请仲裁

D. 对于友田公司给李某造成的损害，友田公司和金科公司应承担连带责任

【考点】 劳务派遣；劳动仲裁

【解析】 劳务派遣中，派遣单位不得克扣劳动者的工资，因此派遣单位应当就其可口工资行为负举证责任，A正确。依据《劳动争议调解仲裁法》第47条的规定，小额仲裁对用人单位一裁终局，500元的争议显然属于不超过当地月最低工资标准十二个月金额的小额仲裁，对用人单位一裁终局，用人单位无权向法院起诉，B错误。劳动争议由劳动合同履行地或者用人单位所在地的劳动争议仲裁委员会管辖。甲区系用人单位所在地，乙区为劳动合同履行地，甲区乙区的劳动争议仲裁委员会都可以管辖，C正确。用工单位给被派遣劳动者造成损害的，劳务派遣单位与用工单位承担连带赔偿责任，派遣单位造成劳动者损害的，派遣单位承担责任，用人单位不一定需要承担连带责任，D错误。

【答案】 AC

5. 甲公司与梁某签订劳动合同后，与乙公司签订劳务派遣协议，派梁某到乙公司做车间主任，派遣期3个月。2012年1月至2013年7月，双方已连续6次续签协议，梁某一直在乙公司工作。2013年6月，梁某因追索上一年加班费与乙公司发生争议，申请劳动仲裁。下列哪些选项是正确的？

A. 乙公司是在辅助性工作岗位上使用梁某，符合法律规定

B. 乙公司是在临时性工作岗位上使用梁某，符合法律规定

C. 梁某申请仲裁不受仲裁时效期间的限制

D. 梁某申请仲裁时应将甲公司和乙公司作为共同当事人

【考点】 劳务派遣；劳动仲裁

【解析】《劳动合同法》第 66 条规定，劳动合同用工是我国企业的基本用工形式。劳务派遣用工是补充形式，只能在临时性、辅助性或者替代性的工作岗位上实施。辅助性工作岗位是指为主营业务岗位提供服务的非主营业务岗位。本题中，甲公司派梁某到乙公司做车间主任，这已经是主营业务岗位，乙公司并不是在辅助性工作岗位上使用梁某，故 A 项错误。同时，《劳动合同法》第 66 条还规定，临时性工作岗位是指存续时间不超过 6 个月的岗位。这是指"岗位的存续时间"不超过 6 个月，而不是每 6 个月一签的劳动合同，题中双方的 6 次续签协议行为不符合法律中对临时性工作岗位存续时间的规定，故 B 项错误。《劳动争议调解仲裁法》第 27 条："劳动争议申请仲裁的时效期间为 1 年。仲裁时效期间从当事人知道或者应当知道其权利被侵害之日起计算。……劳动关系存续期间因拖欠劳动报酬发生争议的，劳动者申请仲裁不受本条第 1 款规定的仲裁时效期间的限制；但是，劳动关系终止的，应当自劳动关系终止之日起 1 年内提出。"该题中，梁某因追索上一年加班费与乙公司发生争议的时间是 2013 年 6 月，这说明梁某是在劳动关系存续期间与乙公司发生的劳动纠纷，并且争议性质是追索加班费，所以仲裁不受 1 年的限制。故 C 项正确，当选。《劳动争议调解仲裁法》第 22 条："发生劳动争议的劳动者和用人单位为劳动争议仲裁案件的双方当事人。劳务派遣单位或者用工单位与劳动者发生劳动争议的，劳务派遣单位和用工单位为共同当事人。"本题中，劳务派遣单位是甲公司，用工单位是乙公司，因此梁某申请仲裁时应将甲公司和乙公司作为共同当事人。故 D 项正确。

【答案】 CD

考点群三 劳动基准

1. 王某，女，1990 年出生，于 2012 年 2 月 1 日入职某公司，从事后勤工作，双方口头约定每月工资为人民币 3000 元，试用期 1 个月。2012 年 6 月 30 日，王某因无法胜任经常性的夜间高处作业而提出离职，经公司同意，双方办理了工资结算手续，并于同日解除了劳动关系。同年 8 月，王某以双方未签书面劳动合同为由，向当地劳动争议仲裁委申请仲裁，要求公司再支付工资 12000 元。

请回答第 （1） ~ （3） 题。

（1） 关于女工权益，根据《劳动法》，下列说法正确的是：

A. 公司应定期安排王某进行健康检查

B. 公司不能安排王某在经期从事高处作业

C. 若王某怀孕 6 个月以上，公司不得安排夜班劳动

D. 若王某在哺乳婴儿期间，公司不得安排夜班劳动

扫码听课

【考点】 女职工保护

【解析】《劳动法》第 65 条规定了用人单位应当对未成年工定期进行健康检查，但是没有规定应当对女职工定期进行健康检查，所以 A 选项错误。《劳动法》第 60 条规定："不得安排女职工在经期从事高处、低温、冷水作业和国家规定的

第三级体力劳动强度的劳动。"由此可知 B 选项正确。《劳动法》第 61 条规定："不得安排女职工在怀孕期间从事国家规定的第三级体力劳动强度的劳动和孕期禁忌从事的劳动。对怀孕七个月以上的女职工，不得安排其延长工作时间和夜班劳动。"由此可知 C 选项错误。《劳动法》第 63 条规定："不得安排女职工在哺乳未满一周岁的婴儿期间从事国家规定的第三级体力劳动强度的劳动和哺乳期禁忌从事的其他劳动，不得安排其延长工作时间和夜班劳动。"由此可知 D 选项错误。

【答案】B

（2）关于该劳动合同的订立与解除，下列说法正确的是：

A. 王某与公司之间视作已订立无固定期限劳动合同

B. 该劳动合同期限自 2012 年 3 月 1 日起算

C. 该公司应向王某支付半个月工资的经济补偿金

D. 如王某不能胜任且经培训仍不能胜任工作，公司提前 30 日以书面形式通知王某，可将其辞退

【考点】劳动合同的订立，经济补偿，用人单位单方解除劳动合同

【解析】《劳动合同法》第 14 条规定："用人单位自用工之日起满一年不与劳动者订立书面劳动合同的，视为用人单位与劳动者已订立无固定期限劳动合同。"本题中，王某与公司之间劳动关系仅存续 5 个月，不能视为已经订立无固定期限劳动合同，所以 A 选项错误。《劳动合同法》第 7 条规定："用人单位自用工之日起即与劳动者建立劳动关系。"因此，王某与某公司之间的劳动合同期限自 2012 年 2 月 1 日起算，所以 B 选项错误。《劳动合同法》第 46 条规定："有下列情形之一的，用人单位应当向劳动者支付经济补偿：（一）劳动者依照本法第三十八条规定解除劳动合同的；（二）用人单位依照本法第三十六条规定向劳动者提出解除劳动合同并与劳动者协商一致解除劳动合同的；（三）用人单位依照本法第四十条规定解除劳动合同的；（四）用人单位依照本法第四十一条第一款规定解除劳动合同的；（五）除用人单位维持或者提高劳动合同约定条件续订劳动合同，劳动者不同意续订的情形外，依照本法第四十四条第一项规定终止固定期限劳动合同的；（六）依照本法第四十四条第四项、第五项规定终止劳动合同的；（七）法律、行政法规规定的其他情形。"本题中，劳动者王某提出并与单位协商一致解除劳动合同，用人单位无须向劳动者支付经济补偿，所以 C 选项错误。《劳动合同法》第 40 条规定："有下列情形之一的，用人单位提前 30 日以书面形式通知劳动者本人或者额外支付劳动者 1 个月工资后，可以解除劳动合同：（一）劳动者患病或者非因工负伤，在规定的医疗期满后不能从事原工作，也不能从事由用人单位另行安排的工作的；（二）劳动者不能胜任工作，经过培训或者调整工作岗位，仍不能胜任工作的；（三）劳动合同订立时所依据的客观情况发生重大变化，致使劳动合同无法履行，经用人单位与劳动者协商，未能就变更劳动合同内容达成协议的。"由此可知 D 选项正确。

【答案】D

（3）如当地月最低工资标准为 1500 元，关于该仲裁，下列说法正确的是：

A. 王某可直接向劳动争议仲裁委申请仲裁

B. 如王某对该仲裁裁决不服，可向法院起诉

C. 如公司对该仲裁裁决不服，可向法院起诉

D. 如公司有相关证据证明仲裁裁决程序违法时，可向有关法院申请撤销裁决

【考点】 劳动仲裁与诉讼的关系

【解析】《劳动争议调解仲裁法》第5条规定："发生劳动争议，当事人不愿协商、协商不成或者达成和解协议后不履行的，可以向调解组织申请调解；不愿调解、调解不成或者达成调解协议后不履行的，可以向劳动争议仲裁委员会申请仲裁；对仲裁裁决不服的，除本法另有规定的外，可以向人民法院提起诉讼。"由此可知，发生劳动争议，当事人可以直接申请仲裁，而无须经过调解程序，所以A选项正确。《劳动争议调解仲裁法》第47条规定："下列劳动争议，除本法另有规定的外，仲裁裁决为终局裁决，裁决书自作出之日起发生法律效力：（一）追索劳动报酬、工伤医疗费、经济补偿或者赔偿金，不超过当地月最低工资标准12个月金额的争议；（二）因执行国家的劳动标准在工作时间、休息休假、社会保险等方面发生的争议。"本题中，劳动者追索劳动报酬的金额为12000元，是当地月最低工资标准的8倍，符合"相对一裁终局"案件的条件。对于仲裁裁决，劳动者不服的可以向法院起诉，用人单位不服的不得向法院起诉。由此可知B选项正确，C选项错误。对于上述"相对一裁终局"案件，符合法定条件时，用人单位可以自收到仲裁裁决书之日起30日内向劳动争议仲裁委员会所在地的中级人民法院申请撤销裁决。根据《劳动争议调解仲裁法》第49条，这些条件包括：（一）适用法律、法规确有错误的；（二）劳动争议仲裁委员会无管辖权的；（三）违反法定程序的；（四）裁决所根据的证据是伪造的；（五）对方当事人隐瞒了足以影响公正裁决的证据的；（六）仲裁员在仲裁该案时有索贿受贿、徇私舞弊、枉法裁决行为的。由此可知，D选项正确。

【答案】 ABD

2. 关于工资保障制度，下列哪些表述符合劳动法的规定？

A. 按照最低工资保障制度，用人单位支付劳动者的工资不得低于当地最低工资标准

B. 乡镇企业不适用最低工资保障制度

C. 加班工资不包括在最低工资之内

D. 劳动者在婚丧假以及依法参加社会活动期间，用人单位应当依法支付工资

扫码听课

【考点】 工资保障

【解析】《劳动法》第48条规定："国家实行最低工资保障制度。最低工资的具体标准由省、自治区、直辖市人民政府规定，报国务院备案。用人单位支付劳动者的工资不得低于当地最低工资标准。"A项正确。最低工资保障制度在我国全国范围内实行，法条中的"用人单位"指的是所有用人单位，并未排除乡镇企业。并且，最低工资的具体标准由省级人民政府制定，在其辖区内的所有企业自当遵循该标准，其中当然地包括乡镇企业。因此，B选项错误。《最低工资规定》第12条规定，"在劳动者提供正常劳动的情况下，用人单位应支付给劳动者的工资在剔除下列各项以后，不得低于当地最低工资标准：（一）延长工作时间工资；（二）中班、夜班、高温、低温、井下、有毒有害等特殊工作环境、条件下的津贴；（三）法律、法规和国家规定的劳动者福利待遇等"。C选项正确，当选。《劳动法》第51条规定："劳动者在法定休假日和婚丧假期间以及依法参加社会活动期间，用人单位应当依法支付工资。"D选项正确。

【答案】ACD

3. 东星公司新建的化工生产线在投入生产过程中，下列哪些行为违反《劳动法》规定？

A. 安排女技术员参加公司技术攻关小组并到位于地下的设备室进行检测

B. 在防止有毒气体泄漏的预警装置调试完成之前，开始生产线的试运行

C. 试运行期间，从事特种作业的操作员已经接受了专门培训，但未取得相应的资格证书

D. 试运行开始前，未对生产线上的员工进行健康检查

【考点】职业安全卫生

【解析】根据《劳动法》的规定，女职工不仅在经期、孕期、哺乳期享受工作强度、时间和作业地点的优待，在一般时期，也会享受一定的特殊保护。《劳动法》第59条规定："禁止安排女职工从事矿山井下、国家规定的第四级体力劳动强度的劳动和其他禁忌从事的劳动。"但是，位于地下的设备不属于法律排除的工作地点，因此A选项正确。除了对女职工、未成年职工要给予特别保护外，劳动单位还要保障员工的基本劳动安全。《劳动法》第54条规定："用人单位必须为劳动者提供符合国家规定的劳动安全卫生条件和必要的劳动防护用品，对从事有职业危害作业的劳动者应当定期进行健康检查。"第55条规定："从事特种作业的劳动者必须经过专门培训并取得特种作业资格。"根据《劳动法》，劳动单位的保障体现在三个层次上：首先，要求用人单位为劳动者提供安全的劳动条件；其次，在从事特种作业的情况下，《劳动法》要求劳动者接受培训并取得必要资质，以保证他们具有特种作业的基本技能；最后，用人单位被要求定期对从事职业危害作业的劳动者进行健康检查，以预防和控制劳动者职业病的危害。B选项中，生产线在有毒气体泄漏预警装置调试完成前开始运行意味着企业并不具备一般的劳动安全条件，违反了第54条的规定；C选项中，特种作业的操作员违反了第55条的规定。D选项中，劳动法规定了对从事有职业危害作业的劳动者应定期进行健康检查，并未强制要求这一检查要在上岗前进行。D选项正确。

【答案】BC

考点群四　劳动争议

1. 李某因追索工资与所在公司发生争议，遂向律师咨询。该律师提供的下列哪些意见是合法的？

A. 解决该争议既可与公司协商，也可申请调解，还可直接申请仲裁

B. 应向劳动者工资关系所在地的劳动争议仲裁委提出仲裁请求

C. 如追索工资的金额未超过当地月最低工资标准12个月金额，则仲裁裁决为终局裁决，用人单位不得再起诉

D. 即使追索工资的金额未超过当地月最低工资标准12个月金额，只要李某对仲裁裁决不服，仍可向法院起诉

【考点】劳动争议的解决方式；劳动争议仲裁的管辖地；终局裁决

【解析】《劳动争议调解仲裁法》第4条规定："发生劳动争议，劳动者可以

与用人单位协商，也可以请工会或者第三方共同与用人单位协商，达成和解协议。"第 5 条规定："发生劳动争议，当事人不愿协商、协商不成或者达成和解协议后不履行的，可以向调解组织申请调解；不愿调解、调解不成或者达成调解协议后不履行的，可以向劳动争议仲裁委员会申请仲裁；对仲裁裁决不服的，除本法另有规定的外，可以向人民法院提起诉讼。"据此可知，劳动者与用人单位的纠纷，既可以协商，又可以调解，还可以仲裁。故 A 项正确，当选。《劳动争议调解仲裁法》第 21 条第 2 款规定："劳动争议由劳动合同履行地或者用人单位所在地的劳动争议仲裁委员会管辖。双方当事人分别向劳动合同履行地和用人单位所在地的劳动争议仲裁委员会申请仲裁的，由劳动合同履行地的劳动争议仲裁委员会管辖。"故 B 项错误，不当选。需要注意的是，这里的"工资关系所在地"，是原《企业劳动争议处理条例》所使用的术语，指的是向职工发放工资的单位所在地，与用人单位所在地的意思比较接近，但并不完全相同。《劳动争议调解仲裁法》第 47 条规定："下列劳动争议，除本法另有规定的外，仲裁裁决为终局裁决，裁决书自作出之日起发生法律效力：（一）追索劳动报酬、工伤医疗费、经济补偿或者赔偿金，不超过当地月最低工资标准 12 个月金额的争议；（二）因执行国家的劳动标准在工作时间、休息休假、社会保险等方面发生的争议。"由此可见，本题 C 项中"如追索工资的金额未超过当地月最低工资标准 12 个月金额，则仲裁裁决为终局裁决，用人单位不得再起诉"的说法符合法律规定。故 C 项正确，当选。《劳动争议调解仲裁法》第 48 条规定："劳动者对本法第 47 条规定的仲裁裁决不服的，可以自收到仲裁裁决书之日起 15 日内向人民法院提起诉讼。"由此可知，本题 D 项的说法也符合法律的规定。故 D 项正确，当选。

【答案】ACD

2. 李某原在甲公司就职，适用不定时工作制。2012 年 1 月，因甲公司被乙公司兼并，李某成为乙公司职工，继续适用不定时工作制。2012 年 12 月，由于李某在年度绩效考核中得分最低，乙公司根据公司绩效考核制度中"末位淘汰"的规定，决定终止与李某的劳动关系。李某于 2013 年 11 月提出劳动争议仲裁申请，主张：原劳动合同于 2012 年 3 月到期后，乙公司一直未与本人签订新的书面劳动合同，应从 4 月起每月支付二倍的工资；公司终止合同违法，应恢复本人的工作。请回答第（1）～（5）题。

（1）关于李某申请仲裁的有关问题，下列选项正确的是：

A. 因劳动合同履行地与乙公司所在地不一致，李某只能向劳动合同履行地的劳动争议仲裁委员会申请仲裁

B. 申请时应提交仲裁申请书，确有困难的也可口头申请

C. 乙公司对终止劳动合同的主张负举证责任

D. 对劳动争议仲裁委员会逾期未作出是否受理决定的，李某可就该劳动争议事项向法院起诉

【考点】劳动仲裁程序

【解析】根据《劳动争议调解仲裁法》第 21 条的规定，劳动争议仲裁委员会负责管辖本区域内发生的劳动争议。劳动争议由劳动合同履行地或者用人单位所在地的劳动争议仲裁委员会管辖。双方当事人分别向劳动合同履行地和用人单位所在地的劳动争议仲裁委员会申请仲裁的，由劳动合同履行地的劳动争议仲裁委

员会管辖。故 A 项中李某只能向劳动合同履行地的劳动争议仲裁委员会申请仲裁的说法错误。根据《劳动争议调解仲裁法》第 28 条第 3 款的规定，申请人申请仲裁应当提交书面仲裁申请，书写仲裁申请确有困难的，可以口头申请，由劳动争议仲裁委员会记入笔录，并告知对方当事人。故 B 项说法正确。根据《劳动争议调解仲裁法》第 6 条的规定，发生劳动争议，当事人对自己提出的主张，有责任提供证据。与争议事项有关的证据属于用人单位掌握管理的，用人单位应当提供；用人单位不提供的，应当承担不利后果。本题中的乙公司是根据公司绩效考核制度中"末位淘汰"的规定与李某解除劳动合同的，因而乙公司掌握了公司绩效考核制度及其考核情况，对终止劳动合同的主张负举证责任。故 C 项说法正确。根据《劳动争议调解仲裁法》第 29 条的规定，劳动争议仲裁委员会收到仲裁申请之日起 5 日内，认为符合受理条件的，应当受理，并通知申请人；认为不符合受理条件的，应当书面通知申请人不予受理，并说明理由。对劳动争议仲裁委员会不予受理或者逾期未作出决定的，申请人可以就该劳动争议事项向人民法院提起诉讼。故 D 项说法正确。

【答案】BCD

（2）关于乙公司兼并甲公司时李某的劳动合同及工作年限，下列选项正确的是：

A. 甲公司与李某的原劳动合同继续有效，由乙公司继续履行

B. 如原劳动合同继续履行，在甲公司的工作年限合并计算为乙公司的工作年限

C. 甲公司还可与李某经协商一致解除其劳动合同，由乙公司新签劳动合同替代原劳动合同

D. 如解除原劳动合同时甲公司已支付经济补偿，乙公司在依法解除或终止劳动合同计算支付经济补偿金的工作年限时，不再计算在甲公司的工作年限

【考点】工作年限的计算

【解析】根据《劳动合同法》第 34 条的规定，用人单位发生合并或者分立等情况，原劳动合同继续有效，劳动合同由承继其权利和义务的用人单位继续履行，故 A 项说法正确。根据《劳动合同法实施条例》第 10 条的规定，劳动者非因本人原因从原用人单位被安排到新用人单位工作的，劳动者在原用人单位的工作年限合并计算为新用人单位的工作年限。原用人单位已经向劳动者支付经济补偿的，新用人单位在依法解除、终止劳动合同计算支付经济补偿的工作年限时，不再计算劳动者在原用人单位的工作年限。故 BD 项说法正确。根据《劳动合同法》第 36 条的规定，用人单位与劳动者协商一致，可以解除劳动合同，故 C 项说法正确。

【答案】ABCD

（3）关于未签订书面劳动合同期间支付二倍工资的仲裁请求，下列选项正确的是：

A. 劳动合同到期后未签订新的劳动合同，李某仍继续在公司工作，应视为原劳动合同继续有效，故李某无权请求支付二倍工资

B. 劳动合同到期后应签订新的劳动合同，否则属于未与劳动者订立书面劳动合同的情形，故李某有权请求支付二倍工资

C. 李某的该项仲裁请求已经超过时效期间

D. 李某的该项仲裁请求没有超过时效期间

【考点】不订立书面劳动合同的法律责任；劳动争议仲裁时效

【解析】根据《劳动合同法》第 82 条第 1 款的规定，用人单位自用工之日起超过 1 个月不满 1 年未与劳动者订立书面劳动合同的，应当向劳动者每月支付 2 倍的工资。劳动合同到期后应当尽快签订新的劳动合同，不签订的应当适用前述规定。本题中，劳动合同到期后未签订新的劳动合同，李某仍继续在公司工作，应视为原劳动合同继续有效，李某有权请求支付 2 倍工资。故 A 项错误，B 项正确。根据《劳动争议调解仲裁法》第 27 条的规定，劳动争议申请仲裁的时效期间为 1 年。仲裁时效期间从当事人知道或者应当知道其权利被侵害之日起计算。前款规定的仲裁时效，因当事人一方向对方当事人主张权利，或者向有关部门请求权利救济，或者对方当事人同意履行义务而中断。从中断时起，仲裁时效期间重新计算。因不可抗力或者有其他正当理由，当事人不能在本条第 1 款规定的仲裁时效期间申请仲裁的，仲裁时效中止。从中止时效的原因消除之日起，仲裁时效期间继续计算。劳动关系存续期间因拖欠劳动报酬发生争议的，劳动者申请仲裁不受本条第 1 款规定的仲裁时效期间的限制；但是，劳动关系终止的，应当自劳动关系终止之日起 1 年内提出。本题中，李某的请求属于拖欠劳动报酬的争议，且在劳动关系终止之日起 1 年内提出，因而没有超过诉讼时效。故 C 项错误，D 项正确。

【答案】BD

（4）关于恢复用工的仲裁请求，下列选项正确的是：

A. 李某是不定时工作制的劳动者，该公司有权对其随时终止用工

B. 李某不是非全日制用工的劳动者，该公司无权对其随时终止用工

C. 根据该公司末位淘汰的规定，劳动合同应当终止

D. 该公司末位淘汰的规定违法，劳动合同终止违法

【考点】非全日制用工的终止用工；用人单位单方解除劳动合同的情形

【解析】本题中，公司对李某采取全日制的不定时工作制，公司无权对其随时终止用工，故 A 项说法错误，B 项说法正确。公司绩效考核制度中"末位淘汰"的规定并不属于《劳动合同法》中有关单位可以单方面解除劳动合同的情形，如果李某经绩效考核被认定为不能胜任工作，则只有在公司对其经过培训或者调整工作岗位，仍不能胜任工作的，才能主张解除劳动合同。故 C 项说法错误，D 项说法正确。

【答案】BD

（5）如李某放弃请求恢复工作而要求其他补救，下列选项正确的是：

A. 李某可主张公司违法终止劳动合同，要求支付赔偿金

B. 李某可主张公司规章制度违法损害劳动者权益，要求即时辞职及支付经济补偿金

C. 李某可同时获得违法终止劳动合同的赔偿金和即时辞职的经济补偿金

D. 违法终止劳动合同的赔偿金的数额多于即时辞职的经济补偿金

【考点】用人单位违法解除劳动合同的法律后果

【解析】根据《劳动合同法》第 48 条的规定，用人单位违反本法规定解除或

者终止劳动合同,劳动者要求继续履行劳动合同的,用人单位应当继续履行;劳动者不要求继续履行劳动合同或者劳动合同已经不能继续履行的,用人单位应当依照本法第八十七条规定支付赔偿金。本题中,由于乙公司劳动合同中规定的"末位淘汰制"违反法律规定,所以该劳动合同违法,李某可以要求赔偿。故 A项正确。根据《劳动合同法》第 38 条规定,用人单位的规章制度违反法律、法规的规定,损害劳动者权益的,劳动者可以解除劳动合同。而《劳动合同法》第46 条则规定了若干用人单位、劳动者依法主张终止劳动合同的情况下,劳动者可以要求经济补偿,其中包括因用人单位的规章制度违反法律、法规的规定,损害劳动者权益的,劳动者主张解除合同的情形。因而 B 项正确。根据《劳动合同法实施条例》第 25 条的规定,用人单位违反劳动合同法的规定解除或者终止劳动合同,依照劳动合同法第 87 条的规定支付了赔偿金的,不再支付经济补偿。故 C项错误。根据《劳动合同法》第 87 条规定,用人单位违反本法规定解除或者终止劳动合同的,应当依照本法第 47 条规定的经济补偿标准的 2 倍向劳动者支付赔偿金。故 D 项正确。

【答案】ABD

3. 邹某系甲公司员工,双方未签订书面劳动合同,后邹某因工受伤,再未到公司工作,公司也未出具解除劳动合同证明。后因解除劳动合同问题,邹某提起仲裁,要求公司支付未签订劳动合同的双倍工资差额,公司不服仲裁裁决提起诉讼。下列哪些说法是错误的?

A. 邹某在仲裁时,未提供由甲公司掌握管理的入职资料的,应承担不利后果

B. 邹某在诉讼中,应提供由甲公司掌握管理的工资清单承担举证责任

C. 甲公司在仲裁时,未及时提供由其掌握管理的邹某工资清单的,应承担不利后果

D. 如甲公司系小微企业,在诉讼时就无需对解除劳动合同时间承担举证责任

【考点】劳动仲裁的举证责任

【解析】《劳动争议调解仲裁法》第 6 条规定:"发生劳动争议,当事人对自己提出的主张,有责任提供证据。与争议事项有关的证据属于用人单位掌握管理的,用人单位应当提供;用人单位不提供的,应当承担不利后果。"结合题意可以看出,邹某的入职资料和工资清单是由甲公司掌握管理的,且该资料与仲裁请求即要求甲公司支付双倍工资差额有关,该资料无法由劳动者邹某提供,应由用人单位甲公司提供该资料,若其未能在期限内提供,应承担不利后果。因此,A、B 项错误,C 项正确。《最高人民法院关于审理劳动争议案件适用法律问题的解释(一)》第 44 条规定:"因用人单位做出的开除、除名、辞退、解除劳动合同、减少劳动报酬、计算劳动者工作年限等决定而发生的劳动争议,用人单位负举证责任。"故 D 项错误。

【答案】ABD

4. 甲劳务派遣公司把李某派遣到外地的乙公司工作,一年来一直没给李某开过工资。派遣结束后,李某分别向甲公司和乙公司所在地仲裁机构都申请了仲裁,最终应当由哪个仲裁机构管辖?

A. 甲公司所在地仲裁机构管辖　　B. 乙公司所在地仲裁机构管辖

C. 先立案的仲裁机构管辖　　　　D. 两个仲裁机构协商管辖

【考点】劳动仲裁的管辖

【解析】《劳动争议调解仲裁法》第 21 条第二款规定："劳动争议由劳动合同履行地或者用人单位所在地的劳动争议仲裁委员会管辖。双方当事人分别向劳动合同履行地和用人单位所在地的劳动争议仲裁委员会申请仲裁的，由劳动合同履行地的劳动争议仲裁委员会管辖。"在劳务派遣关系中，劳务派遣单位所在地即是用人单位所在地，而用工单位所在地通常就是劳动合同履行地，所以劳务派遣单位所在地和用工单位所在地的劳动争议仲裁委员会都有管辖权。本案中，劳动者分别向劳务派遣单位所在地和用工单位所在地的仲裁机构申请仲裁，最终应由用工单位所在地即乙公司所在地仲裁机构管辖，故 B 项为正确答案。

【答案】B

考点群五 社会保险

大咖点拨区

1. 关于社会保险制度，下列哪些说法是正确的？

A. 国家建立社会保险制度，是为了使劳动者在年老、患病、工伤、失业、生育等情况下获得帮助和补偿

B. 国家设立社会保险基金，按照保险类型确定资金来源，实行社会统筹

C. 用人单位和职工都有缴纳社会保险费的义务

D. 劳动者死亡后，其社会保险待遇由遗属继承

【考点】社会保险宏观制度

【解析】《社会保险法》第 2 条规定："国家建立基本养老保险、基本医疗保险、工伤保险、失业保险、生育保险等社会保险制度，保障公民在年老、疾病、工伤、失业、生育等情况下依法从国家和社会获得物质帮助的权利。"因此，A项正确，当选。根据《社会保险法》第 64 条，国家设立社会保险基金，包括基本养老保险基金、基本医疗保险基金、工伤保险基金、失业保险基金和生育保险基金。社会保险基金实行社会统筹，其中基本养老保险基金逐步实行全国统筹，其他社会保险基金逐步实行省级统筹。故 B 项正确。就缴费问题而言，各种社会保险有所不同，基本养老保险、基本医疗保险、失业保险由用人单位和职工的共同缴费，工伤保险和生育保险由用人单位缴费，职工个人不缴费。但是作为对社会保险制度的整体概括，C 项"用人单位和职工都有缴纳社会保险费的义务"的说法是正确的，当选。社会保险待遇的性质，理论上应属带有身份性的权利，不得继承，故 D 项错误，不当选。

【答案】ABC

2. 关于基本养老保险的个人账户，下列哪些选项是正确的？

A. 职工个人缴纳的基本养老保险费全部记入个人账户

B. 用人单位缴纳的基本养老保险费按规定比例记入个人账户

C. 个人死亡的，个人账户余额可以继承

D. 个人账户不得提前支取

【考点】基本养老保险

【解析】《社会保险法》第 12 条规定："用人单位应当按照国家规定的本单位

扫码听课

扫码听课

职工工资总额的比例缴纳基本养老保险费，记入基本养老保险统筹基金。职工应当按照国家规定的本人工资的比例缴纳基本养老保险费，记入个人账户……"由此可知，职工个人缴纳的养老保险费计入个人账户，故A项正确，当选。同上述法律依据，用人单位缴纳的养老保险费应记入基本养老保险统筹基金，故B项错误，不当选。《社会保险法》第14条规定："个人账户不得提前支取，记账利率不得低于银行定期存款利率，免征利息税。个人死亡的，个人账户余额可以继承。"由此法条可知，本题C、D项均符合法律规定。故C、D项正确，当选。

【答案】ACD

3. 农民姚某于2016年3月8日进入红海公司工作，双方未签订书面劳动合同，红海公司也未给姚某缴纳基本养老保险，姚某向社保机构缴纳了基本养老保险费。同年12月8日，姚某以红海公司未为其缴纳社会保险为由申请辞职。经查，姚某的工资属于所在地最低工资标准额。关于此事，下列哪些说法是正确的？

A. 姚某自2016年3月8日起即与红海公司建立劳动关系

B. 红海公司自2016年4月8日起，应向姚某每月支付两倍的工资

C. 姚某应参加新型农村社会养老保险，而不应参加基本养老保险

D. 姚某就红海公司未缴养老保险费而发生争议的，可要求社保行政部门或社保费征收机构处理

【考点】劳动合同的订立，养老保险的参保

【解析】《劳动合同法》第7条规定："用人单位自用工之日起即与劳动者建立劳动关系。"所以A项正确。《劳动合同法》第82条规定："用人单位自用工之日起超过一个月不满一年未与劳动者订立书面劳动合同的，应当向劳动者每月支付二倍的工资。"所以B项正确。《社会保险法》第10条规定："职工应当参加基本养老保险，由用人单位和职工共同缴纳基本养老保险费。"姚某虽然是农民，但是与红海公司建立劳动关系，属于基本养老保险的参保对象，所以C项错误。关于社会保险争议处理程序，《社会保险法》第83条第三款规定："个人与所在用人单位发生社会保险争议的，可以依法申请调解、仲裁，提起诉讼。用人单位侵害个人社会保险权益的，个人也可以要求社会保险行政部门或者社会保险费征收机构依法处理。"红海公司应缴而未缴保险费，侵害了姚某的合法权益，姚某可以要求社会保险行政部门或者社会保险费征收机构依法处理，所以D项正确。

【答案】ABD

4. 根据《军人保险法》的相关规定，下列说法正确的是？

A. 全军的军人保险工作由中国人民解放军军人保险主管部门负责

B. 军人保险基金包括军人伤亡保险基金、军人退役养老保险基金、军人退役医疗保险基金和随军未就业的军人配偶保险基金

C. 军人保险基金由个人缴费、中央财政负担的军人保险资金以及利息收入等资金构成

D. 军人服现役年限视同职工基本医疗保险缴费年限，可以与入伍前和退出现役后参加职工基本医疗保险的缴费年限合并计算

【考点】军人保险宏观制度

【解析】根据《军人保险法》，军人保险分为军人伤亡保险、退役养老保险、退役医疗保险和随军未就业的军人配偶保险。全军的军人保险工作依法应由中国

扫码听课

扫码听课

人民解放军军人保险主管部门负责。故 A 项正确。相应地，军人保险基金也包括四种，即军人伤亡保险基金、军人退役养老保险基金、军人退役医疗保险基金和随军未就业的军人配偶保险基金。所以 B 项正确。军人保险基金由个人缴费、中央财政负担的军人保险资金以及利息收入等资金构成。军人和随军未就业的军人配偶缴纳保险费，由军人所在单位代扣代缴。故 C 项正确。军人服现役年限视同职工基本医疗保险缴费年限，与入伍前和退出现役后参加职工基本医疗保险的缴费年限合并计算。军人退出现役后参加新型农村合作医疗或者城镇居民基本医疗保险的，按照国家有关规定办理。故 D 项正确。

【答案】 ABCD

5. 老铁曾经是一名解放军战士，因某次战斗负伤致残，后被评定残疾等级。退役后，老铁在恒安安保公司从事押运安保工作，工作中因意外发生交通事故，经工伤鉴定为五级伤残。由于恒安公司一直未给老铁缴纳工伤保险费，现因交通事故导致旧伤复发更是雪上加霜。关于本案，下列哪一说法是正确的？

A. 对于老铁的工伤保险待遇，其可请求从军人保险基金中支付

B. 对于老铁的伤残津贴，其有权从恒安公司按月领取

C. 关于工伤保险待遇与军人伤亡保险待遇，老铁可同时享有

D. 由于恒安公司未给老铁缴纳工伤保险费，其无义务向老铁支付工伤保险待遇

【考点】 军人伤亡保险；工伤保险。

【解析】《军人保险法》第 11 条规定，已经评定残疾等级的因战、因公致残的军人退出现役参加工作后旧伤复发的，依法享受相应的工伤待遇。所以，老铁应依法享受相应的工伤保险待遇，不再享受军人伤亡保险待遇，A、C 选项错误。

《社会保险法》第 39 条规定，因工伤发生的下列费用，按照国家规定由用人单位支付：（一）治疗工伤期间的工资福利；（二）五级、六级伤残职工按月领取的伤残津贴；（三）终止或者解除劳动合同时，应当享受的一次性伤残就业补助金。所以 B 选项正确。

《社会保险法》第 41 条规定，职工所在用人单位未依法缴纳工伤保险费，发生工伤事故的，由用人单位支付工伤保险待遇。用人单位不支付的，从工伤保险基金中先行支付。所以 D 选项错误。

【答案】 B

大咖点拨区

扫码听课

环境与资源法

考点群	近 10 年考查次数
环境法基本制度	★★★
环境法律责任	★★
森林资源	★
矿产资源	★

考点群一　环境法基本制度

扫码听课

1. 某省 A 市和 B 市分别位于同一河流的上下游。A 市欲建农药厂。在环境影响评价书报批时，B 市环境保护行政主管部门认为该厂对本市影响很大，对该环境影响评价结论提出异议。在此情况下，该环境影响评价书应当由下列哪一部门审批？

A. 省政府发改委　　　　　　　　　B. 省人大常委会
C. 省农药生产行政监管部门　　　　D. 省环境保护行政主管部门

【考点】　环境影响评价制度

【解析】《环境影响评价法》第 23 条第 3 款规定，建设项目可能造成跨行政区域的不良环境影响，有关生态环境主管部门对该项目的环境影响评价结论有争议的，其环境影响评价文件由共同的上一级生态环境主管部门审批。在本题中，A 市和 B 市处于同一河流的上下游，使得农药厂可能存在跨区域的环境影响问题，而 B 市环境保护行政主管部门对 A 市建农药厂的环境影响评价结论有异议，则该项目环境影响评价文件应当由 A 市、B 市共同的上一级生态环境主管部门审批，故本题的正确答案为 D 项。需要注意的是，与国务院机构改革相适应，《环境影响评价法》在 2018 年 12 月 29 日进行了修订，原法律中使用的"环境保护行政主管部门"均改为"生态环境主管部门"，但对本题的答案没有影响。

【答案】　D

2. 某采石场扩建项目的环境影响报告书获批后，采用的爆破技术发生重大变动，其所生粉尘将导致周边居民的农作物受损。关于此事，下列哪一说法是正确的？

A. 建设单位应重新报批该采石场的环境影响报告书
B. 建设单位应组织环境影响的后评价，并报原审批部门批准
C. 该采石场的环境影响评价，应当与规划的环境影响评价完全相同
D. 居民将来主张该采石场承担停止侵害的侵权责任，受 3 年诉讼时效的限制

【考点】　环境影响评价制度

扫码听课

【解析】A 选项涉及环境影响评价文件的重新报批制度。《环境影响评价法》第 24 条第 1 款规定："建设项目的环境影响评价文件经批准后，建设项目的性质、规模、地点、采用的生产工艺或者防治污染、防止生态破坏的措施发生重大变动的，建设单位应当重新报批建设项目的环境影响评价文件。"所以 A 选项正确。B 选项涉及环境影响后评价制度。《环境影响评价法》第 27 条规定："在项目建设、运行过程中产生不符合经审批的环境影响评价文件的情形的，建设单位应当组织环境影响的后评价，采取改进措施，并报原环境影响评价文件审批部门和建设项目审批部门备案；原环境影响评价文件审批部门也可以责成建设单位进行环境影响的后评价，采取改进措施。"本题不符合环境影响后评价的条件，所以 B 选项错误。C 选项涉及建设项目与规划的环境影响评价之间的关系。《环境影响评价法》第 18 条规定："建设项目的环境影响评价，应当避免与规划的环境影响评价相重复。作为一项整体建设项目的规划，按照建设项目进行环境影响评价，不进行规划的环境影响评价。已经进行了环境影响评价的规划包含具体建设项目的，规划的环境影响评价结论应当作为建设项目环境影响评价的重要依据，建设项目环境影响评价的内容应当根据规划的环境影响评价审查意见予以简化。"所以 C 选项错误。D 选项涉及环境侵权诉讼时效制度。提起环境损害赔偿诉讼的时效期间为三年，从当事人知道或者应当知道其受到损害时起计算，但是被侵权人请求停止侵害不受诉讼时效限制。所以 D 选项错误。

【答案】A

3. 某省天洋市滨海区一石油企业位于海边的油库爆炸，泄漏的石油严重污染了近海生态环境。下列哪一主体有权提起公益诉讼（其中所列组织均专门从事环境保护公益活动连续 5 年以上且无违法记录）？

A. 受损海产养殖户推选的代表赵某
B. 依法在滨海区民政局登记的"海蓝志愿者"组织
C. 依法在邻省的省民政厅登记的环境保护基金会
D. 在国外设立但未在我国民政部门登记的"海洋之友"团体

大咖点拨区

扫码听课

【考点】环境公益诉讼

【解析】《环境保护法》第 58 条规定："对污染环境、破坏生态，损害社会公共利益的行为，符合下列条件的社会组织可以向人民法院提起诉讼：（一）依法在设区的市级以上人民政府民政部门登记；（二）专门从事环境保护公益活动连续五年以上且无违法记录。符合前款规定的社会组织向人民法院提起诉讼，人民法院应当依法受理。提起诉讼的社会组织不得通过诉讼牟取经济利益。"据此，养殖户推选的代表赵某无权提起公益诉讼，A 错误。滨海区民政局的社会组织无权提起公益诉讼，而是市级民政部门登记的社会组织，B 错误。省民政厅登记的环境保护基金会有权提供环境公益诉讼，C 正确。未在我国民政部门登记的社会组织无权提起公益诉讼，D 错误。

【答案】C

4. 关于我国生态保护制度，下列哪一表述是正确的？

A. 国家只在重点生态功能区划定生态保护红线
B. 国家应积极引进外来物种以丰富我国生物的多样性
C. 国家应加大对生态保护地区的财政转移支付力度

扫码听课

D. 国家应指令受益地区对生态保护地区给予生态保护补偿

【考点】 生态保护制度

【解析】 国家在重点生态功能区、生态环境敏感区和脆弱区等区域划定生态保护红线，实行严格保护，并不是只在重点生态功能区划定生态保护红线，A错误。引进外来物种以及研究、开发和利用生物技术，应当采取措施，防止对生物多样性的破坏，而不是积极引进外来物种，B错误。国家建立、健全生态保护补偿制度。国家加大对生态保护地区的财政转移支付力度。有关地方人民政府应当落实生态保护补偿资金，确保其用于生态保护补偿。C正确。国家指导受益地区和生态保护地区人民政府通过协商或者按照市场规则进行生态保护补偿，而非指令。D错误。

【答案】 C

5. 某市政府接到省环境保护主管部门的通知：暂停审批该市新增重点污染物排放总量的建设项目环境影响评价文件。下列哪些情况可导致此次暂停审批？

A. 未完成国家确定的环境质量目标

B. 超过国家重点污染物排放总量控制指标

C. 当地环境保护主管部门对重点污染物监管不力

D. 当地重点排污单位未按照国家有关规定和监测规范安装使用监测设备

【考点】 总量控制制度

【解析】《环境保护法》第44条规定："国家实行重点污染物排放总量控制制度。重点污染物排放总量控制指标由国务院下达，省、自治区、直辖市人民政府分解落实。企业事业单位在执行国家和地方污染物排放标准的同时，应当遵守分解落实到本单位的重点污染物排放总量控制指标。对超过国家重点污染物排放总量控制指标或者未完成国家确定的环境质量目标的地区，省级以上人民政府环境保护主管部门应当暂停审批其新增重点污染物排放总量的建设项目环境影响评价文件。"由此可知应该选A和B。

【答案】 AB

6. 关于环境质量标准和污染物排放标准，下列哪些说法是正确的？

A. 国家环境质量标准是制定国家污染物排放标准的根据之一

B. 国家污染物排放标准由国务院环境保护行政主管部门制定

C. 国家环境质量标准中未作规定的项目，省级政府可制定地方环境质量标准，并报国务院环境保护行政主管部门备案

D. 地方污染物排放标准由省级环境保护行政主管部门制定，报省级政府备案

【考点】 环境标准制度

【解析】《环境保护法》第15条规定："国务院环境保护主管部门制定国家环境质量标准。省、自治区、直辖市人民政府对国家环境质量标准中未作规定的项目，可以制定地方环境质量标准；对国家环境质量标准中已作规定的项目，可以制定严于国家环境质量标准的地方环境质量标准。地方环境质量标准应当报国务院环境保护主管部门备案。国家鼓励开展环境基准研究。"由此可知C是正确的。《环境保护法》第16条规定："国务院环境保护主管部门根据国家环境质量标准和国家经济、技术条件，制定国家污染物排放标准。省、自治区、直辖市人民政府对国家污染物排放标准中未作规定的项目，可以制定地方污染物排放标准；对

扫码听课

扫码听课

国家污染物排放标准中已作规定的项目，可以制定严于国家污染物排放标准的地方污染物排放标准。地方污染物排放标准应当报国务院环境保护主管部门备案。"由此可知 A 和 B 是正确的，D 是错误的。

【答案】ABC

7. 某市林业和草原局与规划局正在编制当地林业远期发展规划，下列哪些说法是正确的？

A. 林业发展规划不是建设规划，不需要进行环境影响评价

B. 林业发展规划属于专门性规划，在规划草案上报审批前应进行环境影响评价，并出具环境影响报告书

C. 在报批规划草案时，应当将环境影响评价文件一并附送审批机关审查

D. 应在林业发展规划编制过程中组织环境影响评价，编写有关环境影响的篇章或说明

【考点】环境影响评价制度（专项规划）

【解析】《环境影响评价法》第 7 条规定："国务院有关部门、设区的市级以上地方人民政府及其有关部门，对其组织编制的土地利用的有关规划，区域、流域、海域的建设、开发利用规划，应当在规划编制过程中组织进行环境影响评价，编写该规划有关环境影响的篇章或者说明……"，此处的规划为总体规划。《环境影响评价法》第 8 条规定："国务院有关部门、设区的市级以上地方人民政府及其有关部门，对其组织编制的工业、农业、畜牧业、林业、能源、水利、交通、城市建设、旅游、自然资源开发的有关专项规划（以下简称专项规划），应当在该专项规划草案上报审批前，组织进行环境影响评价，并向审批该专项规划的机关提出环境影响报告书……"，此处的规划为专项规划。本题中，林业远期发展规划为专项规划，所以应当根据《环境影响评价法》第 8 条的规定进行环境影响评价，所以 B 项正确，A、D 项错误。《环境影响评价法》第 12 条规定："专项规划的编制机关在报批规划草案时，应当将环境影响报告书一并附送审批机关审查；未附送环境影响报告书的，审批机关不予审批。"所以 C 项是正确的。

【答案】BC

8. 国务院环保检查组至某市巡查时，发现该市频发重大环境污染案件，对此责任主体是哪一个？

A. 该市政府　　　　　　　　B. 该市生态环境局

C. 该市市长　　　　　　　　D. 该市生态环境局局长

【考点】政府责任制度

【解析】《环境保护法》第 6 条第 1~2 款规定："一切单位和个人都有保护环境的义务。地方各级人民政府应当对本行政区域的环境质量负责。"第 10 条第 1款规定："国务院环境保护主管部门，对全国环境保护工作实施统一监督管理；县级以上地方人民政府环境保护主管部门，对本行政区域环境保护工作实施统一监督管理。"由此可知本题答案为 A。

【答案】A

考点群二　环境法律责任

1. 某市混凝土公司新建临时搅拌站，在试运行期间通过暗管将污水直接排放到周边，严重破坏当地环境。公司经理还指派员工潜入当地环境监测站内，用棉纱堵塞空气采集器，造成自动监测数据多次出现异常。有关部门对其处罚后，公司生产经营发生严重困难，拟裁员20人以上。关于该公司的行为，下列说法正确的是哪一项？

A. 如该公司应报批而未报批该搅拌站的环评文件，不得在缴纳罚款后再向审批部门补报

B. 该公司将防治污染的设施与该搅拌站同时正式投产使用前，可在搅拌站试运行期间停运治污设施

C. 该公司的行为受到罚款处罚时，可由市环保部门自该处罚之日的次日起，按照处罚数额按日连续处罚

D. 针对该公司逃避监管的违法行为，市环保部门可先行拘留责任人员，再将案件移送公安机关

【考点】环境影响评价制度，三同时制度，按日连续处罚制度，行政拘留制度

【解析】关于环评程序的强制性，《环境影响评价法》第25条规定："建设项目的环境影响评价文件未依法经审批部门审查或者审查后未予批准的，建设单位不得开工建设。"第31条第1款进一步规定了未报批环评文件的法律后果："建设单位未依法报批建设项目环境影响报告书、报告表，或者未依照本法第二十四条的规定重新报批或者报请重新审核环境影响报告书、报告表，擅自开工建设的，由县级以上生态环境主管部门责令停止建设，根据违法情节和危害后果，处建设项目总投资额百分之一以上百分之五以下的罚款，并可以责令恢复原状；对建设单位直接负责的主管人员和其他直接责任人员，依法给予行政处分。"所以A项说法正确。关于三同时制度，《环境保护法》第41条规定："建设项目中防治污染的设施，应当与主体工程同时设计、同时施工、同时投产使用。防治污染的设施应当符合经批准的环境影响评价文件的要求，不得擅自拆除或者闲置。"在试运行期间，不得停运防止污染设施，所以B项说法错误。按日连续处罚制度的适用条件非常严格，《环境保护法》第59条第1款规定："企业事业单位和其他生产经营者违法排放污染物，受到罚款处罚，被责令改正，拒不改正的，依法作出处罚决定的行政机关可以自责令改正之日的次日起，按照原处罚数额按日连续处罚。"本题不符合该条件，所以C项错误。虽然本题中该公司逃避监管的违法行为可以使用行政拘留，但是行政拘留只能由公安机关作出，这是基本常识，所以D项错误。

【答案】A

2. 某化工厂排放的污水会影响鱼类生长，但其串通某环境影响评价机构获得虚假环评文件从而得以建设。该厂后来又串通某污水处理设施维护机构，使其污水处理设施虚假显示从而逃避监管。该厂长期排污致使周边水域的养殖鱼类大量

死亡。面对养殖户的投诉，当地环境保护主管部门一直未采取任何查处措施。对于养殖户的赔偿请求，下列哪些单位应承担连带责任？

A. 化工厂
B. 环境影响评价机构
C. 污水处理设施维护机构
D. 当地环境保护主管部门

【考点】环境民事责任 ABC

【解析】根据《环境保护法》第 65 条，环境影响评价机构、环境监测机构以及从事环境监测设备和防治污染设施维护、运营的机构，在有关环境服务活动中弄虚作假，对造成的环境污染和生态破坏负有责任的，除依照有关法律法规规定予以处罚外，还应当与造成环境污染和生态破坏的其他责任者承担连带责任。所以，化工厂需要承担连带责任，A 正确。环境影响评价机构需要承担连带责任，B 正确。污水处理设施维护机构需要承担连带责任，C 正确。环境保护主管部门不需要承担连带责任，D 错误。

【答案】ABC

3. 甲化工厂和乙造纸厂排放污水，造成某村农作物减产。当地环境主管部门检测认定，甲排污中的有机物超标 3 倍，是农作物减产的原因，乙排污未超标，但其中的悬浮物仍对农作物减产有一定影响。关于甲、乙厂应承担的法律责任，下列哪些选项是正确的？

A. 甲厂应对该村损失承担赔偿责任
B. 乙厂应对该村损失承担赔偿责任
C. 环境主管部门有权追究甲厂的行政责任
D. 环境主管部门有权追究乙厂的行政责任

【考点】环境民事责任；环境行政责任

【解析】《民法典》第 1231 条规定："两个以上侵权人污染环境、破坏生态的，承担责任的大小，根据污染物的种类、浓度、排放量，破坏生态的方式、范围、程度，以及行为对损害后果所起的作用等因素确定。"本题中，甲厂和乙厂因根据本条规定，各自承担相应的责任，所以 A、B 项正确。甲厂超标排污，造成环境污染事故，环境主管部门作为有权依法作出处罚决定的行政机关，有权追究甲厂的行政责任。故 C 项正确，当选。乙厂的排污虽然给该村造成一定损害，但没有超标排污，没有违反本法关于污染物排放标准的规定，也就是说，仅就排污而言，乙厂的行为没有违反《环境保护法》的规定，环境主管部门无权追究乙厂的行政责任。故 D 项错误，不当选。

【答案】ABC

考点群三　森林资源

1. 甲公司依法取得一块国有林地使用权，拟将该林地使用权作价入股乙公司。双方签订了出资入股合同，并且移交了林地。不久之后，丙公司提出，该林地使用权属于丙公司，为此与乙公司发生林地使用权归属争议。下列哪一表述是正确的？

A. 甲公司用该林地使用权作价出资，不必经批准

B. 该林地使用权归属争议应由县级以上政府处理

C. 该出资入股合同效力应由县级以上政府确定

D. 在林地使用权归属争议解决期间，乙公司可以砍伐林木

【考点】 林地使用权转让；林权争议解决途径

【解析】 关于林地使用权的转让，《森林法》第16条第1款规定，国家所有的林地和林地上的森林、林木可以依法确定给林业经营者使用。林业经营者依法取得的国有林地和林地上的森林、林木的使用权，经批准可以转让、出租、作价出资等。具体办法由国务院制定。由此可见，A选项错误。关于林权争议解决途径，《森林法》第22条规定，单位之间发生的林木、林地所有权和使用权争议，由县级以上人民政府依法处理。个人之间、个人与单位之间发生的林木所有权和林地使用权争议，由乡镇人民政府或者县级以上人民政府依法处理。当事人对有关人民政府的处理决定不服的，可以自接到处理决定通知之日起三十日内，向人民法院起诉。在林木、林地权属争议解决前，除因森林防火、林业有害生物防治、国家重大基础设施建设等需要外，当事人任何一方不得砍伐有争议的林木或者改变林地现状。所以B选项正确，D选项错误。C选项属于合同效力纠纷，应当由法院或者仲裁机构管辖，而不是由政府处理，所以C选项错误。

【答案】 B

考点群四　矿产资源

扫码听课

1. 甲有限公司与乙有限公司签订《合作协议》，约定两方合作对某区域进行煤炭资源勘探，由此所获利益双方平分。对此，下列说法正确的有哪些？

A. 甲公司与乙公司组成的联合勘探主体，在勘探中的投入达到最低比例后，可将探矿权予以转让

B. 甲公司与乙公司完成勘探后，有权优先取得勘查作业区内煤炭资源的采矿权

C. 需县级政府审批

D. 矿区地面归集体所有，地下资源归公司所有

【考点】 矿产资源的归属，探矿权

【解析】《矿产资源法》第6条第1款规定："除按下列规定可以转让外，探矿权、采矿权不得转让：（一）探矿权人有权在划定的勘查作业区内进行规定的勘查作业，有权优先取得勘查作业区内矿产资源的采矿权。探矿权人在完成规定的最低勘查投入后，经依法批准，可以将探矿权转让他人……"故A、B项正确。《矿产资源法》第11条规定："国务院地质矿产主管部门主管全国矿产资源勘查、开采的监督管理工作。国务院有关主管部门协助国务院地质矿产主管部门进行矿产资源勘查、开采的监督管理工作。省、自治区、直辖市人民政府地质矿产主管部门主管本区域内矿产资源勘查、开采的监督管理工作。省、自治区、直辖市人民政府有关主管部门协助同级地质矿产主管部门进行矿资源勘查、开采的监督管理工作。"由此可知，煤矿的勘查管理权限属于国务院地质矿产主管部门和省、自治区、直辖市人民政府地质矿产主管部门，而非县级政府，故C项错误。《矿

产资源法》第 3 条第 1 款规定："矿产资源属于国家所有，由国务院行使国家对矿产资源的所有权。地表或者地下的矿产资源的国家所有权，不因其所依附的土地的所有权或者使用权的不同而改变。"故 D 项错误。

【答案】AB

大咖点拨区

知识产权法

第一章　著作权法

考点群	考查频率
著作权的国际保护	★
著作权的客体	★
著作权的归属	★★★
著作权的内容和限制	★★★
著作权的保护	★★
邻接权	★★★
软件著作权	★

考点群一　著作权的国际保护

扫码听课

1. 甲无国籍，经常居住地为乙国，甲创作的小说《黑客》在丙国首次出版。我国公民丁在丙国购买了该小说，未经甲同意将其翻译并在我国境内某网站传播。《黑客》要受我国著作权法保护，应当具备下列哪一条件？

A.《黑客》不应当属于我国禁止出版或传播的作品

B. 甲对丁翻译《黑客》并在我国境内网站传播的行为予以追认

C. 乙和丙国均加入了《保护文学艺术作品伯尔尼公约》

D. 乙或丙国加入了《保护文学艺术作品伯尔尼公约》

【考点】著作权的国际保护

【解析】2010 年修订的《著作权法》删除了"依法禁止出版、传播的作品，不受本法保护"的规定，确认了自动保护原则，这就意味着即使是违法的作品也可以享有著作权，但是其著作权的行使受到公法的限制，所以 A 项错误。若《黑客》受我国著作权法保护，则丁的行为构成侵权，甲对丁翻译行为的追认将使得丁在网站上传播行为合法，但并不是《黑客》受我国著作权法保护的条件，故 B 项错误。我国属于《伯尔尼公约》的成员国，《著作权法》第 2 条第 2 款规定："外国人、无国籍人的作品根据其作者所属国或者经常居住地国同中国签订的协议或者共同参加的国际条约享有的著作权，受本法保护。"第 4 款进一步规定："未与中国签订协议或者共同参加国际条约的国家的作者以及无国籍人的作品首次在中国参加的国际条约的成员国出版的，或者在成员国和非成员国同时出版的，受本法保护。"所以，只要甲的经常居住地国乙国、《黑客》首次出版国丙国之一加入了《伯尔尼公约》，《黑客》即可受到我国著作权法保护。由此可知 C 项错误，D 项正确。

【答案】D

考点群二 著作权的客体

扫码听课

1. 牛博朗研习书法绘画 30 年，研究出汉字的独特写法牛氏"润金体"。"润金体"借鉴了"瘦金体"，但在布局、线条、勾画、落笔以及比例上自成体系，多出三分圆润，审美价值很高。牛博朗将其成果在网络上发布，并注明"版权所有，未经许可，不得使用"。羊阳洋公司从该网站下载了九个"润金体"字，组成广告词"小绵羊、照太阳、过海洋"，为其从国外进口的羔羊肉做广告。关于"润金体"及羊阳洋公司的行为，下列哪些选项是正确的？

A. 字体不属于著作权保护的范围，故羊阳洋公司不构成侵权

B. "润金体"具有一定的独创性，可认定为美术作品而受著作权法保护

C. 羊阳洋公司只是选取了有限的数个汉字，不构成对"润金体"整体著作权的侵犯

D. 羊阳洋公司未经牛博朗同意，擅自使用"润金体"汉字，构成对牛博朗著作权的侵犯

【考点】作品的概念，著作权侵权行为的认定

【解析】本题着重考查对基本概念和基本原理的理解和掌握。作品的核心构成要件包括独创性和可感知性。其中，独创性是指独立创作完成，而非抄袭、剽窃他人。本题中，"瘦金体"系宋徽宗赵佶所创的一种字体，是书法史上极具个性的一种书体，属于中国传统文化的组成部分。牛博朗研究出的"润金体"虽然借鉴了"瘦金体"，但在布局、线条、勾画、落笔以及比例上自成体系，多出三分圆润，审美价值很高，因此具备独创性，可以作为美术作品保护，所以 A 项错误，B 项正确。羊阳洋公司未经许可，商业性使用他人美术作品中的部分片段，属于著作权侵权行为，所以 C 项错误，D 项正确。

【答案】BD

扫码听课

2. 我国《著作权法》不适用于下列哪些选项？

A. 法院判决书

B. 《与贸易有关的知识产权协定》的官方中文译文

C. 《伯尔尼公约》成员国国民的未发表且未经我国有关部门审批的境外影视作品

D. 奥运会开幕式火炬点燃仪式的创意

【考点】著作权的客体

【解析】根据《著作权法》第 5 条规定，本法不适用于：（1）法律、法规，国家机关的决议、决定、命令和其他具有立法、行政、司法性质的文件，及其官方正式译文；（2）单纯事实消息；（3）历法、通用数表、通用表格和公式。法院

判决书和《与贸易有关的知识产权协定》的官方中文译文不属于《著作权法》保护的对象，A、B项当选。《著作权法》第2条规定：中国公民、法人或者非法人组织的作品，不论是否发表，依照本法享有著作权。外国人、无国籍人的作品根据其作者所属国或者经常居住地国同中国签订的协议或者共同参加的国际条约享有的著作权，受本法保护。外国人、无国籍人的作品首先在中国境内出版的，依照本法享有著作权。未与中国签订协议或者共同参加国际条约的国家的作者以及无国籍人的作品首次在中国参加的国际条约的成员国出版的，或者在成员国和非成员国同时出版的，受本法保护。我国是《伯尔尼公约》成员国，《伯尔尼公约》对著作权实行自动保护原则，其成员国国民的未发表且未经我国有关部门审批的境外影视作品，也享有著作权，受我国《著作权法》保护，C项不当选。《著作权法》第3条规定，本法所称的作品，是指文学、艺术和科学领域内具有独创性并能以一定形式表现的智力成果。奥运会开幕式火炬点燃仪式的创意未以一定形式表现，无法为人感知，不属于作品，故D选项当选。

【答案】ABD

考点群三 著作权的归属

扫码听课

1. 甲作曲、乙填词，合作创作了歌曲《春风来》。甲拟将该歌曲授权歌星丙演唱，乙坚决反对。甲不顾反对，重新填词并改名为《秋风起》，仍与丙签订许可使用合同，并获报酬10万元。对此，下列哪些选项是正确的？

A.《春风来》的著作权由甲、乙共同享有

B. 甲侵害了《春风来》歌曲的整体著作权

C. 甲、丙签订的许可使用合同有效

D. 甲获得的10万元报酬应合理分配给乙

【考点】合作作品

【解析】《著作权法》第14条第1款第1句规定："两人以上合作创作的作品，著作权由合作作者共同享有。"歌曲《春风来》属于甲乙合作完成的作品，著作权由甲、乙共同享有，所以A项正确。《著作权法》第14条第3款规定："合作作品可以分割使用的，作者对各自创作的部分可以单独享有著作权，但行使著作权时不得侵犯合作作品整体的著作权。"本题中，歌曲《春风来》可以分割使用，甲对自己创作的部分（即作曲）可以单独享有著作权，其重新填词并完成的《秋风起》是一个新的作品，甲对《秋风起》单独享有著作权，因此甲与丙的许可使用合同有效，甲获得的10万元报酬不必与乙分配，甲的行为也没有侵害《春风来》的整体著作权。由此可知B、D项错误，而C项正确。

【答案】AC

扫码听课

2. 白某、方某、汪某三人是司法考试的培训老师，利用业余时间共同完成一幅绘画作品《从头再来》，他们的好朋友李某提供了一些创作上的建议，并提出在署名的时候最好把自己的名字署上，这样可以利用自己的知名度提高作品的影响力，白某、方某、汪某三人一致同意。方某提议要把这个作品公开发表，白某说最好还是低调一些，自己欣赏就可以了，汪某则不置可否。方某不顾白某的反对把作品在招生现场进行了展览，结果被现场咨询报班的学员岳某看中，出价10000元予以购买，白某、方某、汪某三人均表示同意。岳某购买后随即拍照在微博上进行发布，一时引起热议。请问下列哪一说法是正确的？

A. 李某对作品的完成提出了建议，应是作者

B. 白某、方某、汪某三人同意李某在作品上署名，李某也表示同意，该署名行为合法

C. 方某不顾白某的反对把该画发表的做法合法

D. 岳某购买后随即拍照在微博上进行发布的行为合法

【考点】合作作品，署名权

【解析】根据《著作权法实施条例》第3条规定，著作权法所称创作，是指直接产生文学、艺术和科学作品的智力活动。为他人创作进行组织工作，提供咨询意见、物质条件，或者进行其他辅助工作，均不视为创作。由此可知，李某只是对作品的完成提出了建议，并没有真正参与作品的创作，不是作者，A项错误。根据《著作权法》第11条第1款、第12条第1款规定，著作权属于作者，本法另有规定的除外。在作品上署名的自然人、法人或者非法人组织为作者，且该作品上存在相应权利，但有相反证明的除外。由此可知，在作品上署名是著作权法规定的作者的权利。作者有权禁止未参加创作的人在作品上署名，禁止他人假冒署名。而且，署名权为著作人身权，不可转让。本题中，白某、方某、汪某三人和李某的约定违反法律的规定，B项说法错误。根据《著作权法》第14条第2款规定，合作作品的著作权由合作作者通过协商一致行使；不能协商一致，又无正当理由的，任何一方不得阻止他方行使除转让、许可他人专有使用、出质以外的其他权利，但是所得收益应当合理分配给所有合作作者。方某不顾白某反对把该画发表，是依法行使著作权，C项说法正确。《著作权法》第20条第1款规定，作品原件所有权的转移，不改变作品著作权的归属，但美术、摄影作品原件的展览权由原件所有人享有。岳某取得美术作品原件所有权之后，只享有原件展览权，不享有其他著作权，其将画作拍照在微博上进行发布的行为，侵犯了作者的信息网络传播权，D项错误。

【答案】C

3. 居住在A国的我国公民甲创作一部英文小说，乙经许可将该小说翻译成中文小说，丙经许可将该翻译的中文小说改编成电影文学剧本，并向丁杂志社投稿。下列哪些说法是错误的？

A. 甲的小说必须在我国或A国发表才能受我国著作权法保护

B. 乙翻译的小说和丙改编的电影文学剧本均属于演绎作品

C. 丙只需征得乙的同意并向其支付报酬

D. 丁杂志社如要使用丙的作品还应当分别征得甲、乙的同意，但只需向丙支付报酬

【考点】演绎作品

【解析】根据《著作权法》第2条第1款，中国公民甲的作品不管是否发表，均受我国著作权法的保护，故选项A错误。翻译、改编、他人作品而产生的新作品均称为演绎作品，故B选项正确。根据《著作权法》第13条，改编、翻译、注释、整理已有作品而产生的作品，其著作权由改编、翻译、注释、整理人享有，

大咖点拨区

扫码听课

但行使著作权时不得侵犯原作品的著作权。因而对演绎作品的使用，既要征得原作品著作权人同意，又要征得每一演绎人的同意并应当分别向有关著作权人支付报酬，故选项 CD 错误。

【答案】 ACD

4. 某出版社出版了一本学术论文集，专门收集国内学者公开发表的关于如何认定和处理侵犯知识产权行为的有关论文或论文摘要。该论文集收录的论文受我国著作权法保护，其内容选择和编排具有独创性。下列哪一说法是正确的？

A. 被选编入论文集的论文已经发表，故出版社不需征得论文著作权人的同意

B. 该论文集属于学术著作，具有公益性，故出版社不需向论文著作权人支付报酬

C. 他人复制该论文集只需征得出版社同意并支付报酬

D. 如出版社未经论文著作权人同意而将有关论文收录，出版社对该论文集仍享有著作权

【考点】 汇编作品

【解析】 出版社汇编并出版已经发表的作品，需要对有关论文或论文的片段进行复制并发行，因而涉及他人作品复制权和发行权的保护问题，必须征得有关论文著作权人的同意并支付报酬，所以 A 项错误。该论文集虽然具有一定的公益性，但不属于合理使用，也不属于法定许可，故 B 项错误。论文集这种汇编作品涉及双重版权的保护，既要保护原论文的著作权，也要保护汇编作品论文集的著作权，故他人如要复制论文集，既要征得原论文著作权人同意并支付报酬，也要征得汇编人同意并支付报酬，故 C 项错误。如出版社未经论文著作权人同意而将有关论文收录，侵犯了论文著作权，但是出版社对其汇编成果即论文集仍然享有著作权，故 D 项正确。

【答案】 D

5. 甲展览馆委托雕塑家叶某创作了一座巨型雕塑，将其放置在公园入口，委托创作合同中未约定版权归属。下列行为中，哪一项不属于侵犯著作权的行为？

A. 甲展览馆许可乙博物馆异地重建完全相同的雕塑

B. 甲展览馆仿照雕塑制作小型纪念品向游客出售

C. 个体户冯某仿照雕塑制作小型纪念品向游客出售

D. 游客陈某未经著作权人同意对雕塑拍照纪念

【考点】 委托作品，合理使用

【解析】 首先，根据《著作权法》第 19 条，受委托创作的作品，著作权的归属由委托人和受托人通过合同约定。合同未作明确约定或者没有订立合同的，著作权属于受托人。本题中，委托创作合同中未约定著作权归属，所以该雕塑的著作权应当归属于叶某，展览馆可以取得雕塑所有权。A 项属于复制行为，应当经叶某同意，甲展览馆无权许可。B 项属于复制、发行行为，应当经叶某同意，甲展览馆物无权许可。C 项属于复制、发行行为，应当经叶某同意。因此，A、B、C 三项都是侵权行为。根据《著作权法》第 24 条第 1 款第（十）项，对设置或者陈列在公共场所的艺术作品进行临摹、绘画、摄影、录像，属于合理使用，不必经著作权人许可，也不必付费，故 D 项不侵权，当选。

【答案】 D

考点群四　著作权的内容和限制

1. 应出版社约稿，崔雪创作完成一部儿童题材小说《森林之歌》。为吸引儿童阅读，增添小说离奇色彩，作者使用笔名"吹雪"，特意将小说中的狗熊写成三只腿的动物。出版社编辑在核稿和编辑过程中，认为作者有笔误，直接将"吹雪"改为"崔雪"、将狗熊改写成四只腿的动物。出版社将《森林之歌》批发给书店销售。下列哪些说法是正确的？

A. 出版社侵犯了作者的修改权

B. 出版社侵犯了作者的保护作品完整权

C. 出版社侵犯了作者的署名权

D. 书店侵犯了作者的发行权

【考点】署名权，修改权，保护作品完整权，发行权

【解析】A 正确，修改权，即修改或者授权他人修改作品的权利。报社、杂志社进行的不影响内容的文字性删节不属于修改权控制的范围，可以不经作者同意。除此之外，未经许可对作品的修改属于侵犯修改权的行为，对于作品内容的修改还可能会侵犯保护作品完整权。另外需要注意，图书出版者不享有文字性修改权。B 正确，保护作品完整权，即保护作品不受歪曲、篡改的权利。保护作品完整权比修改权更进一步，侧重保护作者的思想和观点与其作品所表达出来的思想和观点的同一性，作者将其思想和观点通过作品呈现在人们面前，他人不得进行歪曲和篡改从而导致公众对于作者的思想和观点产生误解。本案中编辑将狗熊改成四条腿的动物，虽然更符合逻辑和事实，但是使得作者的思想和观点被改变，所以侵犯了保护作品完整权。C 正确，署名权，即表明作者身份，在作品上署名的权利。包括决定是否署名、署名的方式（真名或笔名等）、署名顺序、禁止未参加创作的人在作品上署名。本题中编辑将作者署笔名改成署真名，侵犯了作者的署名权。D 错误，发行权，即以出售或者赠与方式向公众提供作品的原件或者复制件的权利，它是一种一次性的权利，在出版社发行之后，书店、网络或者其他人从出版社购得图书销售的行为，都不是侵权行为。

【答案】ABC

2. 王琪琪在某网站中注册了昵称为"小玉儿"的博客账户，长期以"小玉儿"名义发博文。其中，署名"小玉儿"的《法内情》短文被该网站以写作水平不高为由删除；署名"小玉儿"的《法外情》短文被该网站添加了"作者：王琪琪"字样。关于该网站的行为，下列哪些表述是正确的？

A. 删除《法内情》的行为没有侵犯王琪琪的发表权

B. 删除《法内情》的行为没有侵犯王琪琪的信息网络传播权

C. 添加字样的行为侵犯了王琪琪的署名权

D. 添加字样的行为侵犯了王琪琪的保护作品完整权

【考点】发表权，署名权，保护作品完整权，信息网络传播权

【解析】发表权，即决定作品是否公之于众的权利。删除《法内情》的行为不会侵犯其发表权，因为已经公开，发表权没有被侵害，故 A 正确。信息网络传

播权，即以有线或者无线方式向公众提供作品，使公众可以在其个人选定的时间和地点获得作品的权利，删文的行为，没有侵犯此权利，故 B 正确。署名权，即表明作者身份，在作品上署名的权利。在作者决定署名小玉儿而不署真名的情况下，擅自添加字样的行为侵犯了其署名权，C 正确。保护作品完整权，是保护作品不受歪曲、篡改的权利。添加字样的行为，没有歪曲其作品，也没有破坏其作品的完整性，故 D 错误。

【答案】ABC

3. 某诗人署名"漫动的音符"，在甲网站发表题为"天堂向左"的诗作，乙出版社的《现代诗集》收录该诗，丙教材编写单位将该诗作为范文编入小学《语文》教材，丁文学网站转载了该诗。下列哪一说法是正确的？

A. 该诗人在甲网站署名方式不合法

B. "天堂向左"在《现代诗集》中被正式发表

C. 丙可以不经该诗人同意使用"天堂向左"，但应当按照规定支付报酬

D. 丁网站未经该诗人和甲网站同意而转载，构成侵权行为

【考点】署名权，修改权，法定许可

【解析】诗人是作者，享有署名权，可以署真实姓名也可以署非真实姓名，因此 A 选项表述错误，不当选。《关于审理著作权民事纠纷案件适用法律若干问题的解释》第 9 条规定，《著作权法》第 10 条第 1 项规定的"公之于众"，是指著作权人自行或者经著作权人许可将作品向不特定的人公开，但不以公众知晓为构成条件。可见，"天堂向左"是在甲网站被正式发表，而非在《现代诗集》中被正式发表，因此 B 选项表述错误，不当选。根据《著作权法》第 25 条第 1 款，为实施义务教育和国家教育规划而编写出版教科书，可以不经著作权人许可，在教科书中汇编已经发表的作品片段或者短小的文字作品、音乐作品或者单幅的美术作品、摄影作品、图形作品，但应当按照规定向著作权人支付报酬，指明作者姓名或者名称、作品名称，并且不得侵犯著作权人依照本法享有的其他权利。可见，丙教材编写单位可以不经该诗人同意将"天堂向左"作为范文编入小学《语文》教材，但应当按照规定支付报酬，因此 C 选项表述正确，当选。根据《著作权法》第 35 条第 2 款，作品刊登后，除著作权人声明不得转载、摘编的外，其他报刊可以转载或者作为文摘、资料刊登，但应当按照规定向著作权人支付报酬。目前，构成法定许可的转载只能发生在报刊与报刊之间。网络与网络之间、报刊与网络之间的转载，都必须经著作权人同意并支付报酬。本题中，丁网站的转载应当经诗人同意并支付报酬，否则构成侵权。但是，丁网站的转载不必经甲网站同意，所以 D 选项表述错误，不当选。

【答案】C

4. 著作权人 Y 认为网络服务提供者 Z 的服务所涉及的作品侵犯了自己的信息网络传播权，向 Z 提交书面通知要求其删除侵权作品。对此，下列哪些选项是正确的？

A. Y 的通知书应当包含该作品构成侵权的初步证明材料

B. Z 接到书面通知后，可在合理时间内删除涉嫌侵权作品，同时将通知书转送提供该作品的服务对象

C. 服务对象接到 Z 转送的书面通知后，认为提供的作品未侵犯 Y 的权利的，

可以向 Z 提出书面说明，要求恢复被删除作品

D. Z 收到服务对象的书面说明后应即恢复被删除作品，同时将服务对象的说明转送 Y 的，则 Y 不得再通知 Z 删除该作品

【考点】信息网络传播权

【解析】在网络用户侵权时，网络服务提供者没有主动审查和实质审查义务，只是担当著作权人和网络用户之间的"传话筒"，其规则可以概括为"通知＋立即删除"和"反通知＋立即恢复"，这就是著名的"避风港原则"。对此，我国《信息网络传播权保护条例》作了具体规定。第 14 条规定："对提供信息存储空间或者提供搜索、链接服务的网络服务提供者，权利人认为其服务所涉及的作品、表演、录音录像制品，侵犯自己的信息网络传播权或者被删除、改变了自己的权利管理电子信息的，可以向该网络服务提供者提交书面通知，要求网络服务提供者删除该作品、表演、录音录像制品，或者断开与该作品、表演、录音录像制品的链接。通知书应当包含下列内容：（一）权利人的姓名（名称）、联系方式和地址；（二）要求删除或者断开链接的侵权作品、表演、录音录像制品的名称和网络地址；（三）构成侵权的初步证明材料。权利人应当对通知书的真实性负责。"因此 A 选项正确。第 15 条规定："网络服务提供者接到权利人的通知书后，应当立即删除涉嫌侵权的作品、表演、录音录像制品，或者断开与涉嫌侵权的作品、表演、录音录像制品的链接，并同时将通知书转送提供作品、表演、录音录像制品的服务对象；服务对象网络地址不明、无法转送的，应当将通知书的内容同时在信息网络上公告。"由此可见，Z 应当立即删除而不是在合理时间内删除涉嫌侵权作品，B 选项错误。第 16 条规定："服务对象接到网络服务提供者转送的通知书后，认为其提供的作品、表演、录音录像制品未侵犯他人权利的，可以向网络服务提供者提交书面说明，要求恢复被删除的作品、表演、录音录像制品，或者恢复与被断开的作品、表演、录音录像制品的链接。书面说明应当包含下列内容：（一）服务对象的姓名（名称）、联系方式和地址；（二）要求恢复的作品、表演、录音录像制品的名称和网络地址；（三）不构成侵权的初步证明材料。服务对象应当对书面说明的真实性负责。"由此可知 C 选项正确。第 17 条规定："网络服务提供者接到服务对象的书面说明后，应当立即恢复被删除的作品、表演、录音录像制品，或者可以恢复与被断开的作品、表演、录音录像制品的链接，同时将服务对象的书面说明转送权利人。权利人不得再通知网络服务提供者删除该作品、表演、录音录像制品，或者断开与该作品、表演、录音录像制品的链接。"由此可知 D 选项正确。

【答案】ACD

5. 某电影公司委托王某创作电影剧本，但未约定该剧本著作权的归属，并据此拍摄电影。下列哪一未经该电影公司和王某许可的行为，同时侵犯二者的著作权？

A. 某音像出版社制作并出版该电影的 DVD

B. 某动漫公司根据该电影的情节和画面绘制一整套漫画，并在网络上传播

C. 某学生将该电影中的对话用方言配音，产生滑稽效果，并将配音后的电影上传网络

D. 某电视台在"电影经典对话"专题片中播放 30 分钟该部电影中带有经典

对话的画面

【考点】著作权的归属，著作权的内容，著作权侵权行为的认定

【解析】首先，该电影剧本属于委托作品，在未约定著作权归属的前提下，剧本的著作权属于作者王某，电影公司可以在委托创作的特定目的范围内免费使用，因此电影公司有权使用该剧本拍摄电影，并且享有电影作品的著作权。在此前提下，逐一分析四个选项。A项侵犯了电影作品的著作权（复制权、发行权），但是没有侵犯王某剧本的著作权。C项同样侵犯了电影作品著作权（修改权、保护作品完整权、信息网络传播权），但是没有侵犯王某剧本的著作权。D项不构成法定许可，侵犯了电影作品著作权（广播权），但是没有侵犯王某剧本的著作权。B项较为复杂，动漫公司根据电影的情节和画面绘制一整套漫画，是在剧本和电影基础上的再创作行为，即演绎行为，侵犯了剧本和电影的改编权；动漫公司在网络上传播漫画，同时还侵犯剧本和电影作品的信息网络传播权。

【答案】B

6. 甲、乙合作创作了一部小说，后甲希望出版小说，乙无故拒绝。甲把小说上传至自己博客并保留了乙的署名。丙未经甲、乙许可，在自己博客中设置链接，用户点击链接可进入甲的博客阅读小说。丁未经甲、乙许可，在自己博客中转载了小说。戊出版社只经过甲的许可就出版了小说。下列哪一选项是正确的？

A. 甲侵害了乙的发表权和信息网络传播权

B. 丙侵害了甲、乙的信息网络传播权

C. 丁向甲、乙寄送了高额报酬，但其行为仍然构成侵权

D. 戊出版社侵害了乙的复制权和发行权

【考点】著作权的归属，著作权的内容，法定许可

【解析】两人以上合作创作的作品，著作权由合作作者共同享有。合作作品可以分割使用的，作者对各自创作的部分可以单独享有著作权，但行使著作权时不得侵犯合作作品整体的著作权。合作作品不可以分割使用的，其著作权由各合作作者共同享有，通过协商一致行使；不能协商一致，又无正当理由的，任何一方不得阻止他方行使除转让以外的其他权利，但是所得收益应当合理分配给所有合作作者。因此，甲将小说上传至博客以及授权戊出版社出版的行为都是正当行使著作权的行为，戊出版社的出版行为也没有侵犯乙的著作权，A和D错误。信息网络传播权的保护是一个比较复杂的问题，可以考查的角度很多。侵害信息网络传播权的行为包括两种，一种是提供作品行为，但是仅提供搜索、链接的不侵权；另一种是网络服务提供者的教唆或者帮助行为。由此可知丙的行为没有侵权，B错误。报刊转载是法定许可，但是网络转载并不是法定许可，所以C项是正确的。

【答案】C

考点群五　著作权的保护

1. 甲的画作《梦》于1960年发表。1961年3月4日甲去世。甲的唯一继承人乙于2009年10月发现丙网站长期传播作品《梦》，且未署甲名。2012年9月1

日，乙向法院起诉。下列哪一表述是正确的？

A. 《梦》的创作和发表均产生于我国《著作权法》生效之前，不受该法保护

B. 乙的起诉已超过诉讼时效，其胜诉权不受保护

C. 乙无权要求丙网站停止实施侵害甲署名权的行为

D. 乙无权要求丙网站停止实施侵害甲对该作品的信息网络传播权的行为

【考点】 著作权保护期

【解析】 关于我国《著作权法》施行之前的作品是否受保护的问题，《著作权法》第66条第1款规定，"本法规定的著作权人和出版者、表演者、录音录像制作者、广播电台、电视台的权利，在本法施行之日尚未超过本法规定的保护期的，依照本法予以保护。"所以A项错误。

《著作权法》施行日期为1991年6月1日。按照《著作权法》规定的方法计算，甲于1961年死亡，其发表权和著作财产权保护期截止于2011年12月31日，其他著作人身权没有保护期限制。乙作为甲的唯一继承人，继承著作财产权，行使著作人身权。乙于2012年9月1日起诉，此时著作财产权保护期已经届满，所以D是正确的。但是由于署名权没有保护期限制，所以C项错误。由于丙网站未署甲名的行为处于持续状态，所以乙的起诉没有超过诉讼时效，B项错误。

【答案】 D

2. 甲、乙、丙、丁相约勤工俭学。下列未经著作权人同意使用他人受保护作品的哪一行为没有侵犯著作权？

A. 甲临摹知名绘画作品后廉价出售给路人

B. 乙收购一批旧书后廉价出租给同学

C. 丙购买一批正版录音制品后廉价出租给同学

D. 丁购买正版音乐CD后在自己开设的小餐馆播放

【考点】 著作权侵权行为

【解析】 A选项属于侵犯复制权的行为。即以印刷、复印、拓印、录音、录像、翻录、翻拍等方式将作品制作一份或者多份的权利；这是著作财产权中最基本、最重要的权利。任何人未经他人许可而复制他人作品的行为，都属于侵权行为。只有视听作品、计算机软件的著作权和邻接权中的表演者权、录制者权才包含出租权，文字作品没有出租权，所以B不侵权，C侵犯了出租权。表演权，即公开表演作品，以及用各种手段公开播送作品的表演的权利，包括现场表演权和机械表演权两种。D侵犯了机械表演权。

【答案】 B

扫码听课

3. 甲影视公司将其摄制的电影《愿者上钩》的信息网络传播权转让给乙网站，乙网站采取技术措施防范未经许可免费播放或下载该影片。丙网站开发出专门规避乙网站技术防范软件，供网民在丙网站免费下载使用，学生丁利用该软件免费下载了《愿者上钩》供个人观看。对此，下列哪些说法是正确的？

A. 丙网站的行为侵犯了著作权

B. 丁的行为侵犯了著作权

C. 甲公司已经丧失著作权人主体资格

D. 乙网站可不经甲公司同意以自己名义起诉侵权行为人

扫码听课

【考点】 著作权侵权行为

【解析】 根据《著作权法》第53条第（六）项规定，未经著作权人或者与著作权有关的权利人许可，故意避开或者破坏技术措施的，故意制造、进口或者向他人提供主要用于避开、破坏技术措施的装置或者部件的，或者故意为他人避开或者破坏技术措施提供技术服务的，除法律、行政法规另有规定的意外，构成侵权。丙网站的行为构成侵权，A项正确。甲公司的影视作品著作权包含多项内容，仅将其中的信息网络传播权转让，仍然保留其他著作权，所以C项错误。乙网站取得了作品的信息网络传播权，该权利受到侵害时，乙网站享有独立起诉的权利，所以D项正确。

稍微复杂一点的是这里的B项。通常情况下，因个人欣赏而使用他人作品构成合理使用，不侵权。但是，《信息网络传播权保护条例》对此有不同规定。其中第12条规定，属于下列情形的，可以避开技术措施，但不得向他人提供避开技术措施的技术、装置或者部件，不得侵犯权利人依法享有的其他权利：（一）为学校课堂教学或者科学研究，通过信息网络向少数教学、科研人员提供已经发表的作品、表演、录音录像制品，而该作品、表演、录音录像制品只能通过信息网络获取；（二）不以营利为目的，通过信息网络以盲人能够感知的独特方式向盲人提供已经发表的文字作品，而该作品只能通过信息网络获取；（三）国家机关依照行政、司法程序执行公务；（四）在信息网络上对计算机及其系统或者网络的安全性能进行测试。其中不包含个人欣赏。由此可知，如果故意避开技术措施，即便是为了个人欣赏，也是侵权行为，而不构成合理使用，所以B项正确。

【答案】 ABD

考点群六　邻接权

1. 甲电视台经过主办方的专有授权，对篮球俱乐部联赛进行了现场直播，包括在比赛休息时舞蹈演员跳舞助兴的场面。乙电视台未经许可截取电视信号进行同步转播。关于乙电视台的行为，下列哪一表述是正确的？

A. 侵犯了主办方对篮球比赛的著作权

B. 侵犯了篮球运动员的表演者权

C. 侵犯了舞蹈演员的表演者权

D. 侵犯了主办方的广播组织权

【考点】 表演者权，播放者权

【解析】 舞蹈演员对其表演享有表演者权，包括许可他人从现场直播和公开传送其现场表演，许可他人录音录像，许可他人复制、发行、出租录有其表演的录音录像制品，许可他人通过信息网络向公众传播其表演，并获得报酬的权利。乙电视台的行为侵权了舞蹈演员的表演者权，故选C。体育竞赛不是作品，也不是表演，不受现行著作权法的保护。篮球比赛主办方对篮球比赛不享有著作权，故A错。篮球运动员没有表演者权，B错。体育赛事转播权是体育比赛组织方将体育比赛通过电台、电视台或网络等媒体向公众传播并据此获取报酬的权利，性质上是一种合同权，而不是知识产权。主办方不是播放者，不享有播放者权（即

D 项中的广播组织权），所以 D 错。

【答案】C

2. 甲创作了一首歌曲《红苹果》，乙唱片公司与甲签订了专有许可合同，在聘请歌星丙演唱了这首歌曲后，制作成录音制品（CD）出版发行。下列哪些行为属于侵权行为？

A. 某公司未经许可翻录该 CD 后销售，向甲、乙、丙寄送了报酬

B. 某公司未经许可自聘歌手在录音棚中演唱了《红苹果》并制作成 DVD 销售，向甲寄送了报酬

C. 某商场购买 CD 后在营业时间作为背景音乐播放，经过甲许可并向其支付了报酬

D. 某电影公司将 CD 中的声音作为电影的插曲使用，只经过了甲许可

【考点】法定许可，著作权，邻接权

【解析】在解答较为复杂的邻接权题目时，可以采用"三步走"的方法。第一步是确定身份，第二步是回忆权利，第三步是分析案情。本题中，甲是音乐作品的作者，享有著作权。乙是录音制作者，享有录制者权。丙是表演者，享有表演者权。在此前提下，逐一分析四个选项。A 项中某公司复制、发行 CD 的行为，不属于法定许可，须经甲、乙、丙许可并付费，由于未经许可，所以侵犯了甲的著作权、乙的录制者权和丙的表演者权，故 A 项当选。《著作权法》第 42 条第 2款规定："录音制作者使用他人已经合法录制为录音制品的音乐作品制作录音制品，可以不经著作权人许可，但应当按照规定支付报酬；著作权人声明不许使用的不得使用。"B 中某公司的行为就是该规定中的法定许可，只需要向著作权人甲支付报酬，故不侵权。这里有一个干扰情节"乙唱片公司与甲签订了专有许可合同"，即便如此，也不影响法定许可的成立（唯一能够排除这种法定许可的方式是，著作权人声明不许使用），故 B 项不侵权。C 中某商场购买 CD 后在营业时间作为背景音乐播放，是甲著作权中表演权的内容（机械表演权），需要经过甲许可并向其支付报酬。需要注意的是，根据修订后《著作权法》第 45 条："将录音制品用于有线或者无线公开传播，或者通过传送声音的技术设备向公众公开播送的，应当向录音制作者支付报酬。"本题中的商场也应该向录音制作者乙唱片公司支付费用，但是不需要经乙唱片公司同意。C 选项对此语焉不详，似乎应认定为未向乙唱片公司支付费用，构成侵权，C 项当选。D 中电影公司将 CD 中的声音作为电影的插曲使用是复制和发行行为，需要经过甲、乙、丙的许可并支付报酬，故侵权，D 当选。

【答案】ACD

3. 王某创作歌曲《唱来唱去》，张某经王某许可后演唱该歌曲并由花园公司合法制作成录音制品后发行。下列哪些未经权利人许可的行为属于侵权行为？

A. 甲航空公司购买该正版录音制品后在飞机上播放供乘客欣赏

B. 乙公司购买该正版录音制品后进行出租

C. 丙学生购买正版的录音制品后用于个人欣赏

D. 丁学生购买正版录音制品试听后将其上传到网络上传播

【考点】表演权，录制者权，合理使用

【解析】著作权人王某对该歌曲享有表演权，该表演权既包括现场表演权，

大咖点拨区

也包括机械表演权。甲航空公司未经权利人许可将该歌曲在飞机上播放虽未单独向乘客收取费用，但其属于为经营行为服务的行为，侵犯了王某作品的机械表演权，故 A 项正确。花园公司合法制作成录音制品后，对该录音制品享有出租权，乙公司未经权利人同意将录音制品进行出租侵犯了花园公司的出租权，故 B 项正确。丙学生购买正版的录音制品后用于个人欣赏，属于合理使用，不属于侵权行为，故 C 项错误。丁学生未经许可将受版权保护的歌曲在网络上传播侵犯了著作权人王某的网络传播权，同时还侵犯了录音制品制作者花园公司的网络传播权，故 D 项正确。

【答案】ABD

4. 甲电视台模仿某境外电视节目创作并录制了一档新娱乐节目，尚未播放。乙闭路电视台贿赂甲电视台工作人员贺某复制了该节目，并将获得的复制品抢先播放。下列哪些说法是正确的？

A. 乙电视台侵犯了甲电视台的播放者权

B. 乙电视台侵犯了甲电视台的复制权

C. 贺某应当与乙电视台承担连带责任

D. 贺某应承担补充责任

【考点】著作权，邻接权

【解析】播放者的权利成立的前提是其作品必须播放在先。本题中，甲电视台制作的电视节目并未播放，故此并不享有播放者权。因此 A 选项错误，不当选。甲电视台作为电视节目的著作权人，虽然其作品尚未发表，仍然享有著作权，包括复制权。乙电视台和贺某侵犯了甲电视台的复制权，构成共同侵权，应当承担连带责任，故此乙电视台和贺某应承担连带责任。所以 B 选项和 C 选项正确，当选；D 选项错误，不当选。

【答案】BC

5. 甲创作歌曲《法考之路》，乙在某商业场合对其进行了演唱，丙公司将乙的演唱制成唱片，丁酒店把该唱片买回后在酒店大厅作为背景音乐播放，戊广播电台在《法考倒计时》栏目中进行了播出，下列说法正确的是哪一项？

A. 乙演唱该歌曲需要经过甲的同意并付费

B. 丙公司把乙的演唱制成唱片，不需要经过甲的同意并付费

C. 丁酒店在酒店大厅将该歌曲作为背景音乐播放，不需要经过甲的同意并付费

D. 戊广播电台的播放行为需要经过甲的同意并付费

【考点】表演权，表演者权，播放者权

【解析】使用他人作品演出，表演者应当取得著作权人许可，并支付报酬。演出组织者组织演出，由该组织者取得著作权人许可，并支付报酬。由此可知，A 项正确。根据《著作权法》第 42 条第 1 款和第 43 条规定，录音录像制作者使用他人作品制作录音录像制品，应当取得著作权人的许可，并支付报酬。录音录像制作者制作录音录像制品，应当同表演者订立合同，并支付报酬。由此可知，利用他人的表演制成唱片，需要经过词曲作者和表演者的同意并向其付费，故 B 项错误。表演权，包括现场表演权和机械表演权，均属于作者的权利。丁酒店的播放行为，需要经过词曲作者许可并付费，故 C 项错误。广播电台、电视台播放

他人已发表的作品，可以不经著作权人许可，但应当按照规定支付报酬。可见，电台播放唱片，是法定许可，只需要向作者付费，不需要经作者许可，故 D 项错误。

【答案】A

考点群七　软件著作权

扫码听课

1. 甲公司委托乙公司开发印刷排版系统软件，付费 20 万元，没有明确约定著作权的归属。后甲公司以高价向善意的丙公司出售了该软件的复制品。丙公司安装使用 5 年后，乙公司诉求丙公司停止使用并销毁该软件。下列哪些表述是正确的？

A. 该软件的著作权属于甲公司　　B. 乙公司的起诉已超过诉讼时效

C. 丙公司可不承担赔偿责任　　　D. 丙公司应停止使用并销毁该软件

【考点】软件著作权

【解析】《著作权法》第 19 条规定："受委托创造的作品，著作权的归属由委托人和受托人通过合同约定。合同未作明确约定或者没有订立合同的，著作权属于受托人。"《计算机软件保护条例》第 11 条也有类似规定。故 A 项错误。由于丙公司的使用行为处于持续状态，不存在诉讼时效期间经过的问题，故 B 项错误。《计算机软件保护条例》第 30 条规定，"软件的复制品持有人不知道也没有合理理由应当知道该软件是侵权复制品的，不承担赔偿责任；但是，应当停止使用、销毁该侵权复制品。如果停止使用并销毁该侵权复制品将给复制品使用人造成重大损失的，复制品使用人可以在向软件著作权人支付合理费用后继续使用。"故 C、D 正确。

【答案】CD

大咖点拨区

第二章 专利法

考点群	考查频率
专利权的主体	★★
专利权的客体	★
专利权的授权程序	★
专利权的内容和限制	★★
专利权的保护	★★★

考点群一 专利权的主体

1. 甲研究院研制出一种新药技术，向我国有关部门申请专利后，与乙制药公司签订了专利申请权转让合同，并依法向国务院专利行政主管部门办理了登记手续。下列哪一表述是正确的？

A. 乙公司依法获得药品生产许可证之前，专利申请权转让合同未生效

B. 专利申请权的转让合同自向国务院专利行政主管部门登记之日起生效

C. 专利申请权的转让自向国务院专利行政主管部门登记之日起生效

D. 如该专利申请因缺乏新颖性被驳回，乙公司可以不能实现合同目的为由请求解除专利申请权转让合同

【考点】 专利申请权的转让

【解析】 专利申请权转让应当订立书面合同，合同自成立时生效，专利申请权的转让自登记之日生效，故项 C 正确，A、B 项错误。《关于审理技术合同纠纷案件适用法律若干问题的解释》第 23 条第 1 款规定："专利申请权转让合同当事人以专利申请被驳回或者被视为撤回为由请求解除合同，该事实发生在依照专利法第十条第三款的规定办理专利申请权转让登记之前的，人民法院应当予以支持；发生在转让登记之后的，不予支持，但当事人另有约定的除外。" 故 D 项错误。

【答案】 C

2. 工程师王某在甲公司的职责是研发电脑鼠标。下列哪些说法是错误的？

A. 王某利用业余时间研发的新鼠标的专利申请权属于甲公司

B. 如王某没有利用甲公司物质技术条件研发出新鼠标，其专利申请权属于王某

C. 王某主要利用了单位物质技术条件研发出新型手机，其专利申请权属于王某

扫码听课

扫码听课

D. 如王某辞职后到乙公司研发出新鼠标，其专利申请权均属于乙公司

【考点】职务发明创造

【解析】职务发明创造的专利申请权属于单位。判断是否属于职务发明创造的法定标准是两个，一是是否执行本单位任务；二是是否主要利用本单位的物质技术条件。这两个条件只要满足其一，即构成职务发明创造。由此，是否利用业务时间不是判断职务发明创造的法定标准。王某研发鼠标属于其工作职责，即使利用业余时间或者没有利用单位物质技术条件做出的发明创造也依法属于职务发明创造，故选项 A 正确，选项 B 错误。主要利用单位物质技术条件做出的发明创造，即使不属于其本职工作，也应当属于职务发明创造，故选项 C 错误。根据《专利法实施细则》第 12 条第 1 款第（三）项，王某与原单位甲公司终止劳动关系一年内做出的与其在甲公司本职工作有关的发明创造，也应当认定为甲公司的职务发明创造，故选项 D 错误。

【答案】BCD

考点群二 专利权的客体

1. 关于下列成果可否获得专利权的判断，哪一选项是正确的？

A. 甲设计的新交通规则，能缓解道路拥堵，可获得方法发明专利权

B. 乙设计的新型医用心脏起搏器，能迅速使心脏重新跳动，该起搏器不能被授予专利权

C. 丙通过转基因方法合成一种新细菌，可过滤汽油的杂质，该细菌属动物新品种，不能被授予专利权

D. 丁设计的儿童水杯，其新颖而独特的造型既富美感，又能防止杯子滑落，该水杯既可申请实用新型专利权，也可申请外观设计专利权

扫码听课

【考点】专利授权条件

【解析】《专利法》第 25 条规定："对下列各项，不授予专利权：（一）科学发现；（二）智力活动的规则和方法；（三）疾病的诊断和治疗方法；（四）动物和植物品种；（五）原子核变换方法以及用原子核变换方法获得的物质；（六）对平面印刷品的图案、色彩或者二者的结合作出的主要起标识作用的设计。对前款第（四）项所列产品的生产方法，可以依照本法规定授予专利权。"本题中，A 项属于智力活动的规则和方法，不能获得专利权；B 项不属于疾病的诊断和治疗方法，而属于医疗器械，可以获得专利权；C 项中的细菌属于微生物，新细菌不属于动物新品种，因此这三个选项的判断都是错误的。根据《专利法》第 2 条，实用新型，是指对产品的形状、构造或者其结合所提出的适于实用的新的技术方案。外观设计，是指对产品的整体或者局部的形状、图案或者其结合以及色彩与形状、图案的结合所作出的富有美感并适于工业应用的新设计。D 项中，该水杯形状既符合实用新型专利权的授予条件，也符合外观设计专利权的授予条件。

【答案】D

2. 范某的下列有关骨科病预防与治疗方面研究成果中，哪些可在我国申请专利？

A. 发现了导致骨癌的特殊遗传基因

B. 发明了一套帮助骨折病人尽快康复的理疗器械

C. 发明了如何精确诊断股骨头坏死的方法

D. 发明了一种高效治疗软骨病的中药制品

【考点】专利授权条件

【解析】根据《专利法》第25条，A属于科学发现，不能授予专利，故错误。C项属于疾病的诊断与治疗方法，故不能授予专利，错误。B、D两项均可授予专利，正确。

【答案】BD

考点群三　专利权的授权程序

1. 2010年3月，甲公司将其研发的一种汽车零部件向国家有关部门申请发明专利。该专利申请于2011年9月公布，2013年7月3日获得专利权并公告。2011年2月，乙公司独立研发出相同零部件后，立即组织生产并于次月起持续销售给丙公司用于组装汽车。2012年10月，甲公司发现乙公司的销售行为。2015年6月，甲公司向法院起诉。下列哪一选项是正确的？

A. 甲公司可要求乙公司对其在2013年7月3日以前实施的行为支付赔偿费用

B. 甲公司要求乙公司支付适当费用的诉讼时效已过

C. 乙公司侵犯了甲公司的专利权

D. 丙公司没有侵犯甲公司的专利权

【考点】发明专利临时保护

【解析】《专利法》第13条规定："发明专利申请公布后，申请人可以要求实施其发明的单位或者个人支付适当的费用。"据此，甲公司可以在获得授权之后要求临时保护期内（2011年9月至2013年7月3日）的实施者支付适当的费用。这种费用请求权不属于赔偿责任，且不得追溯到2011年9月发明专利申请公布之前，因此A项错误。发明专利申请公布后至专利权授予前使用该发明未支付适当使用费的，专利权人要求支付使用费的诉讼时效，自专利权人得知或应当得知他人使用其发明之日起计算，但是，专利权人于专利权授予之日前即已得知或应当得知的，自专利权授予之日起计算。甲公司起诉的诉讼时效起算点为专利授权日即2013年7月3日，诉讼时效期间为3年，故2015年6月并未超过诉讼时效，B项错误。先用权人指的是在申请日以前已经制造相同产品、使用相同方法或者已经作好制造、使用的必要准备，并且仅在原有范围内继续制造、使用的，而本题中乙公司的行为发生在申请日以后，所以不属于先用权人。其在专利授权之前的实施行为不构成侵权，但是专利授权之后仍然实施该发明的，构成侵权。本题中强调"持续"二字，应当认为乙公司的行为在专利授权之后依然发生，构成侵权，所以C项正确。丙公司为了生产经营目的而使用他人发明专利产品，自专利申请公布至专利授权的临时保护期内，不构成侵权，通常应支付适当的费用，但是如果属于善意并能提供合法来源，不应承担支付适当费用的责任；在专利授权之后，构成侵权，但是如果属于善意并能提供合法来源，不承担赔偿责任。本题中强调"持续"二字，故可以认为在专利授权之后，该行为依然发生，构成侵权，故 D 错误。

【答案】 C

2. 甲公司开发出一项发动机关键部件的技术，大大减少了汽车尾气排放。乙公司与甲公司签订书面合同受让该技术的专利申请权后不久，将该技术方案向国家知识产权局同时申请了发明专利和实用新型专利。下列哪一说法是正确的？

A. 因该技术转让合同未生效，乙公司无权申请专利

B. 因尚未依据该技术方案制造出产品，乙公司无权申请专利

C. 乙公司获得专利申请权后，无权就同一技术方案同时申请发明专利和实用新型专利

D. 乙公司无权就该技术方案获得发明专利和实用新型专利

【考点】 专利权的授权程序

【解析】《民法典》第 863 条第 1 款规定，技术转让合同包括专利权转让、专利申请权转让、技术秘密转让等合同。《专利法》第 10 条第 1 款规定，专利申请权和专利权可以转让。第 3 款规定，转让专利申请权或者专利权的，当事人应当订立书面合同，并向国务院专利行政部门登记，由国务院专利行政部门予以公告。专利申请权或者专利权的转让自登记之日起生效。本题中技术转让合同已经生效，专利申请权自技术转让合同登记之日起生效。由此可知，A 项错误。乙公司是否享有专利申请权，与是否依据该技术方案制造出产品无关，故 B 项表述均错误，不当选。《专利法》第 9 条第 1 款规定，同样的发明创造只能授予一项专利权。但是，同一申请人同日对同样的发明创造既申请实用新型专利又申请发明专利，先获得的实用新型专利权尚未终止，且申请人声明放弃该实用新型专利权的，可以授予发明专利权。同时，依据《专利法实施细则》第 41 条第 2 款，同一申请人在同日（指申请日）对同样的发明创造既申请实用新型专利又申请发明专利的，应当在申请时分别说明对同样的发明创造已申请了另一专利；未作说明的，依照《专利法》第 9 条第 1 款关于同样的发明创造只能授予一项专利权的规定处理。可见，乙公司获得专利申请权后，有权就同一技术方案同时申请发明专利和实用新型专利，但是，乙公司无权就该技术方案既获得发明专利，又获得实用新型专利。故 C 项表述错误，不当选；D 项表述正确，当选。

【答案】 D

考点群四　专利权的内容和限制

1. 美国某公司于 2004 年 12 月 1 日在美国就某口服药品提出专利申请并被受理，2005 年 5 月 9 日就同一药品向中国专利局提出专利申请，要求享有优先权并及时提交了相关证明文件。中国专利局于 2008 年 4 月 1 日授予其专利。关于该中国专利，下列哪一选项是正确的？

扫码听课

扫码听课

A. 保护期从 2004 年 12 月 1 日起计算　　B. 保护期从 2005 年 5 月 9 日起计算

C. 保护期从 2008 年 4 月 1 日起计算　　D. 该专利的保护期是 10 年

【考点】 专利权保护期，优先权

【解析】《专利法》第 42 条第 1 款规定："发明专利权的期限为二十年，实用新型专利权的期限为十年，外观设计专利权的期限为十五年，均自申请日起计算。"从题意可知，该口服药品专利为发明专利，保护期为 20 年而不是 10 年，所以 D 项错误。需要注意的是，此处的申请日，是实际申请日而不是优先权日。本题中，优先权日为 2004 年 12 月 1 日，实际申请日为 2005 年 5 月 9 日起计算，该药品发明专利的保护期从实际申请日 2005 年 5 月 9 日起计算，所以 B 项正确，A、C 项错误。

【答案】 B

2. 下列哪一选项不属于侵犯专利权的行为？

A. 甲公司与专利权人签订独占实施许可合同后，许可其子公司乙公司实施该专利技术

B. 获得强制许可实施权的甲公司许可他人实施该专利技术

C. 甲公司销售不知道是侵犯他人专利的产品并能证明该产品来源合法

D. 为提供行政审批所需要的信息，甲公司未经专利权人的同意而制造其专利药品

【考点】 实施许可权，强制许可，善意销售侵权，不视为侵犯专利权

【解析】 乙公司虽然属于甲公司的子公司，但具有独立法人资格，与甲公司属于不同的法律主体。根据《专利法》第 12 条，获得实施许可权的甲公司，无权许可他人实施专利技术，故 A 选项错误。根据《专利法》第 61 条，获得强制许可实施权的甲公司无权许可他人实施该专利技术，故 B 选项错误。根据《专利法》第 77 条，C 选项中甲公司的行为不承担赔偿责任，但仍属于侵犯专利权的行为（善意侵权），应当承担停止侵害的民事责任，故 C 选项错误。《专利法》第 75 条规定："有下列情形之一的，不视为侵犯专利权：（一）专利产品或者依照专利方法直接获得的产品，由专利权人或者经其许可的单位、个人售出后，使用、许诺销售、销售、进口该产品的；（二）在专利申请日前已经制造相同产品、使用相同方法或者已经作好制造、使用的必要准备，并且仅在原有范围内继续制造、使用的；（三）临时通过中国领陆、领水、领空的外国运输工具，依照其所属国同中国签订的协议或者共同参加的国际条约，或者依照互惠原则，为运输工具自身需要而在其装置和设备中使用有关专利的；（四）专为科学研究和实验而使用有关专利的；（五）为提供行政审批所需要的信息，制造、使用、进口专利药品或者专利医疗器械的，以及专门为其制造、进口专利药品或者专利医疗器械的。"D 选项属于其中第（五）项规定，故正确。

【答案】 D

考点群五　专利权的保护

1. 甲、乙两公司各自独立发明了相同的节水型洗衣机。甲公司于 2013 年 6 月申请发明专利权，专利局于 2014 年 12 月公布其申请文件，并于 2015 年 12 月授予发明专利权。乙公司于 2013 年 5 月开始销售该种洗衣机。另查，本领域技术人员通过拆解分析该洗衣机，即可了解其节水的全部技术特征。丙公司于 2014 年 12 月看到甲公司的申请文件后，立即开始制造并销售相同的洗衣机。2016 年 1 月，甲公司起诉乙、丙两公司侵犯其发明专利权。关于甲公司的诉请，下列哪些说法是正确的？

A. 如甲公司的专利有效，则丙公司于 2014 年 12 月至 2015 年 11 月使用甲公司的发明构成侵权

B. 如乙公司在答辩期内请求专利复审委员会宣告甲公司的专利权无效，则法院应中止诉讼

C. 乙公司如能证明自己在甲公司的专利申请日之前就已制造相同的洗衣机、且仅在原有制造能力范围内继续制造，则不构成侵权

D. 丙公司如能证明自己制造销售的洗衣机在技术上与乙公司于 2013 年 5 月开始销售的洗衣机完全相同，法院应认定丙公司的行为不侵权

【考点】 发明专利临时保护，专利无效，不视为侵犯专利权，现有技术抗辩

【解析】 首先，对于发明专利而言，在其专利申请早期公开之后、公告授权之前，专利法规定了临时保护制度，即专利权人在获得专利授权之后可以回过头来要求在临时保护期内实施该发明的人支付适当的费用，但是无权禁止他人在临时保护期内实施该发明，临时保护期内实施该发明的人也不构成专利侵权，所以 A 项错误。其次，《最高人民法院关于审理专利纠纷案件适用法律问题的若干规定》第 7 条规定："人民法院受理的侵犯发明专利权纠纷案件或者经国务院专利行政部门审查维持专利权的侵犯实用新型、外观设计专利权纠纷案件，被告在答辩期间内请求宣告该项专利权无效的，人民法院可以不中止诉讼。"所以 B 项错误。再次，根据《专利法》第 75 条第（二）项，在专利申请日前已经制造相同产品、使用相同方法或者已经作好制造、使用的必要准备，并且仅在原有范围内继续制造、使用的，不视为侵犯专利权，所以 C 项说法正确。最后，题目交待，本领域技术人员通过拆解分析该洗衣机，即可了解其节水的全部技术特征。因此，乙公司于 2013 年 5 月开始销售该种洗衣机，属于在甲公司申请日以前的公开使用，甲公司的发明专利成为现有技术，丧失新颖性。在此前提下，被诉侵权的丙公司一方面可以申请宣告专利无效，另一方面可以根据《专利法》第 67 条的规定提出现有技术抗辩，法院应认定其行为不侵权，所以 D 项说法正确。

另需注意，在《专利法》修订之后，请求宣告专利无效，应当向国务院专利行政部门申请，所以本题中以及司法解释中的"专利复审委员会"应当改为"国务院专利行政部门"。

【答案】 CD

2. W 研究所设计了一种高性能发动机，在我国和《巴黎公约》成员国 L 国均获得了发明专利权，并分别给予甲公司在我国、乙公司在 L 国的独占实施许可。下列哪一行为在我国构成对该专利的侵权？

A. 在 L 国购买由乙公司制造销售的该发动机，进口至我国销售

B. 在我国购买由甲公司制造销售的该发动机，将发动机改进性能后销售

C. 在我国未经甲公司许可制造该发动机，用于各种新型汽车的碰撞实验，以测试车身的防撞性能

D. 在 L 国未经乙公司许可制造该发动机，安装在 L 国客运公司汽车上，该客车曾临时通过我国境内

【考点】 不视为侵犯专利权的行为

【解析】《专利法》第 75 条规定："有下列情形之一的，不视为侵犯专利权：（一）专利产品或者依照专利方法直接获得的产品，由专利权人或者经其许可的单位、个人售出后，使用、许诺销售、销售、进口该产品的；（二）在专利申请日前已经制造相同产品、使用相同方法或者已经作好制造、使用的必要准备，并且仅在原有范围内继续制造、使用的；（三）临时通过中国领陆、领水、领空的外国运输工具，依照其所属国同中国签订的协议或者共同参加的国际条约，或者依照互惠原则，为运输工具自身需要而在其装置和设备中使用有关专利的；（四）专为科学研究和实验而使用有关专利的；（五）为提供行政审批所需要的信息，制造、使用、进口专利药品或者专利医疗器械的，以及专门为其制造、进口专利药品或者专利医疗器械的。" A 选项涉及专利平行进口问题，它是指一国未经授权的进口商，在某项专利已获进口国法律保护的情况下，仍从国外购得专利权人或其专利授权人生产、制造或销售的此项专利产品，并进口到该进口国销售的行为。根据我国《专利法》第 75 条第（一）项所规定的"专利权用尽"原则，平行进口不侵权，也就是说，在 L 国购买由乙公司制造销售的该发动机，进口至我国销售，在 L 国和我国均不构成专利侵权。B 选项同样考查"专利权用尽"原则，甲公司制造销售该发动机之后，专利权用尽，任何人购买该发动机并改进性能销售，不构成专利侵权。根据《专利法》第 75 条第（四）项，专为科学研究和实验而使用有关专利的，不视为侵犯专利权。但是，这里"使用有关专利"不包括制造专利产品，C 项中的行为在我国构成专利侵权。D 选项考查临时过境制度。在 L 国未经乙公司许可制造该发动机，安装在 L 国客运公司汽车上，在 L 国构成专利侵权，但是该客车曾临时通过我国境内，在我国不构成专利侵权。

【答案】 C

3. 中国甲公司的一项发明在中国和 A 国均获得了专利权。中国的乙公司与甲公司签订了中国地域内的专利独占实施合同。A 国的丙公司与甲公司签订了在 A 国地域内的专利普通实施合同并制造专利产品，A 国的丁公司与乙公司签订了在 A 国地域内的专利普通实施合同并制造专利产品。中国的戊公司、庚公司分别从丙公司和丁公司进口这些产品到中国使用。下列哪些说法是正确的？

A. 甲公司应向乙公司承担违约责任

B. 乙公司应向甲公司承担违约责任

C. 戊公司的行为侵犯了乙公司的专利独占实施权

D. 庚公司的行为侵犯了甲公司的专利权

【考点】 专利平行进口

【解析】 由于专利权的地域性，甲公司分别在中国许可乙公司使用、在 A 国许可丙公司使用，都是正当行使专利权的行为，故 A 错。专利权许可中的被许可人无权允许合同规定以外的任何单位或者个人实施该专利，所以乙公司授权丁公司在 A 国使用该专利技术，对甲公司而言是一种违约行为。故 B 对。C 选项属于平行进口，根据上一题解析可知，专利平行进口不侵权。但是需要注意，D 项不属于平行进口，因为丁公司并未获得合法授权，其在 A 国地域内制造专利产品已经侵权，庚公司从丁公司进口专利产品当然也是侵权，故 D 对。

【答案】 BD

4. 甲公司开发了一种汽车节能环保技术，并依法获得了实用新型专利证书。乙公司拟与甲公司签订独占实施许可合同引进该技术，但在与甲公司协商谈判过程中，发现该技术在专利申请日前已经属于现有技术。乙公司的下列哪一做法不合法？

　　A. 在该专利技术基础上继续开发新技术

　　B. 诉请法院判决该专利无效

　　C. 请求国务院专利行政部门宣告该专利无效

　　D. 无偿使用该技术

【考点】 现有技术抗辩

【解析】 在现有专利技术之上任何人均有权继续开发新技术，即便在专利许可合同中约定不得技术创新，此约定也会因妨碍技术进步而无效，故 A 合法，不当选。对于现有技术，任何人均可无偿使用，故 D 合法，不当选。《专利法》第 45 条规定，"自国务院专利行政部门公告授予专利权之日起，任何单位或者个人认为该专利权的授予不符合本法有关规定的，可以请求国务院专利行政部门宣告该专利权无效。"据此，乙公司可以请求国务院专利行政部门宣告专利无效，而不是请求法院判决专利无效，故 C 合法，不当选，B 不合法，当选。

【答案】 B

5. 甲公司与乙公司签订买卖合同，以市场价格购买乙公司生产的设备一台，双方交付完毕。设备投入使用后，丙公司向法院起诉甲公司，提出该设备属于丙公司的专利产品，乙公司未经许可制造并销售了该设备，请求法院判令甲公司停止使用。经查，乙公司侵权属实，但甲公司并不知情。关于此案，法院下列哪一做法是正确的？

　　A. 驳回丙公司的诉讼请求

　　B. 判令甲公司支付专利许可使用费

　　C. 判令甲公司与乙公司承担连带责任

　　D. 判令先由甲公司支付专利许可使用费，再由乙公司赔偿甲损失

【考点】 善意专利侵权

【解析】 《最高人民法院关于审理侵犯专利权纠纷案件应用法律若干问题的解释（二）》第 25 条第 1 款规定："为生产经营目的使用、许诺销售或者销售不知道是未经专利权人许可而制造并售出的专利侵权产品，且举证证明该产品合法来源的，对于权利人请求停止上述使用、许诺销售、销售行为的主张，人民法院应予支持，但被诉侵权产品的使用者举证证明其已支付该产品的合理对价的除外。"

该条规定给善意专利侵权制度带来了变化。原则上，善意侵权人应当停止侵权而不必赔偿损失。但是，善意使用者如果能举证证明其已支付该产品的合理对价，则其既不必承担赔偿责任，也不必停止使用。因此，本题应当驳回丙公司的诉讼请求，只有 A 选项正确。

【答案】A

6. 甲公司获得一项智能手机显示屏的发明专利权后，将该技术以在中国大陆独占许可方式许可给乙公司实施。乙公司付完专利使用费并在销售含有该专利技术的手机过程中，发现丙公司正在当地电视台做广告宣传具有相同专利技术的手机，便立即通知甲公司起诉丙公司。法院受理该侵权纠纷后，丙公司在答辩期内请求宣告专利无效。下列哪些说法是错误的？

A. 乙公司获得的专利使用权是债权，在不通知甲公司的情况下不能直接起诉丙公司

B. 专利无效宣告前，丙公司侵犯了专利实施权中的销售权

C. 如专利无效，则专利实施许可合同无效，甲公司应返还专利使用费

D. 法院应中止专利侵权案件的审理

【考点】专利权的保护

【解析】A 错误，独占许可合同中的被许可人可以单独起诉侵权行为；排他许可合同中的被许可人在专利权人不起诉的情况下可以起诉；普通许可中的被许可人通常不享有起诉权，但许可合同明确约定被许可人可以单独起诉，或者经专利权人书面授权单独起诉的，法院应当受理。B 错误，这个选项其实考的是许诺销售的概念，许诺销售是虽然没有实际的销售行为但是行为人明确表示愿意出售的行为，主要包括发布商业广告、将产品陈列在营业场所等等，所以专利无效宣告前，丙公司侵犯了专利实施权中的许诺销售权。C 错误，宣告无效的专利权视为自始即不存在。但对在宣告专利权无效前人民法院作出并已执行的专利侵权的判决、调解书，已经履行或者强制执行的专利侵权纠纷处理决定，以及已经履行的专利实施许可合同和专利权转让合同，不具有追溯力。D 错误，人民法院受理的侵犯发明专利权纠纷案件或者经审查维持专利权的侵犯实用新型、外观设计专利权纠纷案件，被告在答辩期间内请求宣告该项专利权无效的，人民法院可以不中止诉讼。

【答案】ABCD

7. 甲是某产品的专利权人，乙于 2008 年 3 月 1 日开始制造和销售该专利产品。甲于 2009 年 3 月 1 日对乙提起侵权之诉。经查，甲和乙销售每件专利产品分别获利为二万元和一万元，甲因乙的侵权行为少销售 100 台，乙共销售侵权产品300 台。关于乙应对甲赔偿的额度，下列哪一选项是正确的？

A. 200 万元　　　　B. 250 万元　　　　C. 300 万元　　　　D. 500 万元

【考点】专利侵权赔偿数额

【解析】本题中，根据案情计算，被侵权人甲的损失为 200 万元，侵权人的获利为 300 万元。在二者均可证明的情况下，专利侵权赔偿数额如何计算？

对此问题，《专利法》修订前后的规定有所不同。修订前《专利法》第 65 条第 1 款规定："侵犯专利权的赔偿数额按照权利人因被侵权所受到的实际损失确定；实际损失难以确定的，可以按照侵权人因侵权所获得的利益确定。权利人的

扫码听课

损失或者侵权人获得的利益难以确定的，参照该专利许可使用费的倍数合理确定。赔偿数额还应当包括权利人为制止侵权行为所支付的合理开支。"也就是说，专利权人只能按照实际损失—侵权获利—专利许可使用费的倍数的顺序主张损失，而不能选择。修订后《专利法》第71条第1款规定："侵犯专利权的赔偿数额按照权利人因被侵权所受到的实际损失或者侵权人因侵权所获得的利益确定；权利人的损失或者侵权人获得的利益难以确定的，参照该专利许可使用费的倍数合理确定。对故意侵犯专利权，情节严重的，可以在按照上述方法确定数额的一倍以上五倍以下确定赔偿数额。"也就是说，允许专利权人在实际损失和侵权获利之间进行选择。可以想象，专利权人会选择较大的数额，因此，本题现在的正确答案为C项。

【答案】C

8. 根据《专利法》的规定，下列行为中，哪些属于侵犯专利权的行为？

A. 发明专利权申请公布后，专利局公告授权之前，第三人未经同意实施该技术的行为

B. 专利权人制造的专利产品售出后，使用该产品的行为

C. 专为科学研究而制造有关专利产品的

D. 为生产经营目的使用不知道是未经专利权人许可制造而售出的专利产品，能证明本产品合法来源的

【考点】发明专利的临时保护，不视为侵犯专利权的行为，善意侵权

【解析】发明专利权申请公布后，专利局公告授权之前，申请人还未获得专利权，因此第三人在此期间未经同意实施该技术的行为并不构成侵权，故A项错误。当然，《专利法》第13条也规定了发明专利的临时保护制度，赋予专利申请人在获得专利授权之后，回过头来追溯性地要求在临时保护期内的实施者支付适当的费用。《专利法》第75条规定："有下列情形之一的，不视为侵犯专利权：（一）专利产品或者依照专利方法直接获得的产品，由专利权人或者经其许可的单位、个人售出后，使用、许诺销售、销售、进口该产品的；（二）在专利申请日前已经制造相同产品、使用相同方法或者已经作好制造、使用的必要准备，并且仅在原有范围内继续制造、使用的；（三）临时通过中国领陆、领水、领空的外国运输工具，依照其所属国同中国签订的协议或者共同参加的国际条约，或者依照互惠原则，为运输工具自身需要而在其装置和设备中使用有关专利的；（四）专为科学研究和实验而使用有关专利的；（五）为提供行政审批所需的信息，制造、使用、进口专利药品或者专利医疗器械的，以及专门为其制造、进口专利药品或者专利医疗器械的。"其中，第（二）项为"专利权用尽"制度，故B项不侵权。专为科学研究而制造有关专利产品，会影响到专利权人的商业利益，构成侵权，不属于第（四）项，故C项当选。《专利法》第77条规定："为生产经营目的使用、许诺销售或者销售不知道是未经专利权人许可而制造并售出的专利侵权产品，能证明该产品合法来源的，不承担赔偿责任。"由此可知，本题D项中的情形属于善意侵权行为，虽然不必承担赔偿责任，但仍然属于侵权行为，当选。

【答案】CD

✎ 大咖点拨区

扫码听课

9. 奔马公司就其生产的一款高档轿车造型和颜色组合获得了外观设计专利权，又将其设计的"飞天神马"造型注册为汽车的立体商标，并将该造型安装在车头。某车行应车主陶某请求，将陶某低价位的旧车改装成该高档轿车的造型和颜色，并从报废的轿车上拆下"飞天神马"标志安装在改装车上。陶某使用该改装车提供专车服务，收费高于普通轿车。关于上述行为，下列哪一说法是错误的？

A. 陶某的行为侵犯了奔马公司的专利权

B. 车行的行为侵犯了奔马公司的专利权

C. 陶某的行为侵犯了奔马公司的商标权

D. 车行的行为侵犯了奔马公司的商标权

【考点】专利权侵权行为，商标权侵权行为

【解析】就是否构成专利侵权行为而言，首先应当明确，奔马公司获得的是外观设计专利权，其保护范围仅限于制造、许诺销售、销售和进口，而不包括使用。本题中，车行的行为属于未经许可以生产经营为目的的制造行为，而陶某的行为属于未经许可以生产经营为目的的使用行为。因此，车行侵犯了奔马公司的专利权，而陶某没有侵犯奔马公司的专利权。由此可知 A 项错误，B 项正确。就是否构成商标侵权行为而言，陶某未经许可在相同商品上使用与他人注册商标相同的商标，构成假冒行为，车行故意为侵犯他人商标专用权行为提供便利条件，帮助他人实施侵犯商标专用权行为，构成帮助侵权，因此 C、D 选项正确。

【答案】A

第三章　商标法

考点群	考查频率
商标的分类	★
商标权的取得	★★
商标权的消灭	★★
商标侵权行为	★★★

考点群一　商标的分类

1. 河川县盛产荔枝，远近闻名。该县成立了河川县荔枝协会，申请注册了"河川"商标，核定使用在荔枝商品上，许可本协会成员使用。加入该荔枝协会的农户将有"河川"商标包装的荔枝批发给盛联超市销售。超市在销售该批荔枝时，在荔枝包装上还加贴了自己的注册商标"盛联"。下列哪些说法是正确的？

A. "河川"商标是集体商标

B. "河川"商标是证明商标

C. "河川"商标使用了县级以上行政区划名称，应被宣告无效

D. 盛联超市的行为没有侵犯商标权

【考点】商标的分类，商标侵权行为

【解析】关于商标的分类，商标法规定的商品商标、服务商标、集体商标和证明商标。集体商标，是指以团体、协会或者其他组织名义注册，专供该组织成员在商事活动中使用，以表明使用者在该组织中的成员资格的标志，比如福建省沙县小吃同业公会注册的沙县小吃。本法所称证明商标，是指由对某种商品或者服务具有监督能力的组织所控制，而由该组织以外的单位或者个人使用于其商品或者服务，用以证明该商品或者服务的原产地、原料、制造方法、质量或者其他特定品质的标志，如绿色食品，真皮。所以本案中的"河川"商标属于集体商标，A对，B错。C错，县级以上行政区划的地名或者公众知晓的外国地名，不得作为商标。但是，地名具有其他含义或者作为集体商标、证明商标组成部分的除外；已经注册的使用地名的商标继续有效。D对，超市销售商品时使用自己的服务商标是正常合法的经营活动，没有侵犯商标权。

【答案】AD

2. A市盛产茶叶，成立有茶产品质量监督能力的市茶叶协会，其成员大多由该市茶叶种植户组成，该市农户主要以家庭作坊式生产茶叶为业，位于该市的麒麟山因地理位置得天独厚，产于此山的毛尖品种因独具品味而闻名遐迩。根据

扫码听课

扫码听课

《商标法》，该市茶叶协会如欲保护"麒麟山"毛尖品牌，下列做法正确有哪些？

A. 申请将"麒麟山"注册在毛尖产品上作为集体商标

B. 如该市茶叶协会注册了"麒麟山"商标，对于未加入该茶叶协会的当地种植户可禁止其在原产于麒麟山的茶叶产品上使用"麒麟山茶叶"字样

C. 申请将"麒麟山"注册在毛尖产品上作为证明商标

D. 如发现外地经营者生产的茶叶产品不是源自麒麟山，但已在其茶产品上注册了"麒麟山"商标，可随时请求宣告该注册商标无效

【考点】集体商标；证明商标；地理标志。

【解析】《商标法》第3条规定，本法所称集体商标，是指以团体、协会或者其他组织名义注册，供该组织成员在商事活动中使用，以表明使用者在该组织中的成员资格的标志。本法所称证明商标，是指由对某种商品或者服务具有监督能力的组织所控制，而由该组织以外的单位或者个人使用于其商品或者服务，用以证明该商品或者服务的原产地、原料、制造方法、质量或者其他特定品质的标志。《商标法》第16条规定，商标中有商品的地理标志，而该商品并非来源于该标志所标示的地区，误导公众的，不予注册并禁止使用；但是，已经善意取得注册的继续有效。前款所称地理标志，是指标示某商品来源于某地区，该商品的特定质量、信誉或者其他特征，主要由该地区的自然因素或者人文因素所决定的标志。《商标法实施条例》第4条第1款规定，商标法第十六条规定的地理标志，可以依照商标法和本条例的规定，作为证明商标或者集体商标申请注册。本题中，"麒麟山"符合商标法关于地理标志的定义，其产品为毛尖品牌的茶叶。该市茶叶协会申请将"麒麟山"注册在毛尖产品上作为证明商标或者集体商标，符合法律规定，所以A、C选项正确。

《商标法实施条例》第4条第2款规定，以地理标志作为证明商标注册的，其商品符合使用该地理标志条件的自然人、法人或者其他组织可以要求使用该证明商标，控制该证明商标的组织应当允许。以地理标志作为集体商标注册的，其商品符合使用该地理标志条件的自然人、法人或者其他组织，可以要求参加以该地理标志作为集体商标注册的团体、协会或者其他组织，该团体、协会或者其他组织应当依据其章程接纳为会员；不要求参加以该地理标志作为集体商标注册的团体、协会或者其他组织的，也可以正当使用该地理标志，该团体、协会或者其他组织无权禁止。本题中，如果该市茶叶协会注册了"麒麟山"商标，可能是证明商标，也可能是集体商标。无论是哪一种，未加入该茶叶协会的当地种植户，均可在原产于麒麟山的茶叶产品上使用"麒麟山茶叶"字样，所以B选项错误。

另根据《商标法》第45条，对于恶意注册地理标志的，该市茶叶协会作为利害关系人，可以在注册后5年内向商标评审委申请宣告商标无效，而不是"随时"，所以D选项错误。

【答案】AC

考点群二　商标权的取得

1. 营盘市某商标代理机构，发现本市甲公司长期制造销售"实耐"牌汽车轮胎，但一直未注册商标，该机构建议甲公司进行商标注册，甲公司负责人鄢某未置可否。后鄢某辞职新创立了乙公司，鄢某委托该商标代理机构为乙公司进行轮胎类产品的商标注册。关于该商标代理机构的行为，下列哪一选项是正确的？

A. 乙公司委托注册"实耐"商标，该商标代理机构不得接受委托

B. 乙公司委托注册"营盘轮胎"商标，该商标代理机构不得接受委托

C. 乙公司委托注册普通的汽车轮胎图形作为商标，该商标代理机构不得接受委托

D. 该商标代理机构自行注册"捷驰"商标，用于转让给经营汽车轮胎的企业

【考点】　商标注册条件，商标注册代理

【解析】　分析本题的每一个选项时，在逻辑上需要先后判断两个问题：一是该商标是否可以注册，二是商标代理机构能否接受委托去申请注册。

A 选项中的"实耐"商标，没有法定的禁止使用或者禁止注册的情形，但是，甲公司以外的任何人申请注册"实耐"商标，均构成《商标法》第 32 条所规定的"以不正当手段抢先注册他人已经使用并有一定影响的商标"。而根据《商标法》第 19 条第 3 款规定，商标代理机构知道或者应当知道委托人申请注册的商标属于"代理人、代表人、业务关系人恶意注册"、"损害他人在先权利"或者"以不正当手段抢先注册他人已经使用并有一定影响的商标"情形的，不得接受其委托。由此可知 A 选项正确。B 选项中的"营盘轮胎"，其中含有县以上行政区划地名"营盘"，不得作为商标（但是，地名具有其他含义或者作为集体商标、证明商标组成部分的除外；已经注册的使用地名的商标继续有效）。C 选项中的"汽车轮胎图形"，属于本商品的通用图形，不具有显著性，不得作为商标注册（经过使用取得显著特征，并便于识别的除外）。需要注意的是，尽管上述两种商标不符合注册条件，但是法律并未禁止商标代理机构接受委托，只不过，根据《商标法》第 19 条第 2 款规定，委托人申请注册的商标可能存在本法规定不得注册情形的，商标代理机构应当明确告知委托人。由此可知 B、C 选项错误。D 选项中的"捷驰"商标，没有法定的禁止使用或者禁止注册的情形，但是，根据《商标法》第 19 条第 4 款规定，商标代理机构除对其代理服务申请商标注册外，不得申请注册其他商标。由此可知 D 选项错误。

【答案】　A

2. 甲公司是《保护工业产权巴黎公约》成员国 A 国的企业，于 2012 年 8 月 1 日向 A 国在牛奶产品上申请注册"白雪"商标被受理后，又于 2013 年 5 月 30 日向我国商标局申请注册"白雪"商标，核定使用在牛奶、糕点和食品容器这三类商品上。下列哪些说法是错误的？

A. 甲公司应委托依法设立的商标代理机构代理申请商标注册

B. 甲公司必须提出三份注册申请，分别在三类商品上申请注册同一商标

C. 甲公司可依法享有优先权

D. 如商标局在异议程序中认定"白雪"商标为驰名商标，甲公司可在其牛奶包装上使用"驰名商标"字样

【考点】 商标注册申请，商标异议，优先权

【解析】《商标法》第18条规定：申请商标注册或者办理其他商标事宜，可以自行办理，也可以委托依法设立的商标代理机构办理。外国人或者外国企业在中国申请商标注册和办理其他商标事宜的，应当委托依法设立的商标代理机构办理。由此可知，A国的甲公司欲在我国申请注册商标根据《商标法》第18条第2款的规定，应当委托依法设立的商标代理机构办理，所以A选项正确，不当选。《商标法》第22条规定：商标注册申请人应当按规定的商品分类表填报使用商标的商品类别和商品名称，提出注册申请。商标注册申请人可以通过一份申请就多个类别的商品申请注册同一商标。商标注册申请等有关文件，可以以书面方式或者数据电文方式提出。由此《商标法》第22条第2款可知，商标申请可以一标多类，因此，B选项错误。《商标法》第25条第1款规定：商标注册申请人自其商标在外国第一次提出商标注册申请之日起6个月内，又在中国就相同商品以同一商标提出商标注册申请的，依照该外国同中国签订的协议或者共同参加的国际条约，或者按照相互承认优先权的原则，可以享有优先权。由此可知，享有优先权的时间是商标在外国第一次提出商标注册申请之日起6个月内，而题中甲公司在A国是2012年8月1日提出，在中国于2013年5月30日提出，很显然已经超过6个月，故甲公司不再享有优先权，所以C选项错误。《商标法》第14条第5款规定：生产、经营者不得将"驰名商标"字样用于商品、商品包装或者容器上，或者用于广告宣传、展览以及其他商业活动中。由此可知，"驰名商标"是不可以进行广告宣传的。故D选项错误，当选。本题答案为B、C、D。

【答案】 BCD

扫码听课

3. 甲公司生产"美多"牌薰衣草保健枕，"美多"为注册商标，薰衣草为该枕头的主要原料之一。其产品广告和包装上均突出宣传"薰衣草"，致使"薰衣草"保健枕被消费者熟知，其他厂商也推出"薰衣草"保健枕。后"薰衣草"被法院认定为驰名商标。下列哪些表述是正确的？

A. 甲公司可在一种商品上同时使用两件商标

B. 甲公司对"美多"享有商标专用权，对"薰衣草"不享有商标专用权

C. 法院对驰名商标的认定可写入判决主文

D. "薰衣草"叙述了该商品的主要原料，不能申请注册

【考点】 商标注册条件，驰名商标的认定

【解析】 在一件商品上使用的商标数量并无限制，故A正确。"美多"为注册商标，"薰衣草"不是注册商标，只有注册商标才享有专用权，故B正确。《关于审理涉及驰名商标保护的民事纠纷案件应用法律若干问题的解释》第13条规定："在涉及驰名商标保护的民事纠纷案件中，人民法院对于商标驰名的认定，仅作为案件事实和判决理由，不写入判决主文；以调解方式审结的，在调解书中对商标驰名的事实不予认定。"故C错误。薰衣草尽管是主要原料，但是，经过长期使用，已经具有了显著特征，而且，被法院认定为驰名商标，当然可以注册，故D错误。

【答案】 AB

4. 下列关于《商标法》的有关规定，哪些说法是正确的？

A. 声音也可被注册为商标

B. 商标注册申请人通过一份申请只能就一个类别的商品申请注册同一商标

C. 同中央国家机关的名称、标志相同的，不得作为商标注册

D. 经营者不得将驰名商标字样用于商品的广告宣传当中

【考点】 商标注册条件，驰名商标

【解析】 根据《商标法》第 8 条规定，任何能够将自然人、法人或者其他组织的商品与他人的商品区别开的标志，包括文字、图形、字母、数字、三维标志、颜色组合和声音等，以及上述要素的组合，均可以作为商标申请注册。由此可知，声音可被注册为商标，故 A 项正确。根据《商标法》第 22 条规定，商标注册申请人应当按规定的商品分类表填报使用商标的商品类别和商品名称，提出注册申请。商标注册申请人可以通过一份申请就多个类别的商品申请注册同一商标，亦即允许"一标多类"申请，故 B 项错误。根据《商标法》第 10 条第 1 款第（一）项规定，同中华人民共和国的国家名称、国旗、国徽、国歌、军旗、军徽、军歌、勋章等相同或者近似的，以及同中央国家机关的名称、标志、所在地特定地点的名称或者标志性建筑物的名称、图形相同的，不得作为商标使用，更不得注册，故 C 项正确。根据《商标法》第 14 条规定，生产、经营者不得将驰名商标字样用于商品、商品包装或者容器上，或者用于广告宣传、展览以及其他商业活动中，故 D 选项正确。

【答案】 ACD

5. 甲公司专门从事商标代理业务，乙餐饮公司委托甲公司为其在餐饮服务上注册"响叮当"商标。甲公司提交注册申请时，乙餐饮公司被法院受理破产重整，甲公司遂将申请人改为自己，商品类别改为商标代理服务。后乙餐饮公司重整为经营移动硬盘的公司。下列哪些说法是正确的？

A. 商标局应直接驳回甲公司的申请

B. 如乙公司管理人提出异议，商标局应驳回甲公司的申请

C. 乙公司管理人有权解除与甲公司的委托合同

D. 乙公司可在移动硬盘领域申请注册"响叮当"商标

【考点】 商标异议

【解析】 解答本题，首先需要判断甲公司行为的性质。甲公司系乙餐饮公司的商标注册代理人，其以自己的名义申请注册委托人使用的商标，属于代理人恶意注册申请，根据《商标法》第 15 条第 1 款规定："未经授权，代理人或者代表人以自己的名义将被代理人或者被代表人的商标进行注册，被代理人或者被代表人提出异议的，不予注册并禁止使用"，若乙公司（由管理人代表）提出异议，商标局应驳回甲公司的注册申请，所以 B 选项正确。需要注意的是，甲公司的行为仅涉及其与乙公司的争议，不属于法定不得注册或不得使用的情形，商标局无权在无人提异议的情况下直接驳回申请，所以 A 选项错误。当然，如果甲公司在商标代理服务之外的商品上申请商标注册，商标局不予受理。从民法角度判断，甲公司的行为属于根本违约，乙公司（由管理人代表）有权解除合同并主张违约责任。当然，这是委托合同，即便甲公司没有违约，乙公司也享有合同解除权。

所以 C 选项正确。对乙公司而言，经过重整之后，其主体资格并未消失或者变更，因过去在餐饮行业的使用行为，其对"叮当响"商标拥有正当权利基础，有权在经营的新商品上使用和申请注册"叮当响"商标，所以 D 选项正确。

【答案】BCD

考点群三　商标权的消灭

1. 韦某开设了"韦老四"煎饼店，在当地颇有名气。经营汽车配件的个体户肖某从外地路过，吃过后赞不绝口。当发现韦某尚未注册商标时，肖某就餐饮服务注册了"韦老四"商标。关于上述行为，下列哪一说法是正确的？

A. 韦某在外地开设新店时，可以使用"韦老四"标识

B. 如肖某注册"韦老四"商标后立即起诉韦某侵权，韦某并不需要承担赔偿责任

C. 肖某的商标注册恶意侵犯韦某的在先权利，韦某可随时请求宣告该注册商标无效

D. 肖某注册商标核定使用的服务类别超出了肖某的经营范围，韦某可以此为由请求宣告该注册商标无效

【考点】商标无效，先用权人

【解析】因为 2019 年 4 月 23 日《商标法》的修改，本题的答案没有变化，但是解释需要调整。修改后的《商标法》第 4 条第 1 款第 2 句规定："不以使用为目的的恶意商标注册申请，应当予以驳回。"第 44 条第 1 款规定："已经注册的商标，违反本法第四条、第十条、第十一条、第十二条、第十九条第四款规定的，或者是以欺骗手段或者其他不正当手段取得注册的，由商标局宣告该注册商标无效；其他单位或者个人可以请求商标评审委员会宣告该注册商标无效。"从本题案情来看，肖某的恶意抢注，是不以使用为目的的恶意商标注册申请，依修改后的商标法，商标局应予驳回；若商标局未能发现而予以注册，将来可由商标局宣告该注册商标无效，其他单位或者个人可以请求商标评审委员会宣告该注册商标无效，且不受时间限制。但是，在该注册商标被宣告无效之前，仍应视为有效注册商标。《商标法》第 59 条第 3 款规定："商标注册人申请商标注册前，他人已经在同一种商品或者类似商品上先于商标注册人使用与注册商标相同或者近似并有一定影响的商标的，注册商标专用权人无权禁止该使用人在原使用范围内继续使用该商标，但可以要求其附加适当区别标识。"韦某作为先用权人，只能在原有范围内继续使用该商标，而在外地开设新店属于扩大使用范围，故 A 项错误。《商标法》第 64 条第 1 款规定："注册商标专用权人不能证明此前三年内实际使用过该注册商标，也不能证明因侵权行为受到其他损失的，被控侵权人不承担赔偿责任。"如肖某注册"韦老四"商标后立即起诉韦某侵权，韦某并不需要承担赔偿责任，故 B 项正确。《商标法》第 32 条规定："申请商标注册不得损害他人现有的在先权利，也不得以不正当手段抢先注册他人已经使用并有一定影响的商标。"《商标法》第 45 条第 1 款规定："已经注册的商标，违反本法第十三条第二款和第三款、第十五条、第十六条第一款、第三十条、第三十一条、第三十

二条规定的，自商标注册之日起五年内，在先权利人或者利害关系人可以请求商标评审委员会宣告该注册商标无效。对恶意注册的，驰名商标所有人不受五年的时间限制。"据此，如果韦某以肖某违反《商标法》第32条为由申请宣告该注册商标无效，应当在注册之日起5年以内提出，所以C项中的"随时"错误错误。但是，如果韦某以肖某违反《商标法》第4条为由请求宣告该注册商标无效，则不受时间限制。《商标法》第4条禁止不以使用为目的的恶意注册申请，但是，申请注册的商标是否超越了申请人的经营范围，不影响注册商标的效力，所以D项说法错误。

【答案】B

2. 甲公司将其生产的白酒独创性地取名为"逍遥乐"，并在该酒的包装、装潢和广告中突出宣传酒名，致"逍遥乐"被消费者熟知，声誉良好。乙公司知道甲公司没有注册"逍遥乐"后，将其作为自己所产白酒的商标使用并抢先注册。该商标注册申请经商标局初步审定并公告。下列哪些说法是错误的？

A. 甲公司有权在异议期内向商标局提出异议，反对核准乙公司的注册申请

B. 如"逍遥乐"被核准注册，甲公司有权主张先用权

C. 如"逍遥乐"被核准注册，甲公司有权向商标局请求撤销该商标

D. 甲公司有权向法院起诉请求乙公司停止使用并赔偿损失

【考点】商标权的取得，商标权的消灭，商标先用权

【解析】《商标法》第32条规定，申请商标注册不得损害他人现有的在先权利，也不得以不正当手段抢先注册他人已经使用并有一定影响的商标。另根据《商标法》第33条，甲公司有权向商标局提出异议，所以A项说法正确。《商标法》第59条第3款规定，商标注册人申请商标注册前，他人已经在同一种商品或者类似商品上先于商标注册人使用与注册商标相同或者近似并有一定影响的商标的，注册商标专用权人无权禁止该使用人在原使用范围内继续使用该商标，但可以要求其附加适当区别标识。这一规定确立了我国的商标先用权规则。本题中甲公司符合商标先用权构成要件，故B项说法正确。需要注意的是，本题为2012年真题，当时的《商标法》并未规定商标先用权制度，所以当时公布的答案中B项说法是错误的。根据《商标法》第45条规定，甲公司有权在商标注册之日起5年内请求商标评审委员会宣告该注册商标无效，所以C项说法错误。我国商标法实行注册制度，只有注册商标才能获得专用权，即使属于未注册驰名商标，使用人也依法只享有禁止他人注册和使用的权利，但不得请求损害赔偿，选项D错误。

【答案】CD

考点群四　商标侵权行为

1. 佳普公司在其制造和出售的打印机和打印机墨盒产品上注册了"佳普"商标。下列未经该公司许可的哪一行为侵犯了"佳普"注册商标专用权？

A. 甲在店铺招牌中标有"佳普打印机专营"字样，只销售佳普公司制造的打印机

B. 乙制造并销售与佳普打印机兼容的墨盒，该墨盒上印有乙的名称和其注册商标"金兴"，但标有"本产品适用于佳普打印机"

C. 丙把购买的"佳普"墨盒装入自己制造的打印机后销售，该打印机上印有丙的名称和其注册商标"东升"，但标有"本产品使用佳普墨盒"

D. 丁回收墨水用尽的"佳普"牌墨盒，灌注廉价墨水后销售

【考点】商标侵权行为

【解析】商标的本质在于区分商品和服务，为说明自己的商品或服务能够与使用该商标的商品或服务配套，用以指示用途、对象的，或是为了传递商品或服务来源于商标权人这一信息而使用他人注册商标的，属于商标合理使用的行为，不构成侵权，故选项ABC均不侵犯商标权。D选项属于未经商标注册人的许可，在同一种商品上使用与其注册商标相同的商标的假冒行为，构成商标假冒。

【答案】D

2. 甲公司在汽车产品上注册了"山叶"商标，乙公司未经许可在自己生产的小轿车上也使用"山叶"商标。丙公司不知乙公司使用的商标不合法，与乙公司签订书面合同，以合理价格大量购买"山叶"小轿车后售出，获利100万元以上。下列哪一说法是正确的？

A. 乙公司的行为属于仿冒注册商标

B. 丙公司可继续销售"山叶"小轿车

C. 丙公司应赔偿甲公司损失100万元

D. 有关行政部门不能对丙公司进行罚款处罚

【考点】假冒与仿冒，商标侵权行为的法律责任

【解析】未经商标注册人的许可，在同一种商品上使用与其注册商标相同的商标的，属于假冒注册商标行为。未经商标注册人的许可，在同一种商品上使用与其注册商标近似的商标，或者在类似商品上使用与其注册商标相同或者近似的商标，容易导致混淆的，属于仿冒注册商标行为。所以乙公司的行为属于假冒注册商标，而非仿冒注册商标，A项错误。《商标法》第64条第2款规定："销售不知道是侵犯注册商标专用权的商品，能证明该商品是自己合法取得并说明提供者的，不承担赔偿责任。"本案中，丙公司即属于善意销售侵权，应当停止销售，但是不承担赔偿责任，也不承担行政责任。所以B、C项错误，D项正确。

【答案】D

3. 甲公司为其生产的啤酒申请注册了"冬雨之恋"商标，但在使用商标时没有在商标标识上加注"注册商标"字样或注册标记。下列哪一行为未侵犯甲公司的商标权？

A. 乙公司误认为该商标属于未注册商标，故在自己生产的啤酒产品上也使用"冬雨之恋"商标

B. 丙公司不知某公司假冒"冬雨之恋"啤酒而予以运输

C. 丁饭店将购买的甲公司"冬雨之恋"啤酒倒入自制啤酒桶，自制"侠客"牌散装啤酒出售

D. 戊公司明知某企业生产假冒"冬雨之恋"啤酒而向其出租仓库

【考点】商标侵权行为

【解析】《商标法》第57条规定："有下列行为之一的，均属侵犯注册商标专

用权：（一）未经商标注册人的许可，在同一种商品上使用与其注册商标相同的商标的；（二）未经商标注册人的许可，在同一种商品上使用与其注册商标近似的商标，或者在类似商品上使用与其注册商标相同或者近似的商标，容易导致混淆的；（三）销售侵犯注册商标专用权的商品的；（四）伪造、擅自制造他人注册商标标识或者销售伪造、擅自制造的注册商标标识的；（五）未经商标注册人同意，更换其注册商标并将该更换商标的商品又投入市场的；（六）故意为侵犯他人商标专用权行为提供便利条件，帮助他人实施侵犯商标专用权行为的；（七）给他人的注册商标专用权造成其他损害的。"A 项是属于未经许可在同一种商品上使用他人注册商标的行为，即使为善意，也构成侵权，故错误。只有故意为侵犯他人注册商标的行为提供运输的行为才构成侵权，B 项中丙不知情，故不构成侵权，正确。C 项是属于将更换注册商标后又将商品投入市场的，构成反向假冒侵权，故错误。D 项是戊公司是明知为假冒他人商标的商品还为仓储提供便利，构成侵权，故错误。

【答案】B

4. 甲公司通过签订商标普通许可使用合同许可乙公司使用其注册商标"童声"，核定使用的商品为儿童服装。合同约定发现侵权行为后乙公司可以其名义起诉。后乙公司发现个体户萧某销售假冒"童声"商标的儿童服装，萧某不能举证证明该批服装的合法来源。下列哪些说法是正确的？

A. 乙公司必须在"童声"儿童服装上标明乙公司的名称和产地
B. 该商标使用许可合同自备案后生效
C. 乙公司不能以其名义起诉，因为诉权不得约定转移
D. 萧某应当承担停止销售和赔偿损失的法律责任

【考点】商标使用许可，商标侵权诉讼的原告资格，商标侵权行为的法律后果

【解析】根据《商标法》第 43 条第 2 款，经许可使用他人注册商标的，必须在使用该注册商标的商品上标明被许可人的名称和商品产地。故 A 项正确。根据《商标法》第 43 条第 3 款，商标使用许可未经备案不影响其生效，但不得对抗善意第三人。故 B 项错误。根据《最高人民法院关于审理商标民事纠纷案件适用法律若干问题的解释》第 4 条第 2 款，在发生注册商标专用权被侵害时，独占使用许可合同的被许可人可以向人民法院提起诉讼；排他使用许可合同的被许可人可以和商标注册人共同起诉，也可以在商标注册人不起诉的情况下，自行提起诉讼；普通使用许可合同的被许可人经商标注册人明确授权，可以提起诉讼。根据题干提供信息，甲公司通过签订商标普通许可使用合同许可乙公司使用其注册商标"童声"，核定使用的商品为儿童服装。合同约定发现侵权行为后乙公司可以其名义起诉。甲公司已经授权普通使用许可合同的被许可人提起诉讼，故此 C 选项表述错误，不当选。本题中，萧某实施了销售侵权行为，且不属于善意销售侵权，应当承担停止销售和赔偿损失的法律责任。因此，D 选项表述正确。

【答案】AD

5. 出生于 A 国的 Jone. Labe 因获得世界"王者联盟"联赛大满贯而名声大噪，一个 Jone 用过的键盘都能被卖到天价。艾派德从中发现了商机，在其所卖的游戏用品上注册了"Jone"的商标，并且销售使用了该商标的游戏用品。安丽娜发现艾派德没有设立专门的公司来销售游戏用品，于是安丽娜设立了"Jone 游戏用品公司"，并在其销售的游戏用品上突出展示"Jone"的标志。对此，下列说法正确的是哪一选项？

A. 在艾派德起诉安丽娜侵权时，安丽娜以艾派德的注册商标侵犯他人权利为由进行抗辩的，艾派德无法获得赔偿

B. 在艾派德起诉安丽娜侵权时，安丽娜以公司名称经过合法登记为由抗辩的，艾派德对安丽娜的使用行为无权禁止

C. 如果 Jone. Labe 想宣告艾派德的注册商标无效，那么其只能在注册之日起五年内提出申请

D. Jone. Labe 仅对"Jone. Labe"享有姓名权，不能以"Jone"注册商标侵犯其姓名权为由请求宣告该注册商标无效

【考点】商标无效；商标侵权的认定及其后果。

【解析】《商标法》第32条规定，申请商标注册不得损害他人现有的在先权利，也不得以不正当手段抢先注册他人已经使用并有一定影响的商标。第45条规定，已经注册的商标，违反本法第十三条第二款和第三款、第十五条、第十六条第一款、第三十条、第三十一条、第三十二条规定的，自商标注册之日起五年内，在先权利人或者利害关系人可以请求商标评审委员会宣告该注册商标无效。对恶意注册的，驰名商标所有人不受五年的时间限制。由此可知，损害他人姓名权的注册商标，权利人可以自商标注册之日起 5 年内请求商标评审委宣告该注册商标无效。问题在于，Jone. Labe 对 Jone 是否享有姓名权？通常情况下，外国人对其姓名的全名享有姓名权，对其姓名中的一部分不享有姓名权。但是本题中，一个 Jone 用过的键盘都能被卖到天价，可见人们已经习惯于用 Jone 来指代 Jone. Labe，Jone 与 Jone. Labe 其人建立了紧密的联系，Jone 本身拥有巨大的商业价值，且该商业价值应当归属于 Jone. Labe，因此应当认为 Jone. Labe 对 Jone 享有姓名权，这和乔丹案的裁判要旨和分析思路是一致的。综上所述，C 选项正确，D 选项错误。

《商标法》第58条规定，将他人注册商标、未注册的驰名商标作为企业名称中的字号使用，误导公众，构成不正当竞争行为的，依照《中华人民共和国反不正当竞争法》处理。《最高人民法院关于审理商标民事纠纷案件适用法律若干问题的解释》第1条规定，将与他人注册商标相同或者相近似的文字作为企业的字号在相同或者类似商品上突出使用，容易使相关公众产生误认的，构成商标侵权。本题中，安丽娜的行为完全符合上述要件，构成商标侵权，也构成不正当竞争，应当停止侵权，变更企业名称，所以 B 选项错误。在商标法上，不承担赔偿责任的商标侵权行为，一是善意销售侵权，二是注册商标专用权人不能证明此前 3 年内实际使用过该注册商标，也不能证明因侵权行为受到其他损失的。本题，安丽娜以艾派德的注册商标侵犯他人权利为由进行抗辩，主张不承担赔偿责任，理由不成立，所以 A 选项错误。

【答案】C

客观题　　主观题

内部嘟学班

🎥 录播课 ＋ 📺 直播课

全年保姆式课程安排

| 01 针对在职在校学生设置 | 02 拒绝懒惰没计划效率低 |
| 03 全程规划督学答疑指导 | 04 学习任务按周精确到天 |

你仅需好好学习其他的都交给我们

- ✅ 每日督学管理
- ✅ 专辅1V1答题
- ✅ 主观题1V1批改
- ✅ 个人学习计划
- ✅ 个人学习档案
- ✅ 阶段测评模拟
- ✅ 考点背诵任务

 扫码立即
咨询客服

 扫码下载
小嘟AI课APP

客观题　主观题

面授密训班

内部密训课程 ✓　　内部核心资料 ✓　　揭示命题套路 ✓

直击采分陷阱 ✓　　传授答题思路 ✓　　强化得分能力 ✓

**全封闭
管理**

**专题式
密训**

**专辅跟班
指导**

**阶段模拟
测评**

**点对点
背诵检查**

**手把手
案例批改**

**1V1
督学提醒**

　扫码立即
咨询客服

　扫码下载
小嘟AI课APP